Collection des rapports officiels

Rapport au Président de la République

Penser solidairement la fin de vie

Commission de réflexion sur la fin de vie en France

RAPPORT AU PRÉSIDENT DE LA RÉPUBLIQUE,
remis le **18 décembre 2012**

Rapports officiels

Rapport au Président de la République

ISBN 978-2-11-009318-9
DF : 5RO33300
www.ladocumentationfrancaise.fr
Paris, 2013

Photos de couverture :
Premier ministre
service de la photographie
Diffuseur :
La Documentation française
Sculpteur : Marielle Polska
et photo goodshoot

LE PRÉSIDENT DE LA RÉPUBLIQUE

Paris, le 17 juillet 2012

Monsieur le Professeur,

L'accompagnement des personnes en fin de vie est une réalité qui concerne tous nos concitoyens, et qui, à l'occasion de certains cas particulièrement difficiles et douloureux, interroge toute la société.

La loi du 22 avril 2005 relative aux droits des malades constitue une avancée certaine en condamnant l'acharnement thérapeutique, en instituant l'arrêt du traitement dans le cadre d'une procédure collégiale pluridisciplinaire, en renforçant les soins palliatifs et en mettant en place les conditions pour que le patient, ou à défaut une personne de confiance, puisse faire valoir son souhait.

Une évaluation de l'application de ce texte dans le cadre d'une réflexion sur la fin de vie me paraît indispensable. En effet, de plus en plus de personnes sont accompagnées pendant de longues périodes dans des conditions complexes. Les familles ne sont plus toujours en capacité d'assister leur proche. Ainsi, 60 % de nos concitoyens décèdent dans un établissement de santé. Enfin, les soins palliatifs, s'ils se sont développés, restent encore très insuffisants.

C'est pourquoi, j'ai décidé de vous confier une mission sur ce douloureux sujet. Vous conduirez vos travaux en prêtant une attention particulière pour que s'expriment tous les points de vue, dans un souci d'écoute et de respect mutuels. Vous regarderez les expériences des pays étrangers en ces domaines. Vous accorderez une attention toute particulière aux priorités que représentent l'information de la population et la formation des professionnels, en particulier les personnels de santé, y compris dans leur formation initiale. Je souhaite que votre rapport puisse m'être rendu d'ici la fin de l'année.

La mission que vous présiderez devra refléter la nécessaire pluridisciplinarité des approches. Vous pourrez faire appel en tant que de besoin aux services des ministères concernés, en particulier ceux en charge de la santé, de l'éducation nationale, de l'enseignement supérieur et de la recherche, et de la justice.

Vous bénéficierez également de l'appui de l'inspection générale des affaires sociales (IGAS), le ministère des affaires sociales et de la santé ayant vocation à assurer la mise en œuvre d'une partie importante des mesures de votre rapport, pour celles que le Gouvernement souhaitera reprendre.

Je vous prie de croire, Monsieur le Professeur, à l'assurance de ma considération.

Bien à vous,

François HOLLANDE

La commission de réflexion sur la fin de vie

Président
Didier Sicard

Membres
Jean-Claude Ameisen
Régis Aubry
Marie-Frédérique Bacqué
Alain Cordier
Chantal Deschamps
Éric Fourneret
Florence Gruat
Valérie Sebag-Depadt

Jean-Claude Ameisen, nommé président du Comité consultatif national d'éthique en octobre 2012, a souhaité s'abstenir en raison de la demande qui pourrait être faite au CCNE par le président de la République de questions concernant la fin de vie.

Nous remercions Catherine Hesse, inspectrice générale des affaires sociales, pour son aide précieuse et, Amélie Puccinelli, étudiante de cinquième année à Sciences-Po Paris, pour l'intelligence de son regard, sa disponibilité extrême et son aide technique si décisive pour ce rapport.

Quatre journalistes ont accompagné la commission en Belgique, Hollande, et dans quelques débats publics : Lætitia Clavreul *(Le Monde)*, Béatrice Gurrey *(Le Monde)*, Marine Lamoureux *(La Croix)*, Violaine de Montclos *(Le Point)*.

La commission souhaite remercier le président de la République d'avoir ouvert un tel espace de réflexion, dont on pressent l'importance pour l'avenir.

Table des matières

Préambule **13**

Chapitre 1
La mort en France **17**

Le regard de la société **17**
L'esquive de la mort **17**
Le sentiment d'abandon **18**
« La mort sociale » **19**
« La bonne mort comme un droit à conquérir » **21**

La parole des Français **23**
Au travers des débats publics **23**
Au travers des auditions **23**
Au travers des déplacements **23**
Au travers des sondages **24**
Au travers des courriers, personnes et associations **28**

Des réponses inadaptées **28**
Les institutions **28**
Les questions économiques **30**

Chapitre 2
La médecine désarmée **33**

La culture médicale curative **33**
Une médecine qui ne prête plus attention à la parole **33**
Une prise en compte de la douleur encore aléatoire **34**
Difficulté du passage d'une médecine curative à une médecine palliative **35**

La culture médicale palliative **37**
La disponibilité des structures de soins palliatifs en France **37**
La vocation des soins palliatifs **38**
L'accueil en soins palliatifs **39**
La « culture palliative » **40**

Les pharmaciens **41**

L'insuffisante formation et l'impossible partage des compétences **42**

Chapitre 3
Les conséquences de ces réponses inadaptées sur les lieux de fin de vie **43**

L'hôpital **43**
La culture hospitalière de plus en plus spécialisée exclut la mort de ses préoccupations **43**
La mort à l'hôpital vue comme un échec **44**

Les EHPAD 45

Le domicile 45

La mort à domicile 45

Les soins palliatifs à domicile 46

Chapitre 4

La loi Leonetti : un chemin mal connu et mal pratiqué et qui répond pourtant à la majorité des situations **49**

Le débat 49

La sédation en phase terminale pour détresse 51

Le double effet 52

Les directives anticipées 53

L'obstination déraisonnable 56

La limitation et l'arrêt des thérapeutiques actives 58

Le rapport du médecin à la loi 60

Les questions posées par l'entourage familial et la personne de confiance 61

La loi Leonetti confrontée à quelques situations emblématiques 63

Chapitre 5

Les questions récurrentes au moment de la fin de vie **65**

La place du sujet habituellement réduite au consentement éclairé 65

Le deuil, l'accompagnement, la place des proches 66

La situation particulière du nouveau-né 67

La demande d'euthanasie directe ou par suicide assisté 68

Le droit français et l'assistance au suicide : l'assistance au suicide peut-elle être considérée comme une provocation ? 68

La jurisprudence française et les procès pour euthanasie 69

Avantages et inconvénients d'une ouverture sur l'euthanasie et le suicide assisté 70

L'identification avec l'IVG et la peine de mort ? 72

Chapitre 6

Les réponses des expériences étrangères **73**

La Suisse 73

La Belgique 76

Les Pays-Bas 79

L'Oregon **81**

D'autres pays travaillent sur cette question de la fin de vie **85**

L'enseignement que l'on peut en tirer **86**

Quelques expressions entendues lors des débats publics **87**

Chapitre 7
Les dangers évoqués d'un immobilisme et d'un changement **89**

Les dangers d'un immobilisme **89**

Sur le plan médical **89**

Sur le plan sociétal **90**

Les raisons invoquées d'une légalisation de l'euthanasie ou du suicide assisté **90**

Les risques évoqués d'une légalisation de l'euthanasie ou du suicide assisté **91**

Que peut-on retenir? **92**

Proposition d'une solution à la française **95**

Conclusion **103**

Annexes **105**

Annexe 1
Auditions, débats et déplacements **107**

Annexe 2
Synthèse des débats **113**

Annexe 3
Loi n° 2005-370 du 22 avril 2005 relative aux droits des malades et à la fin de vie, dite « Loi Leonetti » **213**

Annexe 4
Fiches de l'Igas **219**

La commission a pris le parti de se mettre à l'écoute des citoyens pour prendre connaissance de leur ressenti et de leur vécu face à la fin de vie : la leur, et celle de leurs proches. Ce rapport est nourri des questions posées lors des débats publics et lors de nombreuses auditions.

La commission a établi un état des lieux le plus documenté possible de la situation complexe actuelle du « mourir » en France, et dans certains pays européens ou États américains qui ont légalisé l'assistance au suicide ou l'euthanasie.

Conformément à la demande du président de la République, l'effort de réflexion issu de cette analyse et de cette confrontation dépasse largement le cadre d'un simple positionnement pour ou contre l'euthanasie. La commission a tenté dans ce rapport de faire état des questions fondamentales que posent et poseront à notre société la situation et l'accompagnement des personnes malades en fin de vie, de rechercher et d'ouvrir des pistes pour y répondre.

« *On pense que ce sont les vivants qui ferment les yeux des mourants, mais ce sont les mourants qui ouvrent les yeux des vivants* [1]. »

« *Il faut en parler et préciser les choses ; tout le monde se pose des questions. Par superstition, on n'en parle pas et c'est bête [...]. Au contraire il faut en parler ; pour moi, c'est une évidence d'en parler, ça soulage* [2]. »

1. Un citoyen à Grenoble, qui a accompagné sa femme en fin de vie pendant deux ans.

2. Personne en fin de vie, 63 ans, région parisienne (Rapport d'étude qualitative de la TNS Sofres-SIG).

Préambule

L'évolution des sciences et des connaissances, notamment depuis trente ans, a permis l'émergence progressive d'une médecine de plus en plus technicienne, efficace, capable de guérir de nombreuses maladies, mais aussi de permettre de vivre avec sa maladie, de vivre avec son handicap. De plus en plus souvent, aussi, la médecine crée des situations de détresse ou prolonge, en fin de vie, la survie dans des conditions qui peuvent être considérées comme relevant d'un acharnement thérapeutique ou de l'obstination déraisonnable. Parallèlement, s'est développée une revendication citoyenne : être reconnu, en tant que personne malade, comme sujet de droit à part entière.

Le droit de la personne à exercer un choix libre et informé est devenu, il y a plus de soixante-cinq ans, au niveau international, un des fondements de l'éthique biomédicale, d'abord dans le contexte de la participation à une recherche, puis, plus récemment, dans la relation de la personne avec la médecine. Ce droit au choix libre et informé a été inscrit dans la loi il y a plus de dix ans.

Ainsi, aux savoirs et aux pouvoirs de plus en plus étendus de la médecine a répondu le droit de la personne malade à l'information, à la délibération et à l'expression de sa volonté.

L'hypertechnicisation de la médecine peut absorber la personne malade jusqu'à, dans certains cas, annihiler sa singularité. Si la médecine n'a comme finalité qu'une efficacité technique, le danger deviendrait alors celui d'une instrumentalisation de la personne malade. Le paradoxe ou la contradiction réside dans le fait que la personne malade a besoin de cette technique, qui permet de préserver la santé et augmente l'espérance de vie de manière spectaculaire. Mais, dans de très nombreuses circonstances, la médecine ne peut que retarder de quelques jours, semaines ou mois, une fin inéluctable, posant à la personne la question de la qualité et du sens de ce temps vécu dans des conditions qui peuvent être considérées comme insupportables. Cette contradiction est actuellement mal assumée par la médecine, la loi et la société.

Apparemment, tout devrait être simple : la médecine secourt, connaît ses limites, et la personne, depuis les lois de 1999, 2002 et 2005, est apparemment en situation de liberté d'exprimer sa volonté. En effet, la loi du 9 juin 1999 [1] visant à garantir le droit à l'accès aux soins palliatifs pose deux principes nouveaux :

- le droit aux soins palliatifs et à un accompagnement pour toute personne dont l'état le requiert [2] ;
- le droit pour le malade de refuser un traitement.

1. Loi n° 99-477 du 9 juin 1999 visant à garantir le droit à l'accès aux soins palliatifs.

2. Cette loi précise les responsabilités qui incombent aux établissements de santé, publics ou privés et aux établissements médico-sociaux en ce qui concerne la prise en charge de la douleur et le développement d'une politique palliative. En ce qui concerne l'accompagnement, cette loi stipule la place des bénévoles qui, via des conventions, peuvent effectuer cette mission et elle fixe les conditions d'un congé d'accompagnement d'une personne en fin de vie pour une durée maximale de trois mois.

La loi du 4 mars 2002 [1] relative aux droits des malades et à la qualité du système de santé renforce le droit du malade à ne pas subir un traitement contre son gré, puisque le patient peut désormais s'opposer à un traitement même lorsque ce refus peut abréger sa vie. Toutefois, le médecin doit d'abord «*tout mettre en œuvre pour convaincre [la personne] d'accepter les soins indispensables*», avant de s'incliner si le patient persiste dans son refus. Cette loi consolide également le droit aux soins palliatifs, en précisant que «*la douleur doit être en toute circonstance prévenue, évaluée, prise en compte et traitée*».

La loi du 22 avril 2005, relative aux droits des malades et à la fin de vie, dite «loi Leonetti [2]», a complété la loi du 4 mars 2002, dite «loi Kouchner», en offrant légalement au malade la possibilité de demander au médecin de suspendre ou de ne pas entreprendre des traitements jugés comme une obstination déraisonnable (appelée auparavant par la loi «acharnement thérapeutique» et que nos concitoyens continuent de nommer ainsi). Il s'agit avec cette loi de pouvoir donner la primauté à la qualité de vie sur sa durée. Lorsque le malade est inconscient ou incapable d'exprimer sa volonté, le médecin peut prendre lui-même une décision d'arrêt de traitement. Mais cette décision doit respecter une procédure collégiale et être précédée par la consultation et la prise en compte des directives anticipées (si elles existent) de l'avis de la personne de confiance ou, à défaut, de celui de la famille ou des proches. Ces droits n'ont de sens que si le malade a été informé de son état pour pouvoir refuser ou limiter les traitements. Il n'en demeure pas moins vrai, en l'état actuel de la loi, que la décision reste, lorsque la personne est inconsciente ou incapable d'exprimer sa volonté, du domaine de la responsabilité du seul médecin en charge de la personne malade.

A priori, l'institution devrait donc répondre à cette revendication d'opposabilité à des traitements jugés déraisonnables par la personne malade.

La loi Leonetti, considérée par un grand nombre d'observateurs français et étrangers comme une grande loi, respectueuse des personnes, a inspiré bon nombre de législations étrangères. La mise en pratique des soins palliatifs dans les établissements de santé ou médico-sociaux, ou à domicile, devrait apporter une réponse aux malades qui souhaitent terminer leurs jours dans un environnement qui soulage avant tout leur souffrance psychique et physique et leur apporte une atmosphère sereine.

Et pourtant, chaque jour voit croître dans notre société une revendication très largement majoritaire (entre 80 et 90 % selon les sondages d'opinion) de personnes répondant positivement à une demande de légalisation de l'euthanasie.

Il ne s'agit pas de revendications simplistes ou naïves de personnes qui n'auraient pas compris la question. Il s'agit d'une demande profonde des personnes interrogées, de ne pas être soumises dans cette période d'extrême vulnérabilité de la fin de vie à une médecine sans âme. Les citoyens ont la hantise de basculer dans une situation de fin de vie insupportable, de souffrir ou de voir souffrir leurs proches. Ils constatent que le corps médical a beaucoup de peine à aborder

1. Loi n° 2002-303 du 4 mars 2002 relative aux droits des malades et à la qualité du système de santé.

2. Loi du 22 avril 2005 relative aux droits des malades et à la fin de vie.

concrètement les questions de fin de vie et l'existence de mauvaises expériences marque profondément non seulement l'entourage, mais la société tout entière.

Une réflexion sur la fin de vie pour laquelle il faut prendre le temps de la réflexion est d'autant plus justifiée qu'il est difficile de fixer une norme par essence générale. Ce rapport a cherché à prendre en compte le mieux possible la spécificité de chacune des situations rencontrées, pour mieux faire droit aux attentes et espérances des citoyens à l'égard de la fin de leur vie.

Chapitre 1

La mort en France

Le regard de la société

Les personnes malades en fin de vie éprouvent, pour la plupart, le sentiment : soit d'être soumises à une médecine qui privilégie la performance technique au détriment de l'attention qui devrait leur être portée ; soit d'être purement et simplement abandonnées ; soit, lorsqu'elles sont accompagnées par la médecine, de ne pas avoir d'autre possibilité que de vivre, jusqu'à son terme ultime, leur fin de vie dans un environnement médicalisé de soins palliatifs. Dans ces trois cas, leurs souhaits, leurs paroles ne sont plus entendus. Comme si la personne en fin de vie s'effaçait et disparaissait derrière l'usage ou le non-usage de la technique et, plus largement, de la médecine.

L'esquive de la mort

« La mort est taboue, on n'ose en parler ni dans les familles ni dans les maisons de retraite. » (Débat à Clermont-Ferrand)

« Les urgentistes sont ceux à qui l'on confie la mort. » (Débat avec les urgentistes au Mans)

« Le règlement l'emporte sur le discernement et la formation ne veut jamais s'écarter du règlement. » (Pompiers du centre de formation de Brice-Montmorency)

La place pour la personne atteinte d'une maladie évoluée ou évolutive, qui interrompra sa vie, n'a pas été pensée dans notre société. Il y a de moins en moins de place dans la cité pour la mort en dehors des situations de mort spectaculaire qui permettent à la société de se retrouver de temps en temps dans un partage qui s'apparente à un rituel (les marches blanches), ou les situations de mort violente présentées par les informations ou les fictions sur les désastres et les crimes, ou les expositions, extrêmement populaires, de cadavres plastinés.

Cette esquive de la mort en tant que terme ultime et inéluctable de notre existence – notre mort et la mort de nos proches –, renforcée par une attente excessive à l'égard de la médecine, a contribué à un effacement de la notion de « mort naturelle », et de l'idée de son accompagnement. Cet effacement trouve son expression la plus aiguë dans les appels au Samu, au Smur, aux pompiers ou à SOS médecins, comme si les urgentistes étaient sollicités pour accomplir une sorte de nouveau rituel. L'arrivée du Samu fait renaître l'espoir et donne le sentiment que tout aura été fait pour empêcher la mort. C'est aussi le cas pour des personnes âgées, en institution ou à domicile, dans les dernières heures ou derniers jours de leur vie. Les urgentistes sont alors partagés entre la nécessité d'intervenir, quel que soit le sens de ces interventions, ou de se limiter à quelques gestes ou paroles d'accompagnement qui peuvent apparaître comme un renoncement trop rapide, alors que le simple soulagement de la douleur, de l'anxiété ou des difficultés respiratoires pourrait souvent suffire, et être le préalable à un véritable accompagnement. S'y associent un défaut de connaissance des souhaits du malade et un sentiment d'inadaptation à la situation. Le mourir est alors souvent vu comme un état transitoire susceptible de basculer à nouveau vers la vie ou comme un échec de la médecine, et non pas comme la fin naturelle de la vie.

L'absence d'accompagnement des mourants aux urgences aboutira alors souvent à la situation paradoxale et tragique d'une mort sur un brancard dans une salle ou un couloir, dans une situation de stress intense pour les proches, ou dans la solitude et l'indifférence générale.

Cette attitude peut être aussi encouragée par le sentiment qu'il y aura toujours un traitement qui devrait être plus efficace, même s'il peut être source d'une itinérance généralement vouée à l'échec et à l'émergence d'une rupture dans la continuité des soins. L'information disponible sur Internet, dans ce domaine, a joué probablement un rôle majeur, qui n'est sans doute pas encore assez interrogé aujourd'hui. En miroir de cette tentative du malade ou de ses proches d'esquiver la finitude, il y a souvent une situation identique chez le médecin qui se situe dans une forme d'agir, proposant toujours une autre possibilité technique ou l'essai d'un autre traitement.

Inversement, la réduction continue, pour des motifs économiques, et de plus en plus importante depuis quelques années, des crédits et des lits dans les services de réanimation, conduit ceux-ci à devoir refuser de plus en plus de personnes âgées en services de soins intensifs, sans même pouvoir les examiner, à partir de renseignements relativement rudimentaires qui sont communiqués au service, notamment sur l'état supposé de « démence » de la personne.

Ainsi, très fréquemment, la personne âgée très malade se trouve, paradoxalement, confrontée dans un contexte d'urgence, soit, le plus souvent, à une situation d'acharnement thérapeutique ou d'obstination déraisonnable, soit à une situation de perte de chance d'être prise en charge.

Ce qui manque presque toujours, c'est l'accompagnement humain sur la durée, en dehors du contexte de l'urgence.

Le sentiment d'abandon

« Il est important d'anticiper, il est important que la mort cesse d'être taboue. » (Débat à Clermont-Ferrand)

« Il faut s'interroger sur la fin de vie dans une société qui devient de plus en plus individualiste, où il y a moins de solidarité. » (Débat à Montpellier)

Cette situation d'activisme est bien souvent en contradiction avec les vœux du malade et en particulier de la personne en fin de vie, qu'on oublie trop souvent de rencontrer et d'écouter et qui souhaite surtout ne pas être abandonnée, ne pas souffrir, et préserver son autonomie comprise comme la possibilité de conserver les conditions favorables à l'expression de sa volonté réelle. Autrement dit, tout effort d'une personne qui vise à protéger ces conditions impose notre respect.

Il existe une tension entre, d'une part, le souhait de non-abandon, de non-souffrance et l'espoir d'une autonomie respectée et, d'autre part, cet activisme qu'est l'excès de médicalisation de la fin de vie – l'excès de médicalisation étant entendu ici comme tout ce qui n'est pas soulagement de la douleur, de la souffrance, de l'angoisse, écoute, dialogue et accompagnement humain.

En d'autres termes, l'aide médicale attendue n'est, le plus souvent, pas celle qui est proposée. Ce problème majeur est lié à la difficulté, voire à l'absence d'anticipation de ces situations de fin de vie par la société, les familles et la médecine.

Anticiper signifie, au moins lors de l'annonce de l'incurabilité probable d'une maladie, envisager un projet de (fin de) vie. Ce projet est en fait une parole d'espoir et donne sens à ce qui reste à vivre. Ce qui reste à vivre doit privilégier, dans la majorité des cas, la rencontre entre la personne malade, sa famille ou ses proches (aidants naturels) et l'aidant professionnel. Il y a une vérité d'humanité qui doit être partagée. C'est d'ailleurs lorsque le médecin énonce des zones d'incertitude en même temps qu'un projet que la personne malade peut espérer.

La société reconnaît les progrès thérapeutiques concernant la douleur, et chacun craint de ne pas pouvoir y avoir accès au moment où ces médicaments seraient le plus utiles. Mais beaucoup craignent aussi que ces médicaments constituent une camisole chimique, conduisant à une perte partielle ou totale de la lucidité. Cela pose clairement la question du sens d'une telle situation. Cette double revendication de ne pas souffrir et de garder sa lucidité se situe au cœur de la volonté de maîtrise encore assumée de sa vie par la personne en fin de vie.

« La mort sociale »

« Il y a peut-être une vision de la vie des personnes qu'il faut modifier : une vision utilitariste. On a tous des idéaux de vie : il faut être en bonne santé, jeune, riche beau… »

« L'allongement de la durée de vie pose des questions inédites à la société : quel est le sens de ces vies ? Les personnes âgées ont un fort ressenti qu'elles n'ont plus rien à apporter, même quand on leur parle de transmission aux jeunes. » (Débat à Lyon)

« La dignité n'est pas biodégradable. » (Débat à Montpellier)

Outre cette médicalisation jugée sans âme ou excessive, l'allongement de la durée de vie, l'angoisse des situations de perte d'autonomie, l'éclatement des familles, l'isolement social, un individualisme de plus en plus présent et la pression économique que la collectivité exerce sur les personnes âgées malades ou handicapées, et sur leurs familles – en exigeant qu'elles prennent en charge la totalité des coûts d'hébergement liés à leur perte d'autonomie dans les structures de soin – tout cela concourt dans notre société, confrontée à des contraintes budgétaires, à faire de la fin de vie, et de la période, parfois très longue, qui précède cette « fin » une question de plus en plus angoissante et difficile. En effet, qu'entend-on par « fin de vie » : les trois semaines qui précèdent la mort, comme le suggère le délai accordé récemment aux proches pour accompagner une personne en « fin de vie », ou les mois ou années de vie qui suivront le diagnostic d'une maladie incurable ? Pour la personne en fin de vie, tout cela contribue à accroître parfois le sentiment d'être seule, d'être une charge, voire d'être « de trop », d'être indigne de vivre ainsi et de coûter, inutilement, cher aux siens.

Le concept de mort « sociale » (en particulier pour les personnes âgées atteintes de maladies ou de handicaps altérant les capacités cognitives et relationnelles, telles que la maladie d'Alzheimer) est venu, de manière violente, compléter le concept médical de mort « cérébrale [1] », et peut encourager des demandes de mettre fin à son existence. Il semble que notre société ait subi une évolution concernant la conception de la valeur de la vie humaine. Aujourd'hui, il peut s'observer une évolution des représentations sociales conduisant à ce qu'une vie ne soit considérée comme valable que lorsqu'elle est « utile », quand la personne fait, agit, produit, voire est rentable.

Ainsi, subrepticement, la vie de celle ou de celui qui ne « fait plus », « ne produit plus », voire « coûte » perdrait de sa valeur, d'où l'utilisation de plus en plus fréquente, et avec une connotation de plus en plus péjorative, des termes de personne « dépendante » ou de personne « assistée ».

Mais il n'est pas certain que ces représentations soient si récentes que cela. En effet, qu'en était-il, il y a un demi-siècle, du soulagement de la douleur et de l'accompagnement des personnes âgées ou handicapées que leur famille, à elle seule, ne pouvait aider ? Qu'en est-il, encore aujourd'hui, des enfants autistes envoyés faute de prise en charge adaptée par l'assurance maladie, vivre à l'étranger ? Qu'en est-il des personnes handicapées âgées ? Qu'en est-il des personnes souffrant de maladies psychiatriques, qui sont si souvent dans la rue ou enfermées en prison ?

On trouve dans l'analyse de certaines des demandes d'euthanasie ce sentiment d'indignité, ce sentiment d'inutilité, voire le sentiment de coûter cher et d'être un poids pour les autres… Dans certaines situations difficiles, on peut être considéré ou se considérer comme mort socialement, avant d'être mort biologiquement, d'où ce malaise provoqué par ces situations, c'est-à-dire une mort « incomplète » qui retirerait tout le sens de l'existence.

Cela est particulièrement vrai si l'on songe au regard parfois porté sur la fin de vie des personnes atteintes de maladies neurodégénératives évoluées, dont la maladie d'Alzheimer, ou de handicaps psychomoteurs graves. Ce sentiment de « mort sociale » est en fait très lié au regard porté par notre société sur ces personnes en fin de vie et leur « effet miroir » (ces situations sont celles que nul

1. La « mort cérébrale » traduit une situation où l'on constate que toute activité cérébrale a irréversiblement disparu. La personne est donc morte en tant que sujet. La réanimation peut néanmoins conserver le corps vivant, et donc être éventuellement disponible pour un prélèvement d'organe.

ne souhaiterait vivre). Il est à noter que l'on oublie trop souvent la personne elle-même dans ces considérations. Souvent notre regard prévaut sur leur ressenti…

En miroir, l'inquiétude, pour une personne, de la perspective d'une telle forme de « mort sociale », souvent vécue comme une perte d'autonomie, ou de la transformation des liens sociaux (enfants endossant le rôle de « parents » de leurs parents) qu'elle anticipe ou qu'elle perçoit est à la source d'une revendication de dernière liberté qui lui permettrait de ne pas y être confrontée.

« La bonne mort comme un droit à conquérir »

La « bonne mort » est revendiquée comme l'expression ultime de la liberté.

Mais s'agit-il vraiment du souhait d'une « bonne mort » ? Ne s'agit-il pas plutôt du refus de l'éventualité d'une vie insupportable, en fin de vie ? Cette posture – parfois « médecinophobe » car malgré les lois cherchant à repositionner la personne malade dans son pouvoir de décision, la médecine n'a pas quitté l'ère du soupçon, en raison de son incapacité fréquente à répondre aux attentes des personnes en fin de vie – s'oppose à ce que la médecine décide à la place du malade de ce qui est le mieux pour elle, posture médicale ressentie comme insupportable.

Il en est de même pour l'agonie. La culture ambiante ne supporte plus l'attente du mourir ; celle-ci est jugée inutile [1], angoissante pour la famille, et, pour certains, consommatrice d'un temps qui ne va plus être utilisable pour d'autres actions. Dans la suite de ce qui est dit plus haut, la valeur utilitariste qui est donnée à la vie conduit parfois à penser que la fin de vie n'a aucun sens. Et parce qu'elle est dépourvue de sens, elle devrait pouvoir être supprimée. La mort à survenue rapide est alors valorisée, avec pour l'entourage la disparition du sens que peut constituer un accompagnement.

L'accompagnement d'un proche en fin de vie est source de souffrance – comment ne pas souffrir face à ce temps de la séparation entre une personne dont la vie est encore présente, mais touche à sa fin, et dont la conscience disparaît à l'agonie. Il peut aussi être l'occasion de rencontres profondes, essentielles à la transmission des générations.

1. On assiste depuis quelques décennies, à une évolution des représentations concernant la « valeur de la vie ». La vie serait moins une valeur en soi que ce que l'on fait de sa vie. Il s'agit de plus en plus d'une vision utilitariste qui conduit probablement certaines personnes en fin de vie à demander que l'on arrête celle-ci, considérée comme une « non-vie ». Mais un mouvement inverse s'est amorcé et amplifié, au niveau international, à l'égard des enfants et adultes handicapés. En témoignent la convention de l'ONU de décembre 2006 sur les droits des personnes handicapées, et dans notre pays, la loi de 2005 sur l'égalité des droits et des chances et la citoyenneté des personnes handicapées. Cette question de la « non-valeur » de la vie continue néanmoins à concerner sélectivement les personnes âgées malades ou handicapées, qui ont été les seules, parmi toutes les personnes handicapées ou malades, à avoir été nommées « dépendantes ».

Cette tendance visant à supprimer le temps de la toute fin de vie, le temps de l'agonie, qui est un temps de la séparation, est encouragée par la mise à distance de la mort dans notre société. Ainsi, la mort a été supprimée du programme de philosophie du bac scientifique.

De même, un étudiant en médecine pourra terminer ses études sans avoir vu un mort. «Autrefois, les gens mouraient souvent», nous disait une étudiante en médecine lors d'une audition. Pourtant, il fut un temps, pas si lointain, où la mort était au programme du bac de philosophie, et où les étudiants en médecine voyaient des morts, même si l'accompagnement des vivants en fin de vie n'était pas au programme des études médicales, ni de l'immense majorité des pratiques hospitalières.

La révolution des soins palliatifs, durant les années 1970 (comme, dans un autre domaine, celle de l'anesthésie des nourrissons lors des interventions chirurgicales, durant les années 1980), ne constitue pas un retour à des pratiques antérieures que la médecine aurait abandonnées, mais une innovation.

Quand une mort est annoncée, la première question qui vient est : «De quoi est-il mort?», comme s'il s'agissait forcément d'une maladie ou d'un accident, éventuellement attribuable à l'échec de la médecine.

La vision que l'on peut avoir de la mort est surtout aujourd'hui celle de personnes très âgées, regroupées (et de fait exclues de la société) dans des institutions de type Établissement d'Hébergement pour Personnes Âgées Dépendantes (EHPAD). La concentration de personnes très âgées, malades ou handicapées, dans des structures «néo-mouroir» renforce l'angoisse «naturelle» de la mort (on est angoissé de quelque chose que l'on sait devoir arriver, mais dont on ne peut avoir l'expérience…) et stigmatise le grand âge.

L'autre figure inquiétante de la mort à ce jour est la mort en réanimation, avec le sentiment d'une aliénation totale de la personne à ce moment ultime de la vie.

La médecine triomphante de l'après-guerre, porteuse de tous les espoirs de guérir toute forme de maladie, a contribué à accroître l'espérance d'une société sécularisée. On a cru au pouvoir de la médecine comme on peut croire en Dieu. On a oublié de penser sa propre finitude, au sens de la condition humaine : naître et mourir.

Ces évolutions sociales ont contribué à porter un nouveau regard sur la personne en fin de vie. Celle-ci est vue non plus comme une personne dont le respect absolu s'impose aux vivants, mais comme une personne en phase terminale dont le corps dégradé est de plus en plus insupportable à observer pour les vivants et qui ne sert à rien qu'à produire de la souffrance autour d'elle. Comment ne pas comprendre l'angoisse du mourant face à ce regard d'exclusion?

La parole des Français

Au travers des débats publics

Les débats publics ont permis de donner la parole librement à des citoyens non choisis, de tout âge, de toute condition et de toute profession. La commission était à leur écoute, en ne leur offrant aucune proposition concrète de fin de vie à débattre, mais en leur demandant leur sentiment concernant différentes situations d'existence en fin de vie.

La commission a proposé aux citoyens d'exprimer leurs points de vue et leurs questions sur les situations suivantes, à titre d'exemple :

- une personne atteinte d'une maladie grave, incurable et souhaitant une assistance à l'interruption de sa vie ;
- une personne en réanimation souhaitant mettre un terme à sa vie ;
- une personne atteinte d'une maladie létale au-dessus de toute ressource thérapeutique et refusant le transfert dans un service de soins palliatifs ;
- une personne âgée, à domicile ou dans un EHPAD, lasse de la vie et souhaitant en finir ;
- une personne en état d'inconscience prolongée sans avenir possible de récupération ;
- un enfant nouveau-né qui souffre d'une atteinte cérébrale majeure, sans espoir d'amélioration et gardant une autonomie vitale ;
- une demande de suicide assisté.

Les débats se sont toujours déroulés de façon sereine avec des ateliers réunissant les citoyens le matin pendant deux heures trente sur l'une de ces situations présentées. Les citoyens choisissaient spontanément un médiateur et un rapporteur, qui l'après-midi exposait les réflexions du groupe à l'ensemble des personnes présentes et à la commission. C'est ainsi qu'à Strasbourg, Montpellier, Grenoble, Besançon, Clermont-Ferrand, Lille, Nantes, Lyon, Caen, Le Havre se sont rassemblés chaque fois 250 à 400 citoyens (une réunion prévue à Paris a été annulée cinq jours avant, en raison de l'impossibilité pour la commission de prendre en compte les débats compte tenu de la date de remise du rapport). Aucune instance médicale, religieuse, institutionnelle ou associative ne siégeait en tant que telle. Mais leur présence au sein des citoyens permettait leur expression libre.

Au travers des auditions

Elles ont duré chacune une heure ou plus et ont permis d'aller au cœur des problèmes. La plupart des personnes auditionnées étaient porteuses de projets d'accompagnement, de soins palliatifs, d'actions de bénévolat ; beaucoup plus rarement de demandes du respect des demandes d'euthanasie.

Au travers des déplacements

En outre, des visites au CHR du Mans (Samu 72), au centre de formation des pompiers de Brice-Montmorency, à l'hôpital Théophile-Roussel qui rassemblait des citoyens de plusieurs villes de l'Ouest parisien, à l'université Cergy-Pontoise avec des étudiants du master des professions de santé et médico-social, à Sciences-Po avec des étudiants en formation juridique, au CHU de Cochin avec les médecins praticiens et les médecins hospitaliers réunis de façon séparée et le centre d'éthique clinique, avec les infirmières du CHU de Rouen, les étudiants en médecine à Caen, les migrants âgés et les personnes en situation de précarité à Clichy-sous-Bois (« La maison des sages ») et Saint-Denis (centre de soins palliatifs de l'hôpital Delafontaine et rassemblement de citoyens dans la librairie Folie d'Encre).

Des voyages en Suisse (Berne et Lausanne), en Belgique et en Hollande, à New York et en Oregon ont permis de prendre connaissance des expériences étrangères.

Au travers des sondages

Les sondages que la commission a commandés lui ont apporté des informations très riches.

TNS Sofres

Un volet quantitatif (TNS Sofres-ministère de la Santé)

Ce sondage[1] montre tout d'abord la méconnaissance de la législation actuelle. En effet, 48 % des Français pensent qu'il n'est pas vrai que la loi autorise les patients à demander aux médecins l'arrêt de tous les traitements qui les maintiennent en vie. 47 % des Français pensent également qu'il est faux que la loi interdise l'acharnement thérapeutique. En revanche, 78 % pensent que la loi n'autorise pas les médecins à mettre fin à la vie des patients qui l'ont demandé.

Les situations jugées les plus insupportables sont le fait de perdre la tête (49 %), la douleur physique (45 %), la souffrance morale (43 %), le fait d'être une charge pour ses proches (40 %).

Les risques perçus à la légalisation de l'euthanasie sont avant tout celui de l'utilisation abusive de ce droit (49 %).

58 % des personnes envisagent de demander à leur médecin qu'il leur donne un produit leur permettant de mettre fin eux-mêmes à leur vie (suicide assisté), avec un pourcentage particulièrement élevé (67 %) entre 35 et 65 ans, et avec une majorité dans la classe dite « aisée » (63 %). La pratique religieuse intervient peu.

La demande d'être plongé dans un état de sédation profonde jusqu'à la mort obtient des chiffres comparables, légèrement supérieurs (60 %) en particulier pour les personnes aisées.

1. Réalisé du 23 au 16 novembre 2012 sur un échantillon national de 1 000 personnes représentatives, interrogées en face à face, à leur domicile, par le réseau des enquêteurs, avec des questions sur ce qu'ils envisagent sur la fin de leur vie.

La demande d'euthanasie obtient des chiffres encore supérieurs, 67 %, atteignant même 75 % chez les personnes entre 35 et 65 ans.

La demande d'arrêt de traitement susceptible de maintenir la vie est elle aussi très forte (67 %).

Ceci signifie que les demandes d'arrêt de traitement qui maintiennent en vie se partagent à peu près équitablement entre euthanasie, sédation profonde et assistance au suicide.

Demander au médecin que l'on accélère ou que l'on facilite la mort d'un membre de sa famille reste plus faible que de le demander pour soi (30 contre 54 %). Le sentiment d'être en état de dépendance, de subir une attaque cérébrale, d'être atteint d'un cancer, ne constitue pas une situation majoritaire de demande d'euthanasie. En revanche, une paralysie sans capacité de communication avec les proches fait envisager de demander à un médecin que l'on facilite la mort. Il en est de même si le malade éprouve des douleurs insupportables ou un handicap sans espoir de guérison.

En conclusion, la solution majoritaire souhaitée en cas de situation de fin de vie insupportable est d'abord la possibilité de demander à ce que le médecin vous fasse mourir (56 %).

Un volet qualitatif (TNS Sofres-Service d'information du gouvernement [1])

La commission remercie ici vivement ces personnes qui ont accepté cette intrusion dans leur intimité, et la direction de ces établissements [2].

Ces entretiens, parfois éprouvants sur un sujet aussi délicat, mais riches, ont pu être l'occasion d'une libération de la parole.

Ces entretiens, réalisés auprès de personnes en fin de vie et de leurs proches, ont montré une grande diversité des vécus, et, bien souvent, la difficulté pour les personnes de s'extraire des situations particulières qu'ils vivent pour aborder de manière plus globale la question de l'euthanasie et notamment de la légitimité du législateur à intervenir dans ce domaine. Cette unicité des expériences rend le débat éminemment complexe chez ces personnes directement concernées, plus semble-t-il qu'auprès du grand public.

Les personnes rencontrées sont en effet partagées à cet égard : la fin de vie est un choix éminemment personnel, intime et elles ne souhaitent pas que la loi et, à travers elle, l'État interviennent et surtout décident à leur place. Cette intrusion dans une réflexion faite souvent dans un grand sentiment d'isolement et des situations pénibles est ressentie comme injustifiable et d'une rare violence.

Pour autant, la nécessité de l'existence de règles est évidemment comprise, notamment car le corps médical mais aussi des proches peuvent être parties prenantes dans cette situation. Ceux-ci ne sauraient alors être inquiétés pour une décision qui soit n'engage moralement que la personne en fin de vie (seule

1. Rivière Emmanuel ; Salvaing Laure ; Caline Guillaume.

2. 20 entretiens semi-directifs auprès de personnes en fin de vie et de leurs proches dans trois établissements hospitaliers et médico-sociaux de la région parisienne.

une aide technique est alors requise d'autrui), soit est prise par autrui par compassion véritable et dans un objectif de respect de la dignité.

La nécessité d'aménager la loi ne fait donc pas l'unanimité chez les personnes interrogées, même si la situation actuelle souvent n'est pas jugée satisfaisante.

D'une part, une forte réticence s'exprime à l'égard d'une loi, par définition générale, qui ne pourrait à leurs yeux prendre en compte la multiplicité de situations toutes spécifiques. Pour cette raison, il paraît à la plupart inconcevable qu'une loi puisse établir de manière générale les situations dans lesquelles l'euthanasie pourrait être réalisée, ou qu'elle dicte une norme déterminant les cas où l'assistance au suicide serait possible.

D'autre part, on observe surtout une grande ignorance de la situation actuelle et des changements intervenus avec la loi Leonetti. Cette ignorance a de multiples causes qui rendent difficiles des changements rapides en ce domaine : insuffisance de communication avec le corps médical, refus plus ou moins conscient de se pencher sur la question avec précision, médiatisation de cas symboliques, mais rares, qui nourrissent le sentiment d'une impuissance générale, ou encore chez les plus âgés le souvenir très prégnant de proches ayant connu des agonies terribles sans possibilité de soulagement il y a plusieurs dizaines d'années.

Par ailleurs, ces réflexions autour de la fin de vie se font, surtout chez les personnes en fin de vie, dans un cadre où la souffrance et la crainte de souffrir sont centrales. On observe en effet un vrai manque de réassurance sur la question de la souffrance et de sa prise en charge à l'heure actuelle en France, que reflète la grande ignorance de l'existence des soins palliatifs. Les personnes en fin de vie sont ainsi davantage angoissées par les souffrances qu'elles pourraient endurer que par le fait que quelqu'un décide d'abréger celles-ci sans avoir recueilli leur consentement de manière formelle. Cela ne signifie pas pour autant que les personnes entendent être dépossédées de leur choix : au contraire leur désir d'agir de manière libre jusqu'à la fin s'exprime très fortement et elles ont précisément le sentiment qu'à l'heure actuelle la loi leur interdit cet ultime droit.

Que cela passe ou non par une nouvelle loi qui reconnaîtrait de manière explicite la possibilité du recours à l'euthanasie, les personnes rencontrées souhaitent avant tout que soit levée l'incertitude dans laquelle elles vivent concernant leurs derniers moments ou ceux de leurs proches et que puissent s'établir les conditions d'une anticipation des situations qu'elles pourraient avoir à vivre. Elles attendent de pouvoir décider et anticiper leur décision dans ce domaine, ce que ne leur permet pas le caractère aléatoire de l'accompagnement – notamment médical – le moment venu.

En l'occurrence, si certains estiment que, tant que le « verrou » de l'interdiction de l'euthanasie n'aura pas sauté, les situations actuelles d'inégalité et d'hypocrisie ne pourront être modifiées, en revanche, d'autres estiment que le cadre législatif actuel offre déjà les moyens de faciliter les derniers moments des personnes en fin de vie et de leurs proches et que ce cadre législatif doit être davantage expliqué et entendu dans l'espace public.

Le processus de décision collégiale par exemple est une solution particulièrement soulignée par les proches qui y voient à la fois une possibilité pour eux de sortir de l'isolement et de la lourde responsabilité qui pèse sur eux, et une publicité de la décision permettant de rompre avec le secret et l'opacité dans laquelle se déroulent aujourd'hui à leurs yeux ces situations de fin de vie.

Dans le détail, on retient chez les personnes en fin de vie :

- la volonté de rester libre sur les modalités de leur départ et chez les proches des attitudes plus nuancées ;
- que l'aménagement du cadre législatif reste un sujet éminemment complexe ;
- la hantise du basculement dans une situation de fin de vie insupportable avec l'angoisse de voir l'équilibre précaire actuel se rompre et basculer dans la survie ;
- une grande diversité de situations et une confrontation différente à la fin de vie de leurs proches. La souffrance de leurs proches est vécue comme un scandale moral et la souffrance de l'autre à la source de sa propre souffrance ;
- que le corps médical, singulièrement absent de leurs discours, apparaît lointain, avec qui on parle peu de sa maladie et encore moins de la fin de vie. Chez les proches, des vécus parfois très difficiles et de mauvaises expériences qui marquent profondément ;
- l'utilité d'un débat leur paraît essentielle, mais il faut prendre le temps de la réflexion, qui peut être source de tensions et de polémiques avec la difficulté de fixer une norme, par essence générale ;
- le refus quasi absolu de voir la médecine décider pour soi ;
- la diversité des demandes vis-à-vis de l'aménagement du cadre législatif :
  - entre ceux qui plaident pour le maintien du *statu quo* en raison de :
    - la difficulté à statuer,
    - la crainte d'un pouvoir paradoxal trop fort de la médecine,
    - la singularité comme réalité fondamentale voire indépassable de toute fin de vie,
    - de croyances personnelles, familiales ou religieuses qu'on veut voir respectées,
    - la possibilité de trouver des ressources dans les lois actuelles ;
  - et ceux qui plaident pour un changement du cadre législatif pour :
    - sortir de l'incertitude,
    - sortir de l'hypocrisie,
    - s'assurer les conditions d'une égalité des situations,
    - réduire l'angoisse et la culpabilité,
    - rendre plus sereines les relations avec le corps médical.

En conclusion, si la souffrance et la crainte de souffrir sont centrales, un aménagement de la loi ne fait pas l'unanimité. Les personnes ressentent la difficulté pour une norme générale de prendre en compte la diversité des situations. Un processus de décision collégiale apparaît à beaucoup comme une solution rassurante.

Une enquête réalisée par le Dr Benjamin Guy et le Dr Cyril Acheriteguy[1]

Cette enquête a révélé des résultats comparables à ceux indiqués plus haut.

1. Responsables de l'équipe mobile de soutien et de soins palliatifs du CHU de la Réunion. Enquête réalisée sur 246 personnes.

Le plus insupportable est la douleur physique non soulagée (58 %), suivie d'une souffrance morale intense (33 %), et le fait que l'on décide à votre place (30 %).

Dans une situation de fin de vie insupportable, la « possibilité de vous faire mourir » recueille 32 % d'avis favorables, et « le recours à la sédation » seulement 17 %.

Au travers des courriers, personnes et associations

Enfin un courrier considérable nous a été adressé provenant le plus souvent de membres de l'Association pour le droit de mourir dans la dignité (ADMD) (la plupart sous la forme de lettres types ou plus rarement de lettres plus individualisées) et d'associations militant contre l'euthanasie. Le journal *Pèlerin* a reçu un grand nombre de lettres de lecteurs qui nous ont été communiquées.

Le président de la commission a pris contact personnellement avec des personnes en grande souffrance, qui soit lui ont écrit, soit lui ont téléphoné.

Des réponses inadaptées

Les institutions

La responsabilité des institutions

De nombreux rapports ont cherché à proposer des réponses adaptées et des financements.

Mais ces réponses sont toujours fragmentaires, sans liens entre elles et, de fait, peu attentives à la situation des personnes. Les financements sont opaques d'autant plus que les sigles des structures en charge changent sans cesse, ce qui permet de ne pas faire apparaître des diminutions de budget. Le cloisonnement des institutions, mais aussi le cloisonnement très étanche des budgets rendent difficile voire impossible l'adaptation pourtant nécessaire aux évolutions du malade et de sa maladie.

Face aux formidables changements dus aux avancées considérables de la médecine et aux améliorations de la santé, notre système de santé n'a pas évolué. Il reste scindé, quasi clivé, entre les champs sanitaires et sociaux, entre le secteur de l'hôpital et celui de « la ville », entre les institutions et le domicile. Les financements sont répartis entre l'État, l'assurance maladie et les collectivités territoriales.

Ce système très cloisonné n'a pas trouvé la capacité de s'adapter aux modifications des besoins des personnes malades. Il est figé et cela nuit gravement à la santé des personnes.

Il y a un besoin urgent de passer de logiques structurelles à des logiques fonctionnelles et culturelles, particulièrement au sujet de la fin de vie.

Ce qui devrait être de la responsabilité des institutions, c'est-à-dire la mise en cohérence des structures disponibles, n'est pas assuré, ce qui suscite une inégalité d'accès aux soins palliatifs selon les régions, un isolement et un rejet des personnes âgées dans les derniers mois de leur vie, dans des lieux souvent éloignés, peu accessibles, et peu ouverts à la vie de la cité.

L'indifférence des institutions au « mourir » et, par exemple, le caractère inacceptable, en milieu carcéral, des entraves en fin de vie, et de la non-application fréquente de la loi Kouchner, qui prévoit que la fin de vie implique la sortie de prison, dans un lieu d'accompagnement approprié, suscitent peu d'intérêt, comme d'ailleurs la situation tragique de nombreuses prisons [1].

La France est un pays qui confie aux structures le soin d'apporter de l'aide à ceux qui en ont le plus besoin, sans porter attention aux solutions concrètes. Dans ce domaine, la non-prise en compte du vieillissement croissant de la population, de l'augmentation du nombre de personnes nécessitant d'être accompagnées du fait de l'âge ou de la maladie s'apparente à une véritable indifférence…

Le désordre institutionnel

L'importance de la fragmentation des institutions et de leur inadéquation aux situations réelles est particulièrement préoccupante. Chacune d'entre elles, qu'elles soient publiques ou privées, a vocation à apporter la meilleure réponse et à demander une coordination autour d'elle, tout en gardant sa spécificité. L'évolution naturelle malheureusement la plus fréquente de toute structure est de finir par oublier son objectif initial pour maintenir, voire faire croître son activité.

Dans le domaine de la fin de vie, les personnes, même si cela n'est pas exprimé, doivent se conformer à ce qu'offrent les institutions alors que la mission d'une institution devrait être de s'adapter à l'évolution et à la diversification des besoins de la personne.

L'exemple le plus caricatural est celui des soins palliatifs, qui sont contraints au tri, qui est fonction de la pathologie et de la durée de séjour envisagée, avec une absence réelle d'organisations d'aval et de travail en réseau, qui conduit à une forme d'occupation indue dans les unités de soins palliatifs. Cela ne permet parfois plus à ces unités d'accueillir les personnes qui en relèvent, et surtout de retrouver leur vocation à permettre l'intégration de la démarche ou culture palliative par les soignants, *via* le soutien, la formation et l'accompagnement des équipes. Le concept d'équipe mobile, ressource et appui, est essentiel et malheureusement trop peu investi par les pouvoirs publics.

Les institutions et les structures ont donc une responsabilité majeure, malgré leur engagement, leur bonne volonté, leur financement, dans l'absence de parcours de soin coordonné, et notamment de soins palliatifs. Or ce soin, qui est une exigence majeure à ce moment si important de la fin de vie, rencontre complexité, hétérogénéité, inadaptation et indifférence.

1. On peut voir, à ce sujet, la publication récente au *Journal officiel* du rapport d'urgence du contrôleur général des lieux de privation de liberté concernant les « violations graves des droits fondamentaux » à la prison des Baumettes.

De ce point de vue, les soins palliatifs sont un véritable prisme pour observer la question du vieillissement, de la chronicité et de la vulnérabilité – avec ce que cela comporte d'interventions, dans la durée, d'un grand nombre de professionnels, et la nécessité d'assurer le lien avec les aidants naturels –, une question essentielle à penser pour l'avenir de notre société, confrontée à l'augmentation du nombre de personnes dans ces situations dans un contexte économique contraint.

Plus une situation est complexe, plus il importe de porter haut une vision d'ensemble, pour décliner dans le concret le franchissement des frontières (ville/hôpital, sanitaire/médico-social, entre les métiers, les financeurs, etc.), et donner à chacun le plein espace de sa responsabilité, mais aussi l'envie d'œuvrer avec les autres. Modification des pratiques des professionnels ? Visée nouvelle pour les formations, les échanges d'information, la tarification, la place de la médecine générale, etc. ? Nouveaux modes opératoires pour les responsables des politiques publiques ? Oui, et radicalement ! Mais cette « médecine de parcours », cette solidarité entre malades et bien-portants, signe de notre humanité en son propre, le vaut bien !

Les questions économiques

« Les gens aisés peuvent avoir une fin de vie accompagnée de façon correcte contrairement à ceux qui n'ont pas d'argent. » (Débat à Lyon)

« On meurt comme a vécu : les inégalités de vie, les inégalités sociales se retrouvent aussi dans la fin de vie. » (Débat à Montpellier)

« Les vieux qui ruinent la Sécu devraient avoir le devoir éthique de se supprimer lorsqu'ils deviennent une charge. »

« Il faudrait demander aux personnes âgées de prendre en charge leur dépendance. » (Débat à Strasbourg)

Les inégalités socio-économiques du « mourir »

Les conditions de la mort sont probablement l'une des conséquences les plus importantes et les plus insupportables de l'inégalité sociale. On sait en effet que la différence de niveau socio-économique entraîne un gradient significatif en matière d'espérance de vie, et d'espérance de vie en bonne santé. La première cause de mortalité de cancer, dans notre pays, est un niveau socio-économique précaire, source de retard d'accès au système de soin, un retard au diagnostic, et donc un échec thérapeutique plus important. Mais ce différentiel ne saurait être compensé par une attitude spécifique vis-à-vis du mourir chez les personnes les plus précaires, comme s'il fallait attendre ce moment pour se préoccuper d'elles.

Entre le parcours de soins de la personne bien entourée, connaissant bien les réseaux, le milieu médical, vivant en centre-ville, et la personne démunie, vivant seule, loin de tout centre de soins, sans connaissance du milieu médical, on conçoit l'écart de l'attention ou de l'inattention qui sera portée à sa fin de vie et à sa mort. Plus la situation sociale est celle d'une grande vulnérabilité, moins le choix de sa fin de vie, voire de sa mort, est possible. Mais cette expression même de choix de sa propre mort est réduite au minimum. Comme s'il fallait avoir une conscience aiguë et concrète des ressources existantes pour exprimer l'accès au droit ou à une liberté en fin de vie.

Ce sont les situations les plus précaires qui ont le plus besoin, à tout âge de la vie, d'un parcours de soin cohérent et organisé.

La confrontation aux facteurs économiques

Les expériences étrangères du Benelux et de la Suisse ne donnent pas le sentiment que les facteurs économiques ont une importance prioritaire.

Tous les discours sur l'encouragement que pourrait susciter une loi sur l'euthanasie vis-à-vis des personnes les plus âgées ou les plus vulnérables peuvent générer une inquiétude, mais ne reposent sur aucune donnée épidémiologique concrète.

L'exception demeure celle des personnes âgées en EHPAD dont le coût peut être prohibitif pour certaines familles et faire espérer que ce séjour s'abrège. Mais là encore, cette inquiétude ne se confirme pas par la connaissance du ressenti des familles et l'épidémiologie du Benelux.

En revanche, le vrai problème est celui du transfert d'une partie du coût de la médecine curative, génératrice de consommation de ressources inutiles, vers la médecine palliative, toujours plus fragile dans la pérennité de ses financements. Un robot chirurgical, un appareil d'IRM plus performant, un cœur artificiel, des chimiothérapies au coût considérable, sont toujours protégés au détriment d'un personnel infirmier et de structures peu techniques toujours difficiles à évaluer.

La question de l'argent est essentielle, mais le plus souvent non mentionnée. Même si l'on dispose insuffisamment d'études globales sur le reste à payer, il apparaît évident que, pour une personne malade en fin de vie, malgré la prise en charge des traitements et de certains accompagnements par l'assurance maladie, le reste à charge est important. Cela est un frein majeur pour permettre la fin de vie à domicile. Cela explique que l'hôpital est le lieu principal de la fin de vie en France, alors même qu'il en est le lieu le moins approprié.

Ce coût qui reste à charge de la personne (ou de sa famille) est préoccupant chez des personnes âgées en EHPAD. La situation économique difficile peut susciter l'idée chez ces personnes d'interrompre prématurément leur vie, et d'éviter ainsi les dépenses pour elles-mêmes et leur famille. Cette demande peut aussi venir des proches, qui assument toutes les charges si la personne en EHPAD ne peut les assurer. Certes, peu de familles et de malades l'exprimeront ainsi, mais l'inconscient collectif peut trouver bénéfice à ce que des personnes conscientes du poids qu'elles font peser sur leur entourage demandent à interrompre prématurément leur vie.

Le simple fait que la collectivité demande à des personnes âgées malades de payer en structures de soins la totalité des coûts d'hébergement liés à leur perte d'autonomie (alors qu'elle ne le demande pas à des personnes non âgées qui sont dans la même situation) signifie clairement, dans « l'inconscient » et « le conscient » collectifs, que leur sort ne concerne plus la collectivité. *« Payez, débrouillez-vous, ou que vos familles se débrouillent… »* semble dire la société aux personnes âgées malades ou handicapées. Et pour le reste…

On peut comprendre, en période de contraintes économiques, le besoin d'optimiser la gestion qui est au cœur du concept de performance, d'autant plus lorsqu'il s'agit de dépenses financées sur des fonds publics. « Faire bien les choses » restera toujours un objectif louable. Mais la première question est d'abord de « faire bien les bonnes choses » ! La performance est loin de n'être qu'une question financière. Elle concerne tout autant la qualité des pratiques médicales et soignantes. On ne portera pas le même regard sur l'activité soignante si l'on cherche à réduire les coûts et plus encore l'inutilité d'une thérapeutique, ou si l'on ambitionne de choisir parmi les thérapeutiques celle qui est la plus rentable et qui apporte le plus de ressources ! (Cf. le questionnement sur la tarification à l'activité.)

Le travail en équipe pluriprofessionnelle, par le partage des expériences et des compétences, permet de coordonner les différents acteurs concernés par une situation complexe, d'anticiper les éventuelles complications et de limiter les réponses inadaptées et souvent très coûteuses d'une biomédecine relevant d'une forme d'acharnement thérapeutique. Autant d'économies de dépenses inappropriées, autant de souffrances évitées…

Ne vaudrait-il pas mieux prendre en compte et valoriser le temps de la réflexion partagée en équipe pluridisciplinaire réduisant toute forme d'acharnement thérapeutique, plutôt que de se réfugier dans l'aisément quantifiable qui revient toujours à valoriser l'action, la technique, le toujours plus ? L'acharnement thérapeutique coûte bien plus qu'un développement des soins de support ! Et à ce coût économique s'ajoute le poids de la souffrance…

Chapitre 2

La médecine désarmée

La culture médicale curative

Peu à peu, la médecine moderne, aux connaissances de plus en plus développées, a fini par considérer la maladie plutôt que le malade. Le médecin tend à devenir un « technicien de l'organe malade », et le malade un « usager de la médecine », voire un simple consommateur.

Une médecine qui ne prête plus attention à la parole

« Même si la relation médicale n'est pas une relation d'égalité puisqu'il y a de la compétence d'un côté et une demande de l'autre, c'est une relation de confiance et il doit y avoir une notion de respect et d'écoute pour ne pas être dans la toute-puissance. » (Débat à Montpellier)

« Actuellement, c'est le médecin qui décide. C'est un pile ou face, je prie pour que ce soit un médecin qui m'écoute. » (Débat à Grenoble)

« Ce que le malade ne veut surtout pas, c'est qu'on se permette de penser ou de décider pour lui. » (Débat à Nantes)

Il semble que la société ait intégré dans son imaginaire le sentiment que les soignants, quels qu'ils soient, n'ont plus le temps d'écouter la personne malade et ses proches, qu'il n'y a pas de référent et, par conséquent, que l'organisation hospitalière s'est progressivement totalement déshumanisée.

La médecine peut réanimer, prolonger, transformer des maladies immédiatement mortelles en maladies chroniques plus ou moins invalidantes, voire en états végétatifs bouleversants ou insupportables ou douloureux pour l'entourage. Une médecine plus fondée sur la technique que sur la relation éprouve des difficultés à reconnaître ses propres limites. Le risque étant que le malade ne soit plus considéré comme une fin en soi.

Dans un tel contexte, comment porter attention à la personne du malade, à sa parole, à son histoire particulière, à ses liens ? Les médecins eux-mêmes, conscients de l'inanité de l'acharnement thérapeutique, hésitent toujours à en faire une règle absolue, craignant que la justice ne leur demande des comptes.

La médecine hésite à « lâcher prise », tant il est difficile pour un médecin de ne pas engager un traitement de plus, ou plus encore d'arrêter un traitement en cours et de mettre en place un accompagnement.

L'examen clinique et l'écoute du malade sont volontiers remplacés par des images, des chiffres et des écrans d'ordinateur, ce qui crée des malentendus fréquents entre les sentiments profonds des malades et le caractère scientifique des informations. Il y a peu d'espaces hospitaliers, acceptés par les financeurs au sens large du terme, pour que des lieux de parole et de questionnement permettent de dissiper ces malentendus. C'est un lieu commun de dire que l'évolution de l'hôpital, revendiqué même par certains comme une « entreprise » de soins, ne favorise pas l'information réelle et l'écoute des malades.

Le rapport Ined révèle que 75 % des actes considérés comme des euthanasies ont été pratiqués sans que les patients en aient fait explicitement la demande. Cette non-communication au malade s'explique par l'inaptitude du médecin à comprendre ou à entendre dans plus de deux tiers des cas. Mais s'il est apte à entendre ou à comprendre (20 % des patients dans l'étude), la communication avec lui reste insuffisante puisque 10 % des arrêts de traitement et des administrations de substances létales n'ont pas été discutés avec le malade, bien que celui-ci en ait été capable.

Cette évolution est renforcée par la faiblesse extrême de la formation des étudiants en médecine sur ce sujet et la quasi-absence de l'évaluation et de la formation continue des médecins durant leur exercice professionnel. S'agit-il de désintérêt ? Ou plutôt de manque de reconnaissance de l'institution universitaire et des organismes d'assurance maladie ? Toujours est-il que les disciplines étiquetées palliatives n'ont que peu ou pas de reconnaissance universitaire. Ceux qui choisissent cette voie s'écartent d'emblée des plus hautes reconnaissances et sont considérés par les praticiens de la médecine curative comme des « humanitaires » certes nécessaires, mais dont le statut doit rester modeste.

Une prise en compte de la douleur encore aléatoire

« La douleur n'est pas encore suffisamment prise en charge : malheureusement, on meurt encore mal. » (Débat à Besançon)

Si la médecine offre aujourd'hui des possibilités très sophistiquées de traitements contre la douleur, leur maniement concret laisse à désirer. Il y a peu de cours pratiques au profit d'abondants cours théoriques de pharmacologie sur les effets secondaires. En ce domaine comme dans beaucoup d'autres, les infirmières elles-mêmes sont de moins en moins aidées par des cadres de proximité responsables de la qualité et de la sécurité des soins, qui préfèrent ou qui sont sommés d'accomplir des tâches administratives dénuées de toute attention réelle et directe à la personne malade. La loi ou la réglementation hospitalières aggravent la situation en empêchant des soignants infirmiers de prescrire de leur propre chef des médications antalgiques, en urgence, la nuit par exemple, sans une prescription médicale écrite, datée et signée, le plus souvent d'un interne de garde.

La méconnaissance des demandes anticipées est flagrante, comme celle du projet de soins. La souffrance psychique est peu prise en compte.

Difficulté du passage d'une médecine curative à une médecine palliative

« Il y a une opposition entre les soignants curatifs et soignants palliatifs, avec la volonté des soignants curatifs de toujours donner espoir que la personne va s'en sortir, et du côté des soignants palliatifs, une autre démarche. » (Débat à Strasbourg)

« Le recours aux soins palliatifs entraîne parfois un choc pour le patient, une rupture dans la prise en charge. » (Débat à Besançon)

« En soins palliatifs, on a tout le temps ; en soins curatifs, on n'a pas le temps. » (Débat à Marseille)

Trop souvent, le malade mourant arrive dans le service d'accueil et d'urgence d'un hôpital en provenance d'un domicile ou d'un EHPAD dans les derniers jours de sa vie pour y mourir aux urgences dans une indifférence choquante. Huit mille personnes en provenance d'EHPAD décèdent ainsi chaque année dans les heures qui suivent leur admission au service des urgences (rapport 2011 de l'Observatoire national de la fin de vie (ONFV)). La situation du malade mourant reste trop souvent encore source de désarroi et d'interrogation pour un urgentiste peu ou mal préparé à ces problématiques.

Cela pose la question :

- d'une trop grande désorganisation et d'un manque d'anticipation dans la prise en charge de ces patients en amont (médecin traitant, Samu-Smur, sapeurs-pompiers, SOS médecins, réseaux, HAD, services hospitaliers) ;
- de la grande fatigue et de l'angoisse de l'entourage, mais aussi d'un défaut d'appropriation ou de compréhension des lois, d'un manque d'empathie parfois, de responsabilités inassumées face à la mort, par beaucoup trop de soignants désemparés ou démunis.

La médecine anticipe encore trop mal les situations de mort ou a peur d'anticiper, ce qui peut aboutir à ce qu'au dernier moment la mort soit confiée à l'urgence ou que le passage d'une médecine curative à une médecine palliative s'apparente à un abandon.

Cela interroge sur les capacités et les missions des services hospitaliers d'urgence et d'hospitalisation à prendre en charge le « mourir ». Ne pourrait-on pas « bien mourir » autrement que dans un service de soins palliatifs ? Il existe une forme d'incapacité des spécialités à engager elles-mêmes la démarche palliative au sein de leurs unités.

Or, le soin est un et unique : il n'y a pas de sens à le diviser en soin curatif *versus* soin palliatif. La visée principale des traitements au début d'une maladie grave est certes majoritairement curative, mais elle comporte aussi d'emblée une nécessité d'accompagnement. Si la maladie évolue vers l'inefficacité des traitements, au fil de l'évolution de la maladie, la visée principale des traitements deviendra palliative. Il ne devrait donc exister qu'un seul soin en continu.

La réflexion sur le « mourir » à l'hôpital reste largement insuffisante, alors que la loi Kouchner oblige à mener une réflexion éthique concernant l'accueil et la prise en charge des patients hospitalisés, jusqu'à la fin de la vie. Il existe trop peu de partage sur ce sujet dans les services de médecine curative.

Cette carence, qui s'associe à un déficit des cultures de la réflexion palliative, ne peut continuer à trouver comme excuses le manque de moyens et de personnel, en occultant la nécessaire bienveillance que nous devons à chaque malade. Ces manques entraînent des prises de décisions de sédation, de renvoi à domicile ou de passage en soins palliatifs souvent impromptues et sans échange avec la personne malade.

Ce serait toutefois une erreur de n'avoir qu'une vue trop hospitalocentrée de la question. Des efforts importants doivent être faits sur l'accompagnement des personnes en fin de vie à leur domicile. Même s'il est nécessaire de s'interroger sur l'idée trop souvent admise d'une volonté de mourir à domicile entouré de ses proches, il serait essentiel de ne pas occulter les difficultés pour les proches à assumer ces situations sans la présence et le soutien de personnes formées à l'accompagnement.

Les pratiques hospitalières, depuis la loi Leonetti, ont beaucoup évolué. L'euthanasie active directe, relativement banale avant les années 1990, a considérablement diminué. De la loi Leonetti, les médecins n'ont retenu que l'interdiction de donner la mort et non l'interdiction de maintenir indûment en vie.

Cette loi est le plus souvent méconnue des malades. Lorsqu'ils en ont une notion, elle leur apparaît trop souvent comme une protection des médecins par rapport à leurs décisions et non comme une ouverture sur un libre choix.

En particulier, la notion de directives anticipées reste confuse pour le plus grand nombre de bien-portants, de malades et de soignants. Sa rédaction reste exceptionnelle, et est en tout cas bien loin d'être encouragée en dehors d'associations militantes comme l'ADMD ou JALMALV (Jusqu'à la mort accompagner la vie). Le Samu 78, le Smur 72, SOS médecins nous ont dit qu'ils n'avaient quasiment jamais rencontré depuis dix ans de malades détenteurs de ces directives. Leur accès difficile, leur méconnaissance font que leur usage est dérisoire.

La question demeure sur le caractère opposable à la médecine de ces directives anticipées, mais plus encore sur la reconnaissance de leur existence. Le fait que dans la loi le médecin « en tienne compte », mais ne doive pas nécessairement y souscrire, décourage, semble-t-il, beaucoup de personnes de les écrire, quand bien même les professionnels de santé seraient alors exonérés de leur responsabilité.

La désignation de la personne de confiance, volontiers assimilée à la famille ou à la « personne à prévenir » est loin d'être toujours encouragée voire formalisée. Même lorsque la personne de confiance est désignée, sa consultation semble bien aléatoire.

La culture médicale dominante est une culture d'activisme encouragée par la prime à la seule évaluation quantitative et technique. La cancérologie n'est pas épargnée par cette culture. Maintenir à tout prix l'espoir sur une énième ligne de chimiothérapie apparaît trop souvent préférable au respect d'une qualité de vie pour le temps qui reste, conformément aux souhaits du malade.

La question par exemple des phases 1 de recherche de traitement anticancéreux ne peut pas être dissociée de la question d'un acharnement thérapeutique au bénéfice de la collectivité et non au bénéfice du malade [1]. L'intégrité morale et physique de la personne ne peut être sacrifiée sur l'autel d'un altruisme utilitariste.

L'activisme est apparemment toujours valorisé, même s'il est excessif. C'est le paradoxe d'une revendication simultanée d'une médecine qui sauve à n'importe quel prix, et d'une médecine qui doit avec discernement ne pas sauver.

Les urgentistes, le Samu sont dans cette situation. La société leur demande de sauver. Et il leur est donc quasiment impossible d'adopter en urgence une attitude palliative. Ils ont généralement l'impression que les images de film ou la télévision, insistant sur le caractère spectaculaire des scènes de « ressuscitation », ont bouleversé le sentiment du mourir avec cette confusion entre le virtuel (ou le fantasme) et la réalité. Ils insistent sur les différences de temporalité induites par l'attitude curative ou palliative. Ils souhaitent par exemple qu'une attitude palliative plus professionnelle leur vienne en aide dans les situations d'urgence sous la forme de structures mobiles par exemple, là où la médecine palliative souhaite que les situations d'urgences soient anticipées autant que faire se peut, l'urgence étant parfois la matérialisation de la non-anticipation… Il serait nécessaire de développer une « clinique palliative » dans les services des urgences.

La culture médicale palliative

La disponibilité des structures de soins palliatifs en France

« Il y a des disparités géographiques des soins palliatifs : dans le fin fond du pays de Bray, il n'y a aucune chance d'avoir une prise en charge à domicile équivalente à celle du Havre. Il y a des carences en offre de soins : quand on cherche une infirmière, une aide-soignante, un médecin, on ne les a pas. » (Débat au Havre)

Les unités de soins palliatifs en milieu hospitalier et les réseaux de soins palliatifs à domicile jouissent d'une grande estime, et les médecins, soignants et bénévoles qui y travaillent sont dans l'ensemble particulièrement respectés par l'opinion publique.

La délivrance de soins palliatifs peut également se faire dans des services disposant ou non de lits identifiés à l'hôpital, ou dans des établissements

1. La phase 1 d'une recherche consiste à administrer un nouveau médicament à l'efficacité potentielle chez un malade. Le caractère toujours dangereux d'une chimiothérapie ne peut permettre l'administration de ces nouvelles molécules inconnues à des sujets sains. Il faut donc administrer à des malades qui *a priori* n'ont plus d'espoir thérapeutique. Or cette phase 1 explore la tolérance et non l'efficacité. Les malades doivent donc consentir dans cette phase de particulière vulnérabilité à prendre un médicament qui ne leur servira à rien sinon éventuellement à éprouver les effets secondaires. Le consentement devrait être très clair sur ce sujet. Or, il ne l'est généralement pas, insistant sur le caractère novateur du médicament et sur l'incertitude des résultats. Cette situation est d'autant plus troublante que les malades qui auraient participé à la phase 1 sont exclus de la phase 2 qui est celle de la recherche de l'efficacité. La tension entre l'intérêt de la recherche médicale et l'intérêt personnel du malade est ici à son apogée.

médico-sociaux (EHPAD par exemple), avec l'aide d'équipes mobiles de soins palliatifs. Chacune de ces prises en charge a un financement spécifique.

Selon une estimation de 2008 de l'Observatoire national de la fin de vie (ONFV), la population requérante en soins palliatifs s'élevait à 322 158 personnes (sur 535 451 décès de personnes de plus de 19 ans). L'offre, en regard, en constant développement depuis 2007, montre l'existence de 1 314 lits en unités de soins palliatifs et 5 057 lits en lits identifiés, mais ces lits identifiés sont loin d'être totalement consacrés à l'activité prévue.

L'Igas notait en 2009 qu'aujourd'hui, seules 2,5 % de personnes qui meurent à l'hôpital ont été identifiées dans un GHS (groupe homogène de séjour) correspondant à une prise en charge dans une unité de soins palliatifs.

La situation de la grande majorité des patients qui meurent à l'hôpital n'a ainsi pas été modifiée.

La vocation des soins palliatifs

« Il est dur de dissocier les soins palliatifs de la notion de mort immédiate. » (Débat à Besançon)

« Grâce aux soins palliatifs on a réussi à vivre quelque chose d'exceptionnel que l'on n'aurait jamais imaginé de vivre. » (Débat à Nantes)

Les unités de soins palliatifs (USP) ne peuvent apporter toutes les réponses aux questions qui se posent, telle n'est d'ailleurs pas leur vocation. Celle-ci est en effet d'accueillir les personnes en fin de vie, et pas seulement en phase terminale d'une maladie, qui présentent des situations complexes, réfractaires [1] à une prise en charge bien menée.

Le développement des soins palliatifs se fait progressivement depuis une douzaine d'années, malgré plusieurs difficultés :

- les soins palliatifs sont trop assimilés à la fin de vie. La difficulté d'anticipation des services cliniques pour entreprendre un tel recours les identifie comme un lieu de mort et non de vie et de soins. Ils sont aussi géographiquement souvent relégués dans un coin, voire à l'extérieur de l'hôpital, comme s'il fallait éviter qu'ils se mêlent aux autres;
- pour preuve, les consultations interdisciplinaires obligatoires depuis le Plan Cancer, comportant dès le début de la prise en charge la réunion de divers spécialistes (radiothérapeutes, chirurgiens, chimiothérapeutes, internistes éventuellement), ne donnent pas de place à un spécialiste de soins palliatifs, alors même que l'annonce d'un cancer, malgré les guérisons fréquentes, devrait solliciter immédiatement la présence d'un tel médecin, dès lors que les soins palliatifs ne sont pas exclusivement des soins de fin de vie, mais aussi des soins de support. Il en est de même pour les maladies neuro-dégénératives, les maladies vasculaires particulièrement invalidantes et graves, etc.;
- les unités de soins palliatifs apparaissent en milieu hospitalier comme les seuls lieux où la parole du malade est *a priori* entendue. Mais cette forme de ghettoïsation

1. Est défini réfractaire tout symptôme dont la perception est insupportable et qui ne peut être soulagé en dépit des efforts obstinés pour trouver un protocole thérapeutique adapté sans compromettre la conscience du patient (Cherny et Portenoy).

est vue par les services cliniques parfois comme une injustice dans la mesure où eux-mêmes voudraient bien écouter et prendre du temps avec les malades, mais ils n'ont justement ni le temps ni l'obligation de le faire, car un service hospitalier curatif est de plus en plus évalué sur ses performances quantitatives et peu sur sa capacité d'accompagnement. D'où le divorce fréquent entre médecine curative et médecine palliative, comme si l'on devait opposer technique et humanité, alors même que c'est l'harmonie entre les deux qu'il faudrait provoquer. Cette rupture est particulièrement préoccupante. La distinction entre un soin qui serait curatif et un autre soin qui serait palliatif n'a dans les faits aucun sens. La visée du soin évolue avec l'avancée d'une maladie, au cours de laquelle il existe toujours une part de curatif et de palliatif... Le soin est indivisible. Finalement, c'est la notion même de « prise en charge globale de la personne malade » qui fait toujours défaut : chacun ne regardant la personne malade qu'à travers le prisme de ses compétences professionnelles et techniques ;
• la disponibilité des services de soins palliatifs est réduite en nombre et en capacité d'accueil et le sera vraisemblablement toujours car il est très difficile de fixer une durée précise de la fin de la vie.

Il y a peu de disciplines où l'importance de la notion de réseaux est aussi grande. C'est pourquoi les ARS devraient considérer dans leurs priorités l'animation de réseaux entre hôpital, soins palliatifs à domicile, équipes mobiles, HAD, EHPAD, SSIAD. Or, nous observons :
• des conflits entre réseaux jaloux de leur indépendance ;
• des difficultés d'échanges entre hôpital public et réseaux privés ;
• la rareté des équipes de soins palliatifs intervenant dans les EHPAD ;
• un engagement encore trop récent de l'HAD en ce domaine ;
• le conflit entre certaines équipes de soins palliatifs et les anesthésistes sur les modalités de la prise en charge de la douleur ;
• l'indifférence – même si cela est totalement compréhensible – de la discipline des soins palliatifs vis-à-vis des morts qui ne la concernent pas (urgences, EHPAD, services cliniques qui refusent pour des raisons qui leur sont propres leur accès à leurs unités mobiles) ;
• et au total, la difficulté d'une permanence des soins palliatifs 24 heures sur 24 et 7 jours sur 7.

L'accueil en soins palliatifs

« J'ai vu mon frère mourir dans des conditions lamentables pendant plus de trois mois, sa famille a demandé les soins palliatifs, mais il n'y a eu droit que quinze jours avant de mourir, c'était trop tard. » (Débat à Grenoble)

« J'ai accompagné un membre de ma famille dix ans, je suis outrée par la prégnance des soins palliatifs. » (Débat à Lille)

Le choix de l'accueil du malade par les unités de soins palliatifs, compte tenu du petit nombre de lits, pose un certain nombre de questions éthiques.

Sur quels critères objectifs et surtout subjectifs se fonder ? Comment faire le tri de ceux qui vont être acceptés, choisir un malade dont le profil correspond bien à la structure et rester indifférent aux demandes non satisfaites ?

Comment ne pas finir par penser dans un monde de tarification à l'activité qu'une durée moyenne de séjour de dix-huit jours finit par être idéale pour permettre l'accompagnement et le « turnover » ?

Être accueilli dans un service de soins palliatifs finit par être perçu par les citoyens comme une chance, réservée à un petit nombre. Les réseaux à domicile ne modifient pas radicalement cette inégalité d'accès.

Une durée de séjour contrainte finit par faire comprendre au malade, admis en soins palliatifs, que sa fin de vie est programmée dans le temps. Le droit de ne pas savoir comme une véritable liberté finit par être aboli lors de l'accueil en service de soins palliatifs en raison du lien et de la signification qui se sont établis entre fin de vie et soins palliatifs. D'où aussi l'extrême embarras de certaines équipes médicales ou chirurgicales à proposer un transfert dans un tel service qui sonne comme un arrêt de toute espérance et un abandon, programmé, surtout lorsque le projet de soin n'a pas été abordé dans sa globalité.

La fin de vie s'alourdit ainsi d'une question d'équité et de justice dans l'accès aux soins palliatifs. Dans les conditions actuelles, tous ceux qui devraient en bénéficier ne le peuvent pas, notamment si le médecin ne le propose pas, si le malade ne les connaît pas ou si les proches ne le demandent pas.

La « culture palliative »

« C'est ma liberté de ne pas avoir recours aux soins palliatifs. Le malade, à partir d'un point, ne se possède plus, devient la propriété – mais le mot est excessif – du personnel soignant. » (Débat à Lyon)

« Est-ce que les soins palliatifs ont besoin d'être prodigués dans des unités avec le label "palliatif", l'ensemble du corps médical ne peut-il pas prodiguer des soins palliatifs de façon plus courante ? »

« Il faut informer les médecins de ville qu'ils peuvent contacter à tout moment les soins palliatifs. » (Débat à Lille)

La séparation trop radicale entre soins palliatifs et soins curatifs finit par empêcher le développement d'une culture de la « démarche palliative ». Cette culture signifie l'intégration d'une compétence en soins palliatifs dans toute pratique clinique et évite l'enfermement dans une activité spécialisée.

Autrement dit, s'il apparaît nécessaire de faire émerger une spécialité universitaire (pour favoriser la formation et la recherche dans le domaine de la fin de vie), celle-ci n'exonérera jamais les autres spécialités de leur responsabilité à l'égard de la fin de vie. Le fait qu'il existe, depuis la loi de 2005, davantage d'unités de soins palliatifs – même si le nombre d'environ 120 est encore limité – amène les soignants des autres services à ne pas se sentir vraiment concernés. En France, il est particulièrement difficile de favoriser une culture commune faite de concertations, de questionnements, d'échange des savoirs, une culture qui, au lieu d'opposer « curatif » et « palliatif », les conjuguent.

Enfermer par ailleurs la médecine palliative dans les seules unités de soins palliatifs serait source de dérives. Par exemple, une équipe, soudée par sa relation très forte avec les malades, pourrait être encouragée, à son insu, à des attitudes de prolongation de la vie parfois non souhaitée. Toute demande d'euthanasie par le malade, interdite par la loi, pourrait être interprétée comme une plainte existentielle à faire disparaître par un accompagnement de qualité. Il est très difficile pour une équipe de se résoudre à aider à mourir par un geste radical, dans la mesure où le sens même du métier est en opposition avec cette attitude, jugée « blasphématoire » par certains. Cette opposition, certes compréhensible, peut venir parfois nier les désirs profonds de la personne. Un médecin qui nous disait n'avoir jamais eu de demande d'euthanasie complétait sa phrase par « mais peut être ai-je été sourd ».

Les questions concernant la fin de la vie ne doivent en aucun cas être encloses dans le seul giron de la médecine, y compris palliative. Une mort bien accompagnée doit être possible dans tout l'hôpital.

La « dimension palliative », n'étant évoquée dans notre pays qu'à l'approche de la mort, semble pour certains malades et familles survenir comme un « oiseau de mauvais augure » et, pour certains soignants, renforcer plus encore le cloisonnement existant. Le plus important dans le ressenti des citoyens est que les acteurs de santé refusent l'euthanasie au profit de l'idée d'une mort bonne parce que lente. Il semble que pour les citoyens, il y a du côté de la médecine, y compris dans les unités de soins palliatifs, une difficulté à comprendre qu'un malade puisse en avoir assez de vivre. Cette posture, plutôt anti-euthanasique de la médecine protège-t-elle les malades ou les inquiète-t-elle ? La question doit pouvoir être posée.

Si les soins palliatifs sont encouragés, si les pouvoirs publics ont manifesté un engagement pour leur développement (programme de développement des soins palliatifs 2008-2012 par exemple), le ressenti de l'opinion est qu'on continue à prendre insuffisamment la mesure des attentes, en particulier pour les situations particulières de fin de vie au domicile, et que l'accès réel aux soins palliatifs reste particulièrement inégalitaire et insuffisant.

Par exemple, les moyens financiers des réseaux à domicile sont soumis à des changements incessants de modalité de répartition de crédits, ce qui entraîne souvent une baisse de leurs ressources. Cela est d'autant plus grave que celle-ci ne se fonde pas sur une évaluation, par les instances responsables des allocations budgétaires, de l'utilisation des moyens et de la qualité de la prise en charge. Tout se passe comme si l'encouragement répété en faveur des soins palliatifs n'était qu'incantatoire.

Les pharmaciens

Ceux-ci jouent un rôle important, mais méconnu dans l'accompagnement de la fin de vie. Les familles leur demandent souvent si les médicaments que le malade prend témoignent d'un pronostic grave à brève échéance. Dans un contexte de démographie médicale de plus en plus restreinte, les pharmaciens d'officine sont souvent interpellés par les proches des malades en fin de vie. Il leur est permis de livrer les médicaments au domicile : ils entrent donc, sans nécessairement y être préparés, à la fois dans l'intimité des personnes et dans la souffrance de la fin de vie.

Ce qui manque de façon évidente est le développement d'un véritable travail en inter-professionnalité entre tous les acteurs – et ils sont nombreux – qui interviennent auprès des personnes en fin de vie (médecins libéraux ou hospitaliers, professionnels de santé ou du domaine médico-social voire social, les aides à domicile...).

L'insuffisante formation et l'impossible partage des compétences

Un médecin : « On n'est pas formé pour parler de la mort. » (Débat à Lyon)

« Les étudiants en médecine sont pour le moment formés à garder la vie, mais pas à accepter la finitude. » (Débat à Besançon)

« Il faut que la formation ne soit pas seulement dans les domaines techniques, mais aussi dans l'accompagnement et l'humanisme : il faut remettre de l'humain dans la formation des professionnels. » (Débat à Montpellier)

Dans les études médicales et infirmières et autres, peu ou pas de temps est accordé à l'approche, l'accompagnement et le soin des personnes en fin de vie.

Malgré les recommandations renouvelées des différents rapports, malgré les revendications constantes du Collège national des enseignants pour la formation universitaire en soins palliatifs, le développement de cette formation reste bien modeste. Certes, la question de la mort et de la fin de vie a été introduite dans le premier cycle, mais au sein d'un module très large. Au cours du deuxième cycle, le nombre d'heures consacrées au module « Douleur, soins palliatifs, anesthésie » peut varier de deux à trente-cinq heures... Ultérieurement, il n'y a plus aucune formation en dehors des diplômes d'études spécialisés complémentaires. La majorité des unités de soins palliatifs ne sont pas habilitées comme lieu de stage validant pour le DES de médecine générale ou le DES de cancérologie. La formation continue reste elle aussi peu valorisée. Il existe un diplôme universitaire de soins palliatifs, où, selon l'ONFV, les médecins représentent seulement 28 % des participants.

De toute façon, il n'y a aucun recensement des actions réalisées et on estime que 80 % des médecins n'ont reçu aucune formation à la prise en charge de la douleur. Seuls trois cancérologues en Ile-de-France sur 150 étaient formés aux soins palliatifs en 2008 et 63 % des médecins déclarent n'avoir jamais reçu de formation sur les limitations de traitement.

Tant que la formation des professionnels de santé à la culture palliative restera marginale, il n'y a rigoureusement rien à espérer d'un changement des pratiques en France face aux situations de fin de vie. Si un nouveau regard, heurtant les conformismes et les traditions, n'est pas porté par les pouvoirs publics, il n'y a aucune possibilité que les institutions médicales elles-mêmes proposent de leur propre chef des changements dont elles ne mesurent pas l'importance sociale pour les citoyens.

Chapitre 3

Les conséquences de ces réponses inadaptées sur les lieux de fin de vie

L'hôpital

La culture hospitalière de plus en plus spécialisée exclut la mort de ses préoccupations

« Il y a un gros problème en France : la prise en charge globale de la personne. Notre médecine est une médecine hachée, on ne s'occupe pas de la globalité de la personne. »

« Vers la fin de la vie d'un proche, j'ai été en contact avec des médecins qui faisaient leur possible pour soigner, mais à la fin ils se trouvaient désarçonnés, avec un discours scientifique, froid et ils ne regardaient pas la famille comme des personnes souffrant par la maladie du patient. » (Débat à Grenoble)

L'hôpital est devenu un lieu de soins technologiques où priment efficacité, compétitivité, excellence, et au sein duquel un Français sur deux meurt. Chaque service est de plus en plus spécialisé, même la médecine interne qui a fini par recueillir la prise en charge des maladies rares.

Aucun service hospitalier n'est en charge de la mort. La mort est le seul moment où l'ensemble des spécialités se retrouvent unanimes pour souhaiter le transfert de la personne, alors que le plus grand nombre de malades finissent leur vie dans un service médical ou chirurgical qui les a préalablement pris en charge pour les soigner d'une maladie ou d'un accident grave. Cette culture d'hyperspécialisation, qui rivalise de prouesses techniques, ne supporte que difficilement l'arrêt des soins et l'accompagnement simplement humain. Tout s'est passé dans l'évolution du rôle de l'hôpital comme si la fin de vie et la mort étaient progressivement exclues alors qu'elles se déroulent de plus en plus dans ce lieu.

Dès qu'un malade dit non, ce non est suspecté venir d'un trouble cognitif ou d'une dépression, mais il est rarement reconnu comme l'expression d'une volonté libre et éclairée, ce qui encourage de fait la personne malade à la longue à dire oui systématiquement pour ne pas à avoir à se justifier.

Plus que la mort, ce qui fait difficulté aux acteurs hospitaliers et particulièrement aux médecins est la manifestation de la fin de la vie et son cortège de souffrances. Les médecins n'ont pas appris à travailler sur cette ligne de crête correspondant à la limite des savoirs, à la limite de la vie, à leurs propres limites et aux limites des personnes malades. Ce temps de la fin de vie est un temps de souffrances aussi bien du côté des personnes malades que du côté des acteurs de santé. C'est probablement pourquoi les médecins ont cru pouvoir se distancier de la question en occultant la dimension sensible, relative à l'humain, pour surinvestir la dimension technique. Ce faisant, c'est la part proprement humaniste de la fonction du médecin qui s'est estompée.

La mort à l'hôpital vue comme un échec

« Pour les professionnels, la mort semble être un échec, on n'écoute pas ceux qui veulent mourir, on voit rarement mourir quelqu'un qui n'est pas perfusé en établissement. » (Débat à Besançon)

« Je trouve ça terrible de mourir dans l'anonymat hospitalier, sous l'emprise du pouvoir médical. » (Débat à Montpellier)

Cette fréquente inhumanité est d'autant plus grave que le lieu de la mort est l'hôpital. Les chiffres sont en effet signifiants : 58 % des malades meurent dans un établissement de santé, dont 80 % dans un établissement public (rapport de l'Igas 2009) ; 86 % de ces décès sont constatés dans les services de courte durée, 12 % dans les services de soins de réadaptation, 2 % en hospitalisation à domicile (HAD), 3 % dans les services de soins palliatifs ; 16 % des décès surviennent lors de séjours inférieurs à 24 heures ; 20 % des personnes concernées auront bénéficié de soins palliatifs, mais avec une majorité de 80 % chez des malades atteints de cancer.

La mort à l'hôpital est donc essentiellement une mort dans un service clinique inadapté à cette situation.

Il n'existe pas de culture palliative de l'âge, ni de culture palliative pour les accidents vasculaires. À côté des cancers, seuls les maladies neurodégénératives et les états végétatifs prolongés font l'objet d'une telle attention.

L'hôpital doit répondre aux questions que posent deux formes de fin de vie : une mort qui s'accomplit dans le temps que nécessite l'évolution d'une maladie grave et une mort qui s'effectue dans la brutalité d'un accident que l'on ne pouvait anticiper.

La mort à l'hôpital est occultée, vue comme un échec. Elle ne figure pas explicitement dans les missions de l'hôpital public, ou alors seulement pour la seule question du prélèvement d'organes. Cela confirme l'idée communément admise selon laquelle la mort n'est pas une mission de la médecine. Or, si elle ne l'est pas, l'accompagnement l'est. Ce rejet risque de pousser les professionnels à aller dans une direction où la mort court le risque d'être niée. Une médecine qui occulte la mort dans ses préoccupations s'interdit de répondre au minimum des exigences humanistes.

Les chambres funéraires hospitalières ont depuis quinze ans fait un effort exceptionnel d'accueil des familles, se substituant souvent aux équipes soignantes car le temps manque après le décès pour un entretien. Il n'y a pas de financement d'accueil des familles après la mort et des soignants psychologiquement bouleversés. Et surtout, l'hôpital est décomposé en structures très spécialisées dont aucune n'a la responsabilité dédiée (en dehors des soins palliatifs !) de prendre en charge la mort. La mort est réduite à « ce n'est plus mon affaire, qu'il aille en soins palliatifs », quand leur disponibilité existe.

Les EHPAD

Nombreux sont les décès survenus en maison de retraite ou en établissement hospitalier de personnes âgées dépendantes (EHPAD) : en 2011, ils représentent environ 12 % de la mortalité globale survenue en France.

Selon l'expression d'un médecin généraliste entendu par la mission « les maisons de retraite type EHPAD sont le plus grand centre, mais improvisé, de soins palliatifs. C'est toujours dans l'improvisation [1] ».

Malgré ce constat, peu nombreux sont les établissements qui déclarent l'accompagnement du mourant et la prise en charge de la fin de vie comme un objectif indispensable à mettre en œuvre. Les lieux qui se sont organisés avec des équipes mobiles de soins palliatifs rattachés à des hôpitaux ou à l'HAD restent encore bien minoritaires [2]. Ce qui justifie, comme on l'a vu, le transfert nocturne en présence de signes de « désordre » dans l'hôpital le plus proche, particulièrement le week-end et pendant les vacances.

Ainsi, l'EHPAD, qui ne reçoit pourtant que des personnes très âgées, est victime de la culture ambiante qui place l'accueil de la mort en queue de toutes les préoccupations sociétales. Cette culture, qui a gagné aussi les soignants, n'encourage pas le travail en réseau ou en interdisciplinarité.

Le domicile

La mort à domicile

« Des patients ont été hospitalisés parce que l'entourage était épuisé et la seule solution semblait être l'hospitalisation. » (Débat au Havre)

1. « Exemple : la pompe à morphine doit être arrêtée la nuit en l'absence d'infirmière de nuit. »

2. À noter que la Caisse nationale de solidarité pour l'autonomie (CNSA) a financé en 2010 une expérimentation d'astreintes opérationnelles d'infirmier de nuit en EHPAD dans le cadre de la mesure 7 du programme de développement des soins palliatifs 2008-2012. Cette expérimentation a permis d'identifier l'intérêt pour les EHPAD d'avoir une possibilité de recours à un temps infirmier la nuit, pour un certain nombre de situations. Le coût engendré a été moindre que celui initialement envisagé. Mais malheureusement, malgré un financement important, aucune conclusion générale de cette étude n'a pu être tirée quant à la généralisation des astreintes d'infirmiers la nuit en EHPAD.

Mourir chez soi au milieu des siens est un vœu généralement partagé par l'ensemble des citoyens. Pourquoi alors faut-il mourir à l'hôpital ou en institution pour 70 % des personnes ? En raison de facteurs multiples, parmi lesquels dominent la peur des familles ou de l'entourage, la disparition croissante du médecin de famille, devenu « médecin référent », et le sentiment qu'il peut toujours y avoir quelque chose à faire au dernier moment. Accepter la mort n'est pas facile dans ces moments d'agitation, de gêne respiratoire, de perte de conscience, de douleur ou d'hémorragie. La mort doit désormais avoir le visa de la médecine pour être acceptée : et quel est le meilleur visa que celui de la médecine hospitalière ? Les familles accompagnantes ont de plus en plus de peine à trouver de l'aide. Les aidants familiaux sont très largement insuffisamment aidés. Les métiers de l'aide à domicile sont peu attractifs.

Ici encore, si des solutions existent, elles demeurent éparses, sans recensement et rarement disponibles au moment où les familles en ont besoin. Les financements de l'accompagnement à domicile sont contraints dans le temps. Des initiatives originales sont nées, comme les « maisons de répit » ou la venue à domicile d'aidants professionnels ou bénévoles pour une très courte période. Mais ces initiatives sont encore trop peu nombreuses alors qu'elles sont destinées à soulager les aidants familiaux des personnes en fin de vie pendant quelques heures ou jours. Si le besoin de lieux ou de temps de répit pour les proches est reconnu et évident, la question du statut de ces maisons ou de ces aidants, et surtout des instances susceptibles de concourir à leur financement, empêche leur développement. Cela maintient paradoxalement l'hôpital comme le seul lieu pour le « répit », alors qu'il est le moins adapté et le plus coûteux.

Les soins palliatifs à domicile

« À partir du moment où une personne est en fin de vie, soignant et non-soignant doivent être sur le même positionnement : on est tous en humanité devant une personne qui va mourir, il faudrait réduire cette différence entre les professionnels de santé, le patient et sa famille. C'est trop une confrontation : "Qui va décider ?" » (Débat à Strasbourg)

À domicile, le malade peut avoir le sentiment que sa demande éventuelle d'en finir sera mieux respectée et mieux prise en compte dans son environnement que dans un service hospitalier.

Les soins palliatifs à domicile sont *a priori* très respectueux de la personne dans son environnement propre, ils sont réalisés par des équipes en principe pluridisciplinaires intervenant rarement de façon conjointe. De fait, ils dépendent beaucoup de la possibilité pour les proches d'assurer l'accompagnement voire les soins.

La venue d'un professionnel au domicile est parfois vécue comme intrusive voire culpabilisante. Articuler le soin professionnel et le soin familial est moins simple qu'il n'y paraît. La jonction entre l'aidant professionnel et l'aidant familial ou amical est encore mal pensée. Ils devraient s'allier et non pas négocier leurs aides. L'aidant familial ne doit pas se culpabiliser d'une présence professionnelle et l'aidant professionnel doit savoir écouter la compétence de l'aidant familial. La commission suggère ici qu'une réflexion soit poursuivie en faveur d'un nouveau métier permettant une meilleure écoute respective entre aidants familiaux et aidants professionnels.

Les rapports entre l'hôpital et le médecin généraliste sont loin d'être simples. Près d'un compte rendu d'hospitalisation sur deux n'arrive jamais et dans la moitié de ceux qui arrivent à bon port, une autre moitié n'arrive… qu'après la mort.

L'association de l'hôpital à domicile, de l'HAD avec un réseau de soins palliatifs à domicile aurait dû constituer la solution idéale. Pour les malades qui bénéficient de l'HAD, près de 75 % meurent à domicile dans des conditions tout à fait acceptables. Mais l'HAD reste dans une culture hospitalière. Il lui est demandé, semble-t-il, de démontrer ses capacités et ses ressources techniques, justifiant son prix de journée, plus que son aide seulement humaine. Son aide précieuse reste bien souvent de ce fait malheureusement inadaptée aux conditions réelles du mourir. Trop souvent, l'HAD continue à incarner la seule démarche curative hospitalière.

Chapitre 4

La loi Leonetti : un chemin mal connu et mal pratiqué et qui répond pourtant à la majorité des situations

« La loi Leonetti est mal connue, mal appliquée et ça donne une méfiance envers les médecins, voire de la colère quand on l'a vécu. »

« Je ne comprends pas que le milieu médical dise ne pas connaître la loi Leonetti : il y a une volonté délibérée de leur part de ne pas la connaître pour ne pas l'appliquer. » (Débat à Lille)

Le débat

Les citoyens et le corps médical sont loin de s'être approprié la loi Leonetti, issue du Parlement et non du gouvernement, sept ans après sa promulgation. Ignorée par le plus grand nombre, elle est généralement perçue par les citoyens comme une loi qui protège les médecins des foudres de la justice lorsque ceux-ci arrêtent les soins, et perçue par les médecins comme plutôt adaptée aux situations de réanimation adulte et néonatale qu'aux situations vécues dans le quotidien des soins. Elle n'est pas vécue comme le respect du droit des malades et elle est loin d'avoir clos le débat sur ces droits.

Jusqu'à maintenant, ce que l'on nomme souvent hâtivement « débat sur les questions concernant la fin de vie » est à vrai dire plutôt marqué par des postures assez dogmatiques et des *a priori*, plus que par une attention réelle à des situations infiniment différentes les unes des autres. La complexité réelle est souvent gommée par des arguments simplificateurs. Par exemple, on ne peut mettre sur le même plan les situations de fin de vie chez les enfants nouveau-nés et les situations, qu'elles soient liées à une maladie ou à l'âge, de personnes porteuses de handicaps psychiques ou physiques chez lesquelles la volonté de vivre n'existerait plus. Plutôt que de chercher des arguments, de la contradiction, entre ceux qui tiennent à une valeur de la vie comme intangible et supérieure à toutes les valeurs, et ceux qui considèrent que le fait de mettre fin à une existence reste un choix personnel, l'attention se portera sur les problèmes en suspens.

Les observations qui nous semblent récurrentes dans cette demande majoritaire et répétée d'une assistance à la mort sont :
• le profond déficit d'accompagnement des personnes en fin de vie;
• l'évitement de la mort par la société;
• l'exigence d'égalité confrontée à la demande de réponses personnalisées;
• la culture curative en situation de quasi-monopole;
• le caractère extrêmement limité de l'accès aux soins palliatifs dans les situations réelles de fin de vie;
• le cloisonnement délétère du système de santé, la trop grande verticalité des compétences et l'insuffisante transversalité des pratiques;
• l'absence de culture réelle de la collégialité;
• les structures aux statuts et aux financements fragmentés;
• l'insuffisante information donnée au malade;
• les graves insuffisances de la formation des médecins et soignants;
• le prisme excessif d'une culture de la performance technique et économique dans l'univers de la santé;
• etc.

Tous ces points parmi d'autres peuvent justifier le ressenti des citoyens qui expriment une angoisse de mourir dans des conditions inacceptables en étant dépossédés de toute autonomie, ce qui conduit à une grande souffrance anticipée. Un certain nombre de demandes d'euthanasie semblent liées à cette angoisse. Cette angoisse se manifeste par exemple par une expression souvent entendue : «je ne sers plus à rien… Je suis une charge pour mes proches».

Que ce soit le mésusage de la sédation terminale, du principe du double effet, des directives anticipées ou de la place de la personne de confiance, on ne peut que constater la quasi-absence de l'expression de la volonté de la personne à propos des choix qui la concernent. Le paradoxe est que dans cette situation de fin de vie, et même dans un service de soins palliatifs, la personne peut se sentir dépossédée des dimensions essentielles de sa fin de vie.

Cette place réduite laissée à la personne laisse toute latitude au médecin de mettre en pratique ce qui lui semble le mieux, en fonction des circonstances, fussent-elles économiques, en recherchant plus ou moins l'accord de l'entourage. La personne de confiance étant quasiment absente.

Tout se passe comme si entre «les personnes capables d'exprimer leur volonté» et les personnes «incapables d'exprimer leur volonté», il n'y avait pas d'espace d'écoute et de dialogue. Or, la réalité la plus fréquemment rencontrée dans les situations de fin de vie est celle de personnes ayant, du fait de leur maladie ou de l'angoisse qu'elle génère, une altération ou une réduction de leur capacité, aussi bien pour entendre que pour se positionner. Ainsi, l'avis apparaît parfois ambigu ou ambivalent («j'en ai assez», «j'aimerais bien que cela finisse», «faites pour le mieux»…).

L'importance considérable parmi les décès du pourcentage des décisions médicales qui ont pour effet d'abréger la vie (50 % des décès selon l'étude de l'Ined, publiée en 2012) justifie l'importance de l'attention portée à ces décisions. En effet, parmi elles, 14,6 % concernent une abstention d'un traitement visant à prolonger la vie, 4,2 % un arrêt de traitement visant à la prolonger, 28,1 % l'intensification du traitement de la douleur et de ses symptômes. Ces décisions qui contribuent à abréger la vie ne sont pas nécessairement prises avec l'intention de provoquer la mort, à l'exception des 0,8 % des décès liés à l'administration de médicaments à destinée létale. Mais parmi tous ces actes où l'intention est de soulager la douleur, 3,1 % visent en fait à mettre délibérément fin à la vie du patient et la majorité l'ont été sans que le patient en ait fait la demande.

La sédation en phase terminale pour détresse

« *La sédation en phase terminale pour détresse est la recherche, par des moyens médicamenteux, d'une diminution de la vigilance pouvant aller jusqu'à la perte de conscience, dans le but de diminuer ou de faire disparaître la perception d'une situation vécue comme insupportable par le patient, alors que tous les moyens disponibles et adaptés à cette situation ont pu lui être proposés et/ou mis en œuvre sans permettre d'obtenir le soulagement escompté par le patient. Dans la pratique, les visées de la sédation peuvent être : une somnolence provoquée chez une personne qui reste éveillable à la parole ou tout autre stimulus simple ; une perte de conscience provoquée, qui peut se décliner en :*
– *coma provoqué transitoire (sédation intermittente) ;*
– *coma provoqué non transitoire (sédation prolongée)*[1]. »

La frontière entre l'euthanasie volontaire et la sédation profonde peut sembler poreuse, mais elle est pourtant réelle :

- l'intention n'est pas *a priori* la même. Dans le cas de l'euthanasie, l'intention est de donner la mort alors que dans le cadre de la sédation, l'intention est de soulager la souffrance ;
- les médicaments utilisés ne sont pas les mêmes.

Une sédation profonde, même si l'intention n'est pas de donner la mort, n'est pas un acte anodin, compte tenu de ses conséquences réelles sur l'accélération de la mort. On peut regretter que l'usage de la sédation profonde, qui a réduit les euthanasies clandestines, se soit développé sans que le thérapeute se soit senti obligé d'informer la personne ou sa famille, ce qui est un manquement flagrant de respect de la personne.

Rappelons que l'article R.4127-37 du Code de la santé publique (CSP) prévoit que *« le médecin, même si la souffrance du patient ne peut être évaluée du fait de son état cérébral, met en œuvre les traitements, notamment antalgiques et sédatifs, permettant d'accompagner la personne selon les principes et dans les conditions énoncés à l'article R4127-38. Il veille également à ce que l'entourage du patient soit informé de la situation et reçoive le soutien nécessaire ».*

1. « La sédation pour détresse en phase terminale », Recommandations de la Société française d'accompagnement et de soins palliatifs, groupe de travail « sédation en fin de vie » coordonné par V. Blanchet. Participants : R. Aubry, J.-C. Fondras, M.-T. Gatt, J.-M. Lassaunière, T. Marmet, M. Nectoux, P. Papin, S. Pourchet, P. Thominet, N. Sylvestre, M.-L. Viallard.

La question majeure demeure alors le consentement du malade, mais cette notion même de consentement est bien virtuelle. Le malade n'a pas à consentir, mais à vouloir. Dans ces moments d'extrême vulnérabilité, bien plus que le respect des dispositions juridiques, ce qui compte est le respect des sentiments, des préférences et, encore mieux, de la volonté de la personne malade. Les explications du médecin relèvent de causes cliniques, mais les justifications à cette sédation profonde sont en réalité beaucoup plus complexes.

Il est tout autant hautement regrettable que toute décision de sédation terminale ne fasse pas l'objet d'une discussion collégiale.

Le double effet

Ce principe, déjà reconnu par saint Thomas d'Aquin [1], renvoie dans le domaine de la fin de vie aux actes destinés à atténuer voire supprimer la douleur insupportable en en assumant les conséquences éventuelles sur le raccourcissement de la durée de la fin de vie. Les critères sont l'intentionnalité, le motif de l'acte et la priorisation des effets bénéfiques sur les mauvais effets.

On peut constater que s'il n'existe pas de moyens irréfutables pour connaître l'intention, il est possible de l'approcher en analysant les doses et les modalités d'administration de sédatifs. Une sédation pour soulager la douleur nécessite une titration des besoins de médicament sédatif pour atténuer ou contrôler le symptôme tout en maintenant un certain degré de vigilance permettant d'évaluer la disparition ou non dudit symptôme. Une «sédation» létale est probable en l'absence de titration et d'évaluation ou lorsque les doses sont augmentées de façon linéaire jusqu'au décès. L'administration de doses massives d'un sédatif ne peut pas s'appeler un double effet. Il s'agit, qu'on le veuille ou non, d'une pratique euthanasique lente. Il est en effet difficile d'admettre pour un soignant qu'il ne peut soulager son malade et il peut être tentant de l'endormir pour ne plus entendre sa plainte.

Mais quelle que soit la situation, le consentement de la personne à ce double effet doit être recherché de façon explicite. Sauf si le malade, par sa demande d'endormissement et de ne plus souffrir, résout de lui-même l'ambivalence. La loi du 22 avril 2005 relative aux droits des malades et à la fin de vie stipule ainsi que «*si le médecin constate qu'il ne peut soulager la souffrance d'une personne, en phase avancée ou terminale d'une affection grave et incurable, quelle qu'en soit la cause, qu'en lui appliquant un traitement qui peut avoir pour effet secondaire d'abréger sa vie, il doit en informer le malade, sans préjudice des dispositions du quatrième alinéa de l'article L.1111-2*» – notamment «*la volonté d'une personne d'être tenue dans l'ignorance d'un diagnostic ou d'un pronostic doit être respectée*» – «*la personne de confiance, la famille ou, à défaut, un des proches*».

1. Saint Thomas d'Aquin, *Somme théologique*, Version numérique, IIa-IIae, question 64, article 7.

Le plus difficile est de ne pas faire de ce double effet une culture euthanasique par défaut. Il n'est pas illégitime de souhaiter aux termes d'une discussion collégiale que la mort soit avancée par le traitement de la douleur. Il est illégitime d'en faire une habitude et de ne pas se questionner collectivement dans chaque situation. De la même façon, privilégier des sédations légères ou courtes, dans l'intérêt du soignant qui ne veut pas se faire accuser d'euthanasie, peut être d'une grande cruauté pour la personne malade. Comment consentir à des réveils incessants ?

On en conclut que le double effet devrait être envisagé avec la plus grande prudence possible, d'autant plus s'il est vu comme une fin de vie programmée, tout en considérant que, dans certaines situations insolubles, une sédation terminale intentionnelle, à la demande du malade et de ses proches, pourrait être envisagée.

Les directives anticipées

« On a eu une attitude paternaliste dans le monde médical visant à prendre les décisions pour les autres, il ne faut pas inverser le balancier dans l'autre sens et imposer au professionnel un diktat du patient. »

« Il est compliqué de rédiger des directives anticipées : c'est difficile de se projeter en bonne santé dans une maladie incurable et dire "Dans telle situation, j'aimerais ça ou ça". » (Débat à Besançon)

« Parfois, les directives anticipées sont connues, mais ne sont pas entendues à leur juste place. » (Débat à Montpellier)

Selon les termes de la loi Leonetti précisée par le décret du 6 février 2006, les directives anticipées permettent à toute personne majeure d'indiquer ses souhaits relatifs à sa fin de vie « concernant les conditions de la limitation ou l'arrêt de traitement », pour le cas où cette personne « serait un jour hors d'état d'exprimer sa volonté ». L'état actuel des directives anticipées est un chantier non ouvert, que ce soit en raison de leur méconnaissance, de leur inefficacité ressentie, ou de leur inutilité.

Les directives anticipées n'ont été rédigées que par un nombre infime de personnes en fin de vie : ainsi dans l'étude de l'Ined publiée en 2012, seules 2,5 % des personnes décédées en avaient rédigé.

Dans une étude récente du centre d'éthique clinique de Cochin (concernant des personnes âgées de plus de 75 ans), 83 % des personnes ne voulaient pas s'en saisir, 42 % parce que c'était trop tôt, trop compliqué, ou déjà confié aux proches (en situation réelle leurs directives anticipées seraient différentes), 36 % car ils percevaient les directives anticipées comme inutiles voire dangereuses, et 22 % refusaient d'anticiper ou de parler de ce sujet.

Les directives anticipées sont dans la loi Leonetti, mais n'ont aucune publicité, aucune obligation, et demeurent totalement en suspens dans l'univers médical, au contraire des dispositions prises dans d'autres pays d'Europe. Même si ces directives étaient exprimées par écrit, leur renouvellement risque de ne pas suivre les battements du temps de la vie. Il paraît difficile d'en faire une donnée majeure de l'existence.

En revanche, il semble évident que ces directives apparaissent comme essentielles quand, dans une famille, une personne est touchée par une maladie particulièrement grave et que l'entourage découvre alors la non-prise en compte de ces directives.

Or, ce dispositif est tout d'abord méconnu des médecins, qui pourtant ont *« pour obligation de s'enquérir de l'existence de ces directives, d'en vérifier la validité, d'en prendre connaissance et d'inclure les souhaits qui y sont exprimés parmi les éléments sur lesquels va s'appuyer [leur] décision médicale*[1] ».

Il apparaît alors évident que des directives anticipées devraient s'inscrire dans l'univers du soin comme une donnée aussi élémentaire que la possession de sa carte vitale, mais sans en faire une obligation qui tendrait à la bureaucratie. Le principe même de leur accès devrait être prioritaire. Encore faut-il que le patient ou ses proches soient réellement éclairés sur le caractère incurable et évolutif de sa maladie. Si les directives anticipées ne sont pas inscrites quelque part dans le dossier personnel du malade, elles restent un vain mot. Elles devraient pouvoir être consultées par informatique de façon systématique (fichier national sur le modèle du refus de don d'organe) et renvoyer à un document très élaboré sur les modèles allemand ou suisse qui restent exemplaires. Des directives anticipées sans contenu compréhensible sont un outil totalement vain. Ou elles s'intègrent totalement et de façon centrale dans l'univers du soin et deviennent un élément essentiel, ou elles restent à l'état de possibilité recommandée et sont totalement inefficaces.

Écrire une directive, comme son nom l'indique, c'est demander qu'elle soit respectée ou que le professionnel en tienne compte. Quand ces directives existent, elles ont constitué, dans l'étude de l'Ined, dans trois quarts des cas un « élément important de la décision médicale ». Mais que signifie en tenir compte ou élément important de la décision ? Il existe une ambiguïté sur leur finalité. Quelle lecture doit en être faite par le médecin, le malade ? N'est-elle pas différente ? S'agit-il d'une aide à la décision, d'un ordre au praticien, ou de l'instauration nécessaire d'un dialogue ? Ne responsabilise-t-elle pas le malade au profit du dégagement de la responsabilité du médecin ?

Certains pays utilisent même le mot de « testament biologique ». Mais la question reste toujours plus complexe qu'elle ne le semble. Souvent, quelques malades souhaitent, à juste titre, au moment même de l'accident ou au cours d'une maladie grave, que leurs directives anticipées soient oubliées ou méconnues. En effet, des sursauts de volonté de vivre peuvent toujours se substituer à un renoncement anticipé. De la même façon, les médecins souhaitent garder la liberté de leur jugement et il est vrai que, dans certains cas rares, un traitement simple peut venir à bout rapidement d'une situation jugée particulièrement désespérée par le malade lui-même.

1. Jean Leonetti, « Rapport d'information fait au nom de la mission d'évaluation de la loi n° 2005-370 du 22 avril 2005 relative aux droits des malades et à la fin de vie », 28/11/2008, p. 25.

Mais ce risque doit pouvoir être expliqué à celui qui rédige ses directives anticipées, en lui soumettant l'existence de plusieurs protections :

- l'abolition de ces directives anticipées par le malade lui-même est évidente s'il se trouve dans une situation particulièrement grave et qu'il est conscient ;
- la demande de la médecine à la personne de confiance, ou à défaut à sa famille ou ses proches, devrait être systématique concernant le sentiment du malade, lorsqu'il est en situation d'inconscience, à propos de ses directives anticipées ;
- en aucun cas elles ne devraient avoir de caractère obligatoire (contrairement à la législation de certains pays).

On peut ajouter que tout médecin qui s'opposerait à ces directives anticipées devrait pouvoir en référer sous peine d'illégalité, voire de pénalisation, à une collégialité à déterminer. Tout non-respect de directives anticipées devrait donner lieu à une justification écrite.

Un certain nombre de conflits peuvent surgir. Par exemple dans un EHPAD, une personne âgée qui aurait rédigé des directives anticipées demandant à ne pas aller à l'hôpital en cas de situation critique pourrait se voir opposer les vœux de sa famille ou de l'institution contre son gré, ce qui est malheureusement souvent le cas. Il faudrait donc pour que celles-ci aient une quelconque valeur, pouvoir les rédiger dans un langage clair, accessible à chacun, et décrivant la possibilité de telle ou telle situation qui devrait faire l'objet ou non d'une prise en charge efficace ou simplement palliative. Il faudrait surtout qu'en cas de telles directives, un travail d'anticipation soit entrepris entre la personne, ses proches, les soignants et l'administration de l'EHPAD, et une équipe mobile de soins palliatifs, de manière à trouver un *modus operandi* respectueux des volontés de la personne.

Ici comme ailleurs, la question du vocabulaire est fondamentale.

Divers modèles (allemands, suisses, ceux en cours du CHU Saint-Louis ou du CHU de Brest) pourraient contribuer à l'élaboration d'un modèle national de directives anticipées.

Ceux qui veulent absolument que les directives anticipées soient contraignantes, prises en compte de façon majeure dans la décision, sont généralement des personnes qui souhaitent demander l'euthanasie. On ne voit pas en quoi cette demande serait écartée au profit de son caractère inacceptable. Une demande anticipée d'euthanasie ne peut être écartée d'un revers de manche au motif que l'euthanasie est un acte illégal. Toute directive anticipée est signifiante et ne peut pas ne pas être prise en considération.

On peut imaginer qu'une demande anticipée d'euthanasie argumentée pourrait avoir une force contraignante pour au minimum conduire à une discussion collégiale concernant l'arrêt éventuel ou la non-mise en œuvre de traitements susceptibles de prolonger la vie. De même une telle demande devrait, même en l'absence de dépénalisation de l'euthanasie, contraindre à poser la question de la sédation pour souffrance supposée de la personne. Il est tout à fait choquant de ne pas tenir compte des directives anticipées, en particulier quand la gravité de la situation impose de faire des choix en urgence. Mais les personnes en fin de vie ont souvent des fluctuations de la volonté, « entre abattement et réflexe de survie », qui peuvent faire obstacle à l'opposabilité des directives anticipées.

Les directives anticipées ne résolvent donc pas la maîtrise du choix, elles en sont un élément important et il semblerait nécessaire de leur conférer un pouvoir contraignant plus fort et facilement disponible.

Un consensus dans ce domaine semble cependant possible.

Le programme suivi par un nombre croissant d'États aux États-Unis (*Physician Orders For Life-Sustaining Treatment*) s'appuie sur une différence fondamentale entre des directives anticipées rédigées par une personne en bonne santé et des volontés exprimées par une personne atteinte d'une maladie grave voire incurable, ou encore à la veille d'une intervention chirurgicale.

En prenant exemple sur ce programme, la commission recommande l'existence d'un *second document*, différent des directives anticipées, exprimant les volontés d'une personne atteinte de maladie grave concernant spécifiquement les traitements de fin de vie.

Ce *second document* :

- décrit très précisément les différentes options thérapeutiques susceptibles d'être proposées en fin de vie ;
- est signé par le malade qui le souhaite (le malade a toujours le droit de vouloir rester dans l'ignorance de sa maladie et de ne pas vouloir exprimer ses choix) ;
- est rempli dans le cadre d'un dialogue avec le médecin de famille et l'équipe hospitalière – occasion ici de souligner avec force que le médecin généraliste doit être mieux accueilli dans l'univers hospitalier où il reste trop souvent considéré comme un visiteur indésirable ;
- est aisément identifiable par une couleur spécifique ;
- est inséré dans le dossier médical ;
- est inscrit dans un fichier national informatisé ;
- et, point très important, ce document est signé par le malade, mais aussi par le thérapeute concerné, ce qui, sans en faire un caractère contraignant, en fait un caractère très engageant.

La médecine devrait pouvoir aisément s'y adapter. Certes, des cas de conscience existeront toujours, mais ils devraient pouvoir être résolus par un partage des connaissances plutôt que par le sentiment personnel et la décision d'un seul soignant.

L'obstination déraisonnable

« Dans notre pays, bien des traitements ne devraient pas être faits en amont, c'est de ça que l'on devrait parler, des personnes âgées en EHPAD qu'on met en ambulance, pour un œdème du poumon, on envoie les personnes âgées à l'hôpital. » (Débat au Havre)

L'obstination déraisonnable (anciennement appelé « acharnement thérapeutique »), c'est-à-dire [1] des « *actes qui apparaissent inutiles, disproportionnés*

1. Loi n° 2005-370 du 22 avril 2005, article 1er.

ou n'ayant d'autre effet que le seul maintien artificiel de la vie[1] », est interdite par la loi depuis plusieurs années.

Cependant, l'obstination déraisonnable est une notion difficile à appréhender et il peut être difficile de tracer la frontière entre ce qui relève de l'obstination déraisonnable et ce qui n'en relève pas. Le caractère disproportionné d'un traitement est notamment difficile à apprécier. Cette difficulté est revendiquée par Jean Leonetti qui a ainsi expliqué que « *le terme même de disproportionné incite au doute, donc à la nécessité de la concertation* ».

Malgré cette interdiction, l'acharnement thérapeutique continue de provoquer une angoisse quant à sa possible persistance. Il n'y a pas de « droit » à ne pas subir d'obstination déraisonnable, ou de poursuite judiciaire[2]. Cette inquiétude est confirmée par un récent sondage du magazine *Pèlerin* en septembre 2012 qui révèle que près de 60 % des Français estiment qu'en France la loi actuelle sur la fin de vie ne permet pas suffisamment d'éviter toute forme d'acharnement thérapeutique.

Il n'existe pas de dispositif qui permettrait d'approcher de façon chiffrée cette obstination déraisonnable ordinaire. On a vu qu'elle existait en situation d'urgence, où il y a une pression familiale et sociétale parfois excessive pour inciter le médecin à agir encore, voire à « ressusciter les morts ». La peur des risques judiciaires peut aussi influencer certaines décisions de réanimation, les urgentistes pouvant penser que les familles seront davantage enclines à porter plainte s'ils ne tentent aucune manœuvre de réanimation.

Il persiste aussi une obstination déraisonnable dans les services de réanimation. Selon Édouard Ferrand (médecin à l'hôpital Foch à Suresnes), le fait que le nombre de limitations des thérapies actives en réanimation ait connu une évolution modeste, passant de 53 % des patients décédés en 2001 à 55,7 % en 2007, signifie « *que la moitié des malades n'ont pas vu leur projet thérapeutique évoluer vers une stratégie palliative : c'est un signe indirect d'acharnement thérapeutique. Dans le reste de l'Europe et les pays anglo-saxons, 80 à 90 % des décès sont prévus et accompagnés* ».

Les services de cancérologie continuent de proposer des changements ou renouvellements de chimiothérapies qui entraînent des effets indésirables majeurs alors que le pronostic vital apparaît engagé à très court terme.

Ce questionnement sur l'obstination déraisonnable se pose de façon particulière pour les patients cérébrolésés. Les citoyens français craignent que

1. L'exposé des motifs de la loi Leonetti explique que « *les actes médicaux ne doivent pas être poursuivis par une obstination déraisonnable, lorsqu'il n'existe aucun espoir réel d'obtenir une amélioration de l'état de la personne et que ces actes entraînent une prolongation artificielle de la vie* ».

2. Le deuxième alinéa de l'article L.1110-5 du Code de la santé publique énonce que « *lorsqu'ils* [les actes de soins] *apparaissent inutiles, disproportionnés ou n'ayant d'autre effet que le seul maintien artificiel de la vie, ils peuvent être suspendus, ou ne pas être entrepris.* ». L'emploi du verbe « pouvoir » empêche toute poursuite judiciaire sur le fondement d'une obstination déraisonnable. Ce choix a sans doute été fait pour laisser une marge d'appréciation au médecin, en particulier quand c'est le malade qui réclame le maintien de soins inutiles.

des arrêts de traitement conduisent à la mort de patients dont la perte apparente de conscience ne correspond pas à une perte définitive ou irréversible[1].

La loi ne pose pas la volonté du patient comme un critère d'obstination déraisonnable. En pratique, les médecins ont tendance à privilégier ce que le patient souhaite, même lorsque ce que souhaite le patient peut s'apparenter, parfois, à une obstination déraisonnable pouvant être source d'effets négatifs pour lui. En effet, le consentement de la personne malade ne rend pas pour autant un traitement clinique disproportionné et futile moins délétère pour le corps.

Cette obstination est souvent encouragée par les familles. Quand il y a conflit entre les médecins et les familles, il semble que dans la majorité des cas, il s'agisse de situations où ce sont les familles qui plaident pour la poursuite des traitements actifs.

La limitation et l'arrêt des thérapeutiques actives

« Il y a des décisions prises par-derrière, pas de manière collégiale, ça existe et c'est grave, ce n'est pas permis par la loi Leonetti. » (Débat au Havre)

« Si je refuse le traitement proposé par les médecins, j'ai peur d'être mal traité. » (Débat à Strasbourg)

« Dans la loi Leonetti, il faut un médecin "extérieur" pour arrêter les traitements, mais parfois la décision est prise en catimini. » (Débat à Nantes)

La limitation et l'arrêt des thérapeutiques actives sont encadrés par la loi du 22 avril 2005 relative aux droits des malades et à la fin de vie.

La loi Leonetti a donné au malade en capacité de s'exprimer la possibilité de refuser « tout » traitement[2], ce qui rend le droit au refus absolu, et intègre donc notamment la nutrition et l'hydratation artificielle.

La loi Leonetti subordonne l'arrêt des traitements pour les malades hors d'état d'exprimer leur volonté à la circonstance que leur poursuite serait constitutive d'une situation d'obstination déraisonnable. La loi Leonetti complétée par le décret n° 2006-120 du 6 février 2006[3] impose une procédure collégiale stricte qui doit être impérativement suivie avant toute décision de limitation ou

1. Les citoyens rapportent souvent l'exemple du livre *Une larme m'a sauvée*, qui narre l'histoire d'une patiente atteinte du syndrome de Bickerstaff, une maladie auto-immune réversible qui attaque le système nerveux et paralyse le corps, mais dont les médecins n'avaient pas identifié le syndrome et ont donc demandé l'arrêt des traitements, pensant que la personne était irréversiblement dans le coma.

2. Article L1111-4 du Code de la santé publique.

3. Décret relatif à la procédure collégiale prévue par la loi n° 2005-370 du 22 avril 2005 relative aux droits des malades et à la fin de vie et modifiant le Code de la santé publique, *Journal officiel*, 7 février 2006, p. 1974.

d'arrêt de traitement pour un patient inconscient, qu'il soit en fin de vie ou non. Cette procédure peut être engagée par le médecin de sa propre initiative[1], et doit être obligatoirement déclenchée par ce dernier si cela est la volonté du patient telle qu'inscrite dans ses directives anticipées, ou si cela est demandé par la personne de confiance ou un proche[2]. Le respect de cette procédure collégiale peut être essentiel pour que toute décision médicale de limitation ou d'arrêt des thérapeutiques actives pour des personnes inconscientes corresponde au plus près de leur intérêt ou de leur souhait.

Or, l'étude de l'Institut national d'études démographiques publiée en 2012[3] met en évidence que cette procédure est encore trop peu appliquée. La loi Leonetti stipule que les médecins doivent nécessairement être deux (le médecin qui prend en charge le patient et un médecin sans lien hiérarchique avec le premier) et que si la décision est prise au sein de l'établissement de santé, le médecin qui prend en charge le patient doit se concerter avec l'équipe de soins (autres médecins, infirmières, aides-soignantes). Dans l'étude de l'Ined, la décision de limitation de traitement pour une personne inconsciente a été discutée avec un autre médecin dans seulement 38 % des cas et avec l'équipe soignante dans seulement 26 % des cas. La décision d'arrêt de traitement pour une personne inconsciente n'a été discutée avec un autre médecin que dans 55 % des cas et avec l'équipe soignante que dans 37 % des cas.

La loi Leonetti prescrit aux médecins de prendre en compte non seulement les éléments médicaux, mais aussi les éléments non médicaux (sans hiérarchie entre eux) que constituent l'avis de la personne de confiance ainsi que l'avis de la famille ou des proches et les directives anticipées. Or, d'après l'étude de l'Ined publiée en 2012, la décision de limitation de traitement pour une personne inconsciente est discutée avec la personne de confiance dans 8,12 % seulement des cas et avec la famille dans seulement 48 % des cas. La décision d'arrêt de traitements pour une personne inconsciente n'a été discutée avec la famille que dans 57 % des cas et la personne de confiance n'a été consultée que dans 13 % des cas.

Si l'arrêt de traitement est relativement bien compris, celui des soins élémentaires, tels que l'alimentation et l'hydratation, l'est beaucoup plus mal.

Il faut distinguer trois situations :

- celle où c'est la personne elle-même qui décide ou qui, par son comportement, manifeste son souhait, d'arrêter l'alimentation et l'hydratation ou demande de façon réitérée et explicite l'arrêt d'une nutrition assistée (artificielle) ou d'une hydratation artificielle ;
- celle où la personne n'est pas en état d'exprimer sa volonté. Si la personne continue à se nourrir « par la bouche » et à boire, il semble évident qu'arrêter de donner à manger et à boire à quelqu'un qui ne le refuse pas s'apparente à de la maltraitance ;

1. Article R.4127-37 II, alinéa 1er du CSP.
2. Décret N° 2010-107 du 29 janvier 2010.
3. Pennec S., Monnier A., Pontone S., Aubry R., « End-of-life medical decisions in France : a death certificate follow-up survey 5 years after the 2005 Act of Parliament on Patients'Rights and End of Life », BMC Palliative Care, 3/12/2012.

• celle où la personne n'est pas en état d'exprimer sa volonté et est nourrie et hydratée de façon artificielle (perfusion ou sonde dans l'estomac). L'arrêt de la nutrition ou de l'hydratation artificielle est une décision qui ne peut se prendre qu'au terme d'une véritable discussion collégiale faisant l'objet d'une trace écrite. La place de la sédation se justifie s'il existe un doute sur la souffrance susceptible d'être engendrée par l'arrêt de la nutrition/hydratation (sensation de faim ou de soif).

Il est probable – mais pas encore prouvé – qu'une telle attitude en fin de vie chez des malades atteints de maladie grave, évolutive et évoluée, accélère la survenue de la mort, qui, dans la littérature, intervient entre deux et huit jours après une telle décision.

La question est alors de savoir si une vie sous sédation peut avoir un sens si elle permet ou non aux proches de poursuivre un accompagnement devant un proche mourant certes, mais apaisé, ce qui peut faciliter le « travail de deuil ».

Probablement il n'y a là encore aucune certitude à mettre en avant puisque les situations sont toutes singulières.

Même si la médecine réaffirme qu'arrêt de traitement ne signifie pas arrêt des soins, la question de l'arrêt de la nutrition et de l'hydratation est vécue avec un imaginaire d'effroi par l'entourage en raison de la forte symbolique qui lui est attachée.

Si l'on suspend l'hydratation et la nutrition, et que pour rendre cet arrêt moins insupportable la décision est prise d'une sédation profonde, quelle est la place et la fonction réelle de ce geste si ce n'est de permettre d'accélérer la mort ?

Le rapport du médecin à la loi

Le médecin, au sein de la culture médicale française, a pour vocation essentielle, celle de dépister, diagnostiquer, et traiter. Son action préventive reste modeste et est plutôt axée sur le dépistage que sur celui de l'attention à tel ou tel comportement ou conduite. N'ayant reçu généralement aucune formation à la prise en charge de la personne en fin de vie, son attitude est alors fondée sur des directives légales, des expériences hétérogènes en fonction des spécialités dans lesquelles il a exercé ou il exerce, de ses propres convictions et de son expérience personnelle. Il n'y a quasiment pas de séminaire ou de formation continue qui aborde ces questions. En dehors des structures de soins palliatifs, il n'y a aucune place pour le partage des inquiétudes et des solutions proposées qui se font jour.

À l'opposé, les structures de soins palliatifs constituent des lieux de réflexion et de formation de quelques étudiants, mais ne peuvent se substituer à la culture soignante habituelle hospitalière et libérale, plus tentée par les performances de la médecine curative que par le sens des limites. Il y a ainsi un écart considérable entre la minorité de médecins attentifs à ces questions et la majorité qui considèrent que la mort n'est pas de leur ressort et qu'ils n'ont pas été formés pour cela.

Les conséquences de cette situation sont majeures. Chaque médecin tente de résoudre cet écart, en se défaussant sur les structures de soins palliatifs, en manifestant son impuissance, ou en adressant à des structures inadéquates les malades en fin de vie.

Les médecins libéraux, connaissant plus ou moins bien la loi Leonetti, expriment des sentiments contradictoires.

Les uns pensent que cette loi leur a donné des repères permettant de venir en aide à l'ensemble des malades qui leur sont confiés.

Les autres se plaignent que la loi les contraint désormais à ne pas répondre à des demandes de malades d'un médicament qui mettrait fin à leur vie. Ils ont l'impression de trahir la confiance du malade qui leur demande de les aider à mourir. Ils se sentent impuissants à pouvoir y répondre au moment où cette demande s'exprime concrètement. Seules les structures de soins palliatifs à domicile et les équipes mobiles de soins palliatifs, dans la mesure où elles agissent de façon collégiale, viennent au secours des embarras des médecins. Ils estiment essentiel que les réseaux de soins palliatifs ou les équipes mobiles puissent intervenir au domicile dans ces circonstances, permettant d'introduire réellement une dimension collégiale. Or les réseaux sont en voie de disparition et les équipes mobiles interviennent assez peu au domicile.

La médecine hospitalière, malgré son extrême hétérogénéité, ne fait qu'une place réduite, comme on l'a vu, au mourir. Elle se retranche généralement derrière des explications de manque de temps, de personnel, de formation, de lits, pression économique, pour dégager sa responsabilité et s'opposer aux reproches d'indifférence qui lui sont adressés. Ici encore, les soins palliatifs, dans leur extension progressive au sein de l'univers hospitalier, apparaissent comme la seule réponse.

L'absence de concertation, d'harmonisation des attitudes soignantes, justifie parfaitement l'inquiétude des malades et de leur famille lorsqu'ils sont brutalement immergés dans l'urgence ou progressivement dans l'univers hospitalier qui ignore totalement ce qu'est un réseau de soin, en dehors bien sûr des structures de soins palliatifs qui ont élaboré de tels schémas.

Les questions posées par l'entourage familial et la personne de confiance

« Il y a un manque d'information sur la personne de confiance : souvent, c'est la personne qu'on contacte s'il y a un problème, alors que ce n'est pas ça dans la loi Leonetti. Normalement, c'est celle qui va porter ma parole quand je ne pourrai plus la dire. »

« Il est difficile pour les proches d'assumer le droit de vie et de mort : une dame a ainsi dit à l'infirmière : "Je ne peux pas vous demander d'enlever ce qui maintient mon mari en vie, la culpabilité serait trop énorme". » (Débat à Besançon)

« Quid de la personne de confiance quand la famille se dispute : elle peut se retrouver seule, isolée face à un milieu familial compliqué. » (Débat à Montpellier)

Il n'y a pas un modèle de famille, mais des modèles. Entre les cultures familiales qui recherchent parfois de façon déraisonnable un acharnement thérapeutique, contre l'avis même des médecins, et les familles qui ne supportent pas qu'une fin de vie s'éternise, les écarts sont considérables. À l'intérieur même des familles peuvent surgir des conflits sur les souhaits des uns et des autres. Mais le plus difficile est la place de la personne de confiance.

La personne de confiance a été introduite dans le Code de la santé publique par la loi du 4 mars 2002 relative aux droits des malades et à la qualité du système de santé. La loi Leonetti a précisé son rôle lorsque la personne malade est en fin de vie. La personne de confiance n'a aucun rôle décisionnel, mais elle a un point de vue important pour permettre de prendre une décision et reçoit donc l'information nécessaire à cette fin :

- selon l'article L.1111-12 du CSP, lorsque le malade est en fin de vie et qu'il n'est plus en état d'exprimer sa volonté « l'avis de cette dernière [la personne de confiance], sauf urgence ou impossibilité, prévaut sur tout autre avis non médical, à l'exclusion des directives anticipées, dans les décisions d'investigation, d'intervention ou de traitement prises par le médecin » ;
- de plus, la personne de confiance, lorsqu'elle est désignée, est consultée lorsque doit être décidé une limitation ou un arrêt de traitement (articles L.1111-4 et L.1111-13 du CSP) ;
- enfin, la personne de confiance doit être informée, de même que la famille, lorsqu'un traitement pour prendre en charge la souffrance de la personne, en phase avancée ou terminale d'une affection grave et incurable, est mis en place et peut avoir pour effet secondaire d'abréger la vie du malade (article L.1110-5).

Si la personne de confiance est une personne de la famille proche, son rôle est généralement accepté, en revanche s'il s'agit d'amis ou même du médecin traitant, sa place est beaucoup plus difficile voire inexistante. En effet, au moment de la fin de vie, ce sont les proches de la famille qui se manifestent naturellement, et la personne de confiance peut se retrouver neutralisée par des affects plus ou moins hostiles. Elle est même parfois mise hors circuit, voire non prévenue.

Il apparaît par exemple que des demandes de fin de vie exprimées à la personne de confiance sont parfois totalement inconnues des familles qui, découvrant alors ce souhait, s'y opposent avec violence.

L'objectif majeur de la médecine dans cette situation de fin de vie est avant tout de s'approcher de la personne elle-même, et de la personne de confiance si elle est connue, tout en maintenant les liens avec son entourage pour ne pas se trouver en situation de brutal désaccord qui se fait toujours au détriment de la personne malade.

On mesure toute la délicatesse dont il faut faire preuve pour faire se rencontrer des positions de départ parfois différentes ou opposées.

La loi Leonetti confrontée à quelques situations emblématiques

À la lumière de ces réflexions et de la finalité de la loi Leonetti, la commission a envisagé quelques situations :

1°) la personne atteinte d'une maladie incurable et proche de sa fin, qui demande que sa vie cesse ou qui le fait comprendre. La loi Leonetti répond à cette situation, par l'interdiction de l'obstination déraisonnable, par le soulagement de la souffrance y compris lorsque ce soulagement peut conduire à abréger la vie. La médecine n'a pas pour objet de prolonger l'agonie ;

2°) la personne âgée dont l'état de santé n'implique aucune menace vitale à court terme et qui souhaite accélérer sa mort. Cette situation n'est pas prévue par la loi Leonetti, et d'ailleurs aucune expérience étrangère de suicide assisté ou d'euthanasie n'y répond non plus ;

3°) un malade atteint d'une maladie neurologique ou vasculaire le conduisant au stade grabataire qui souhaite en finir avec sa souffrance, y compris existentielle. La loi Leonetti autorise une sédation terminale accompagnant l'arrêt des soins de supports vitaux. Dans ces cas, le recours à la collégialité, à l'écoute de la demande du malade élargie aux proches, s'impose ;

4°) un malade atteint de quadriplégie, de sclérodermie, de Locked-in-syndrom, ou d'une maladie porteuse d'une souffrance physique réfractaire, qui souhaite en finir avec sa souffrance, y compris existentielle. La dimension temporelle de la tolérance de la personne à cet état est déterminante et doit conduire à beaucoup de prudence dans les prises de décision. L'expérience montre en effet les capacités étonnantes d'adaptation d'un malade à ce genre de situation avec un désir de mort légitime au début qui peut s'estomper au fil du temps. Si cet état devient insupportable pour la personne, la loi Leonetti autorise une sédation terminale accompagnant l'arrêt des soins de supports vitaux ;

5°) une personne qui a conscience de perdre la tête et qui craint l'évolution tragique d'une tumeur cérébrale, alors même qu'elle est encore lucide, et qui souhaite accélérer la fin de sa vie. La loi Leonetti ne répond pas à cette situation de souffrance existentielle. Pour y répondre, il faudrait une loi permettant un suicide assisté ou une euthanasie, mais dans les deux cas très en amont de la phase terminale de la maladie. Il est en tout état de cause indispensable de lui proposer un accompagnement psychologique, de support et palliatif, qu'elle peut toujours refuser ;

6°) le nouveau-né dépourvu d'avenir cognitif minimal et qui a des supports artificiels de vie (respirateur, alimentation parentérale, etc.) et dont les parents ne souhaitent pas la survie. La loi Leonetti, en particulier l'interdiction de l'obstination déraisonnable et la possibilité d'une sédation, répond à cette situation. En revanche, en l'absence de supports artificiels de vie, la décision devient extrêmement difficile et ne peut se traiter que dans un dialogue entre les parents, l'équipe médicale et soignante, éventuellement partagé avec une autre équipe. La réponse, dans sa subtilité, ne sera jamais apportée par quelque loi que ce soit ;

7°) un malade en fin de vie, qui ne souffre pas, refuse tout traitement, et demande à mourir. La loi Leonetti ne répond pas à cette situation de souffrance existentielle. Si la solution voulait être trouvée par le recours soit à un suicide assisté, soit à une euthanasie, cela nécessiterait des dispositions législatives pour répondre à des demandes de ce type en amont de la fin de vie ;

8°) la personne en fin de vie qui souffre sans soulagement possible. Tout traitement de la souffrance, y compris par le moyen de la sédation terminale, s'inscrit dans le cadre de la loi Leonetti.

Mais au total, la commission souligne ici que quelle que soit la situation, un malade est en droit de bénéficier de toutes les thérapies autorisées pour soulager la douleur. Son avis doit être toujours recueilli et premier sur toute autre considération. À ce droit des malades correspond une obligation de moyens pour les médecins qui engagent leur responsabilité.

Chapitre 5

Les questions récurrentes au moment de la fin de vie

La place du sujet habituellement réduite au consentement éclairé

« La volonté du malade doit passer avant celle du médecin. » (Débat à Besançon)

« La décision des conditions de la fin de vie doit être redonnée aux patients et non pas aux médecins. » (Débat à Montpellier)

« Le malade, quoi qu'on en dise, reste un être pensant. » (Débat à Nantes)

Un malade ne consent pas à une démonstration scientifique, mais à l'adéquation entre les solutions qu'on lui propose et sa propre conception de la vie bonne et juste à un moment donné. Le consentement ne peut être tenu pour le synonyme de l'autonomie.

« La condition anthropologique du mourir a été brouillée avec les progrès thérapeutiques en ajournant la mort. Ce qui est vécu comme un élargissement des libertés et des pouvoirs humains est vécu comme l'obligation de choisir. La mort n'est plus ce qui arrive, mais elle est ce qu'on choisit d'ajourner et d'abréger et nous sommes mal préparés à cela. Chacune des formes présente des forces et des limites, des vertus et des effets pervers » (Olivier Abel).

Nous avons alors à faire avec des solutions segmentaires dont chacune est bonne dans certaines situations, mais ne peut prétendre à couvrir l'ensemble de « la fin de la vie ».

Notre modèle libéral du choix et du consentement nous met face à nos limites. La tentation alors est de vouloir échapper à cette condition tragique en majorant le droit de chacun à devenir le maître de sa mort, comme s'il s'agissait d'un choix libre et autonome, ou en majorant l'importance de la vie à tout prix, devenue un absolu sur lequel on ne négocie pas. Le malade en fin de vie finit par être dans l'obligation de choisir, alors qu'il ne sait pas ce qu'il veut réellement. L'autonomie, comme libre appréciation de sa volonté et de son appréciation de la valeur de sa vie, est bien loin du concept de consentement libre et éclairé qui devrait être remplacé par celui de liberté de choix.

Le deuil, l'accompagnement, la place des proches

« Il y a la question du deuil : le fait d'avoir pu vivre les moments de fin de vie (qui sont certes difficiles) peut permettre à l'entourage d'avoir un deuil plus facile que si la vie a été arrêtée tout net, d'un coup. »

« Y a-t-il des formations pour un citoyen ordinaire pour accompagner un proche malade ? » (Débat à Lyon).

Le deuil semble de plus en plus difficile à vivre, en raison même du refoulement du mourir et de la mort dans notre société. Comme si c'était seulement après la mort que la société prenait conscience de sa réalité. Il n'y a plus de préparation à la mort, sauf peut-être, et c'est le paradoxe, dans les situations de suicide assisté et d'euthanasie, souvent présentées comme des anticipations sous la forme de *success stories* et d'euthanasies cérémonielles. Est-on si sûr qu'un entourage puisse affronter aussi sereinement une mort décrétée, à tel moment précis de la journée ? Il y a un « avant », un « pendant » réduit à l'extrême minimum, et un « après » qui peut durer une éternité. Il est vrai, et on l'a vu dans ce rapport, que la médecine génère des situations de mort indigne et de survie insupportable, d'abandon, d'obstination déraisonnable, de solitude, totalement bouleversantes pour l'entourage. Et ce sont ces situations qui vont susciter le plus de demandes d'euthanasie pour ceux et celles qui les subissent ou les observent.

La souffrance psychique devient la nouvelle cible, après la réponse médicamenteuse à la souffrance physique. « Faire son deuil » devient un exercice psychique obligatoire, parfois soumis aux psychologues ou aux psychiatres. La société est devenue intolérante à la souffrance psychique. Les propositions d'euthanasie et de suicide assisté s'intègrent à ce souhait de ne pas souffrir, physiquement pour le mourant et psychiquement pour le malade et son entourage. Une société qui souhaite se débarrasser aussi facilement de ces contingences a-t-elle pris la mesure du prix à payer pour une telle attitude de fuite ?

Ainsi, dans les auditions de la commission qui ont permis de rencontrer les personnes les plus « demandeuses » de suicide assisté ou d'euthanasie, il a été frappant de noter combien nombre d'entre elles étaient en deuil chronique (prolongé, plus d'une année) ou présentant des complications de leur deuil (dépression caractérisée, deuil post-traumatique). Cet état de fait corrobore la dernière étude effectuée en Suisse et portant sur les endeuillés ayant assisté au suicide de leur proche à sa demande. Dans cette étude, entre 20 et 30 % des proches qui étaient présents au suicide demandé par leur parent ont présenté un deuil compliqué, c'est-à-dire un phénomène de dépression pathologique prolongée et des phénomènes de reviviscences, des flash-backs, des tentatives d'évitement du rappel de la mort, une anesthésie affective, une expérience très invalidante de leur « accompagnement » jusqu'à la mort de leur proche.

Dans les études effectuées aux Pays-Bas, après une euthanasie, il apparaît que c'est surtout la préparation de la famille et de son proche s'apprêtant à voir mettre fin à ses jours qui limite les risques de deuil compliqué.

Mais au total, la commission observe la rareté des études comparatives sur les deuils après assistance au suicide ou euthanasie. Elle considère que des travaux de recherche sont hautement nécessaires en ce domaine.

La situation particulière du nouveau-né

« La difficulté en pédiatrie est l'établissement du diagnostic. Il ne faut pas d'acharnement, il ne faut pas exagérer les chances de survie, mais il faut laisser toutes les chances à l'enfant. » (Débat à Lyon)

La spécificité d'un nouveau-né malade atteint de maladie grave ou d'un handicap létal est qu'il est à la fois au tout début et à la fin de sa vie. Le paradoxe contemporain réside dans la diminution massive du nombre de nouveau-nés atteints de malformations diverses, cérébrales en particulier, dont l'existence est devenue marginale en raison d'un dépistage prénatal particulièrement intensif et l'augmentation du nombre de nouveau-nés prématurés, particulièrement fragiles. Ce transfert de maladies naturelles découvertes à la naissance sur des affections liées aux progrès de la médecine, interroge lourdement la médecine néonatale. Les néonatologistes reprochent parfois aux obstétriciens d'être à l'origine de naissances qu'ils jugent problématiques.

Les attitudes face à ces enfants gravement handicapés, que ce soit lié à leur état naturel ou aux conditions de la grossesse et de l'accouchement, ont suscité des comportements médicaux qui ont varié dans le temps. Après une première phase dans les années 1980-1990 de réanimation médicale à tout prix suivie d'euthanasie lorsque la perception de l'avenir de l'enfant apparaît compromis, l'évolution de la néonatologie française s'est orientée vers un plus grand discernement initial suivi d'une diminution des actes euthanasiques ultérieurs. La loi Leonetti en est probablement à l'origine, même si elle est loin d'avoir résolu la complexité des situations. En effet, un arrêt de traitement est toujours une possibilité relativement facile chez un nouveau-né entouré de prothèses nutritionnelles, médicamenteuses, respiratoires, etc. Mais lorsque l'enfant est autonome, qu'il tète, boit son biberon, la médecine est totalement impuissante à provoquer la mort, même si (et c'est rarissime) les familles le demandent.

La pratique du double effet est interprétée de façon variable selon les établissements. Certains en font usage de façon très opportuniste en le réduisant de fait à un simple effet, si la famille est en accord total. D'autres structures hospitalières s'y refusent obstinément en se limitant à des sédations légères ou absolument nécessaires, en se privant vraiment de porter atteinte à la vie de l'enfant.

La spécificité de ces situations de nouveau-nés est que, contrairement au mourir de l'adulte ou de la personne âgée, la société n'exprime pas clairement une revendication à leur sujet dans l'espace public. Tout se résume à un dialogue singulier entre le pédiatre néonatologiste, qu'il soit ou non réanimateur, et la famille de l'enfant. L'objectif le plus partagé est celui de protéger à tout prix la famille de la difficulté d'un deuil à venir d'autant plus difficile qu'il serait lié à la complicité objective de la famille d'avoir demandé la mort de l'enfant.

On conçoit la gravité des dilemmes que les néonatologistes éprouvent, mais c'est justement le caractère toujours tragique de ces résolutions qui explique la beaucoup plus grande conscience des problèmes qui entourent la mort en pédiatrie que pour l'adulte ou pour la personne âgée.

La demande d'euthanasie directe ou par suicide assisté

Le droit français et l'assistance au suicide : l'assistance au suicide peut-elle être considérée comme une provocation ?

En France, le suicide a cessé d'être un crime depuis le Code révolutionnaire de 1791. La philosophie des Lumières, en libérant l'État de l'emprise du religieux, a conduit à la dépénalisation du suicide, dès lors que celui-ci relève d'un acte libre.

Cette décriminalisation a pour conséquence que l'assistance au suicide ne fait l'objet d'aucune infraction pénale. Par défaut d'incrimination principale, elle ne peut être poursuivie.

Le délit de provocation au suicide, institué par la loi du 31 décembre 1987, est parfois invoqué comme un moyen de sanctionner l'aide au suicide. Or, une telle action ne peut aboutir.

La loi du 31 décembre 1987 a été adoptée à la suite de la publication en 1982 du livre *Suicide, mode d'emploi,* dont la lecture avait entraîné un nombre important de suicides et un émoi populaire. Or il n'existait en droit français aucun texte de loi susceptible de fonder la condamnation des auteurs de l'ouvrage en question. Pour lutter contre ce genre d'écrits, le législateur vota un texte qui aboutit à l'insertion dans le Code pénal du délit de provocation au suicide, inscrit à l'article 223-13, aux termes duquel : « *Le fait de provoquer au suicide d'autrui est puni de trois ans d'emprisonnement et de 45 000 euros d'amende lorsque la provocation a été suivie du suicide ou d'une tentative de suicide.* »

La loi du 12 juin 2001 tend à renforcer la prévention et la répression des mouvements sectaires, portant atteinte aux droits de l'homme et aux libertés fondamentales. Cette loi est intervenue à la suite du drame de la secte de L'Ordre du Temple solaire dont les dirigeants avaient incité au suicide plusieurs centaines d'adeptes. De cette loi est issue l'article 223-25-2 du Code pénal qui sanctionne l'abus de faiblesse.

Mais ces lois n'ont pas incriminé l'aide et l'assistance directe au suicide d'autrui. Elles ont incriminé la provocation.

De fait, les quelques applications jurisprudentielles qui ont pu être faites de l'article 223-13 du Code pénal envisagent le délit de provocation comme un acte de publicité pour le suicide. Ils ne correspondent pas au cas de la personne qui fournit à une autre les moyens de se suicider, à la demande de cette autre. Car alors l'élément moral de l'infraction, à savoir la volonté de provoquer le suicide, n'existe pas. Parce que la seule volonté à l'origine de l'acte létal est celle de la personne qui décide d'abréger sa vie, l'acte d'assistance ne peut être considéré comme un comportement incitatif, nécessaire pour constituer l'élément moral de l'infraction de provocation au suicide.

Un arrêt de 1987 illustre la définition du délit de provocation. Une personne était jugée pour avoir incité une autre à se suicider en lui tendant une arme et lui disant : «Tiens, si tu veux.» Le juge a estimé que cette expression «*ne comprenait aucun caractère contraignant ou convaincant de nature à paralyser la volonté de la jeune fille en ne lui laissant d'autre alternative que la mort pour résoudre ses difficultés*[1]».

Cette approche de l'infraction respecte l'esprit de la loi car, à l'époque, le député Albert Mamy, dont les propos furent rappelés par le Professeur Beigner[2], énonçait que «*la proposition de loi qui devait devenir la loi du 31 décembre 1987 n'entend pas en l'espèce réprimer le suicide, qui est une affaire d'ordre personnel, mais souhaite seulement sanctionner le fait d'un tiers qui affecterait l'autonomie personnelle de la personne visée en transformant par son action, ses pressions, son influence, une personne libre en victime*».

Il apparaît donc que ni le suicide ni l'assistance au suicide ne sont incriminables en droit français. Cela dit, sur une question telle que l'assistance au suicide le silence du droit ne peut être interprété comme une tolérance dans la mesure où l'assistance au suicide interpelle les grands principes du droit.

La jurisprudence française et les procès pour euthanasie

Comme elle l'a fait à bien d'autres reprises, dans d'autres domaines, la jurisprudence renvoie manifestement le législateur à sa responsabilité. En effet, l'état actuel du droit l'a conduit à prononcer en matière délictuelle et criminelle des peines exclusivement symboliques.

Ainsi, les juges, obligés de statuer, prononcent des peines, mais leur volonté de clémence apparaît nettement :

- ils qualifient de délits des faits qui devraient en réalité s'inscrire dans la catégorie des crimes (affaire Humbert);
- ils prononcent quasi systématiquement une peine de sursis pour les condamnations qui, au regard des textes, peuvent atteindre trente ans de réclusion criminelle (affaire Jensen, affaire Trémois);
- il leur arrive de recourir aux circonstances atténuantes, comme la contrainte telle qu'elle est entendue par le droit pénal (affaire Humbert).

1. TGI Lille, 5 avril 1990, D. 1993, somm. Azibert; Dr pénal 1991, 196; *Revue de science criminelle*, 1993, 325, obs. Levasseur.

2. J. Leonetti, Rapport n° 1287 fait au nom de la mission d'évaluation de la loi n° 2005-370 du 22 avril 2005 relative aux droits des malades et à la fin de vie, t. 2, p. 674.

Néanmoins, bien que les peines prononcées aient été jusqu'à ce jour symboliques, cet état de la jurisprudence ne peut pas faire oublier la gravité et les contraintes de toute procédure judiciaire :

• les délais sont longs entre la mise en examen et la décision définitive, avec ce que cela comporte de mise à l'encan. Dans l'affaire Trémois et Chanel, le décès de la patiente par injection létale eut lieu le 25 août 2003. Le médecin et l'infirmière furent mis en examen au mois de novembre 2003 et le procès aux assises eut lieu au mois de mars 2007 ;

• pour des faits quasiment similaires, la qualification juridique peut différer d'une juridiction à l'autre. C'est la question de l'aléa judiciaire. Du point de vue des faits, l'affaire Morten Jensen se rapproche de l'affaire Humbert. Pourtant, alors que Marie Humbert a bénéficié d'un non-lieu, Morten Jensen fut jugé pour crime. De même, au moment où, début 2006, dans l'affaire Humbert, le procureur de la République requérait un non-lieu pour Marie Humbert et le docteur Chaussoy, Laurence Trémois et Chantal Chanel étaient renvoyées devant la cour d'assises pour empoisonnement.

Avantages et inconvénients d'une ouverture sur l'euthanasie et le suicide assisté

Les sondages revendiquant à une immense majorité l'accès à l'euthanasie constituent étonnamment des réponses simplistes à des questions complexes, comme si, au même titre que les soins palliatifs, elles allaient apporter la solution au mal-mourir.

Malgré le pourcentage extrêmement modeste dans tous les pays de la mort en soins palliatifs ou de la mort par euthanasie, la commission aborde frontalement la question.

Le suicide assisté

Les arguments en sa faveur sont :

• de répondre à la demande d'autonomie et d'autodétermination de la personne ;
• de répondre à la revendication d'une liberté et de soulager l'angoisse existentielle d'une mort sur laquelle l'homme n'a pas de prise ;
• de déresponsabiliser directement la médecine ;
• d'échapper à l'inquiétude du « chemin de croix » et d'une agonie anxiogène ;
• de se fonder sur une simplicité apparente de la décision ;
• de créer un sentiment d'appartenance à une communauté militante ;
• de permettre à l'entourage familial de se préparer à la fin de vie ;
• de permettre que l'acte de se donner la mort soit « bien fait » ;
• de ne pas susciter d'angoisse dans la société en raison de la liberté totale du geste ;
• de faire l'objet d'un contrôle *a posteriori* par la police et la justice.

Les arguments en défaveur sont :

• d'être source d'une inflation des droits libertaires qui risquent de diminuer, voire de nier, les devoirs collectifs de solidarité ;

• de se fonder sur un discours sur la dignité qui risque de créer, qu'on le veuille ou non, en contraste, un sentiment de culpabilité pour certaines personnes en situations identiques, stigmatisant ceux qui n'y recourraient pas;
• de solliciter le médecin (et le pharmacien) pour la prescription;
• d'être très inégal sur la rapidité de survenue du décès entre trente minutes et plusieurs heures, pouvant mettre à l'épreuve ceux qui y assistent;
• de demander un certain courage qui peut manquer à ce moment-là;
• de comporter un risque d'instrumentalisation par le groupe en raison de ce sentiment d'appartenance à une association militante;
• d'être susceptible de créer parfois des situations de violence ressentie par l'entourage avec un impact éventuel sur le deuil qui peut être délétère;
• de supposer une totale capacité physique et mentale au moment de l'acte;
• d'être très inadapté aux situations terminales et de fin de vie en raison des risques de vomissement ou de prise incomplète de la substance létale;
• d'être à la source d'inégalités socioculturelles et intellectuelles en raison de la difficulté pour un grand nombre de personnes d'anticiper leur mort;
• d'aboutir à l'absence de contrôle *a priori* (*cf.* les expériences étrangères) avec une confiance absolue dans le contrôle des critères par le médecin et en déléguant à une commission la seule évaluation *a posteriori*.

L'euthanasie

Les arguments favorables sont :
• de répondre positivement aux demandes des citoyens observées dans les sondages d'opinion relayés par les grands médias d'information;
• de faire droit aux demandes des personnes de voir leur souhait respecté par la médecine;
• d'être sensible aux réalités cliniques qui rendent souhaitable la dépénalisation en raison d'une médecine qui peut s'obstiner à prolonger la vie en dehors du souhait de la personne ou au contraire à laisser mourir «cruellement»;
• de créer une situation de grande sérénité au moment où cette possibilité est proposée dans l'évolution de la maladie;
• de permettre paradoxalement d'essayer de nouvelles thérapeutiques, voire d'encourager un acharnement, pour que l'on puisse passer brutalement d'une situation curative à la mort, sans passer par la médecine palliative ou les effets secondaires insupportables de tels traitements;
• de mettre fin à une pratique ancienne, dans tous les pays, et en France en particulier, généralement clandestine, qu'il faut rendre transparente;
• de respecter les concepts de liberté et d'autodétermination, en facilitant un choix individuel qui n'est imposé à personne. Le danger de l'augmentation quantitative des demandes n'a jusqu'ici pas été observé dans les pays étrangers. Il n'y a pas eu de catastrophe sanitaire annoncée;
• de permettre une transgression, au nom de la compassion, de principes rigides indifférents à la spécificité de certaines situations.

Les arguments défavorables sont :
• de demander l'euthanasie par culpabilité de vivre. Près de 50 % des personnes malades et personnes âgées craignent d'être un fardeau pour leur entourage;
• de mettre la médecine en situation impossible en raison d'une culture médicale très radicalement opposée à celle-ci;

• de reposer sur la nécessité d'un tiers qui effectue un acte médical alors que la revendication de l'euthanasie se fonde justement sur la mise en cause de la médecine. On demande ainsi à la médecine simultanément de mettre en œuvre sa toute-puissance et de réparer ses excès, comme si la médecine devait réparer un préjudice causé par elle-même ;
• de risquer d'encourager l'acharnement thérapeutique déraisonnable avec ses conséquences économiques et personnelles pour le patient, dans la mesure où l'on passerait brutalement de l'acharnement thérapeutique à l'euthanasie ;
• de créer une situation de clivage au sein du corps médical, et entre médecins et équipes soignantes ;
• de ne permettre aucune protection réelle en cas d'indication excessive en raison du caractère illusoire des évaluations *a posteriori ;*
• d'imposer des critères de « minutie » toujours nécessairement mouvants et d'encourager une bureaucratie de la mort ;
• de maintenir à côté des pratiques euthanasiques, des sédations terminales sans consentement, pour échapper aux procédures ;
• d'étendre naturellement les indications aux pathologies psychiatriques, dépressives, aux enfants, aux personnes très âgées, aux personnes en situation de polyhandicaps, qui expliquent l'augmentation qualitative de demandes non prévues dans la loi initiale ;
• enfin, en raison des contraintes économiques liées à l'augmentation des situations de dépendance et au vieillissement de la population, de pouvoir encourager subrepticement de telles attitudes sans que la société n'en prenne réellement la mesure.

L'identification avec l'IVG et la peine de mort ?

Dans les débats publics, la commission a régulièrement entendu exprimer des points de vue rapprochant le droit à l'interruption volontaire de grossesse (IVG) du droit à l'euthanasie :
• certains sont favorables à la reconnaissance de ces deux droits, au nom d'un même combat : la liberté de disposer de son corps ;
• certains sont opposés à la reconnaissance de ces deux droits au nom d'un même combat : la reconnaissance de la vie comme valeur suprême.

La mission ne considère pas cette mise en relation :
• la loi Veil n'a pas eu pour objet la liberté de disposer de son corps, mais a permis la médicalisation d'actes clandestins et d'éviter ainsi la mort tragique de jeunes femmes ;
• pour le droit français, la qualification juridique de la personne commence à la naissance.

Dans les débats publics, d'autres points de vue ont mis en avant qu'il serait pour le moins paradoxal de promouvoir l'euthanasie alors que la peine de mort a été abolie.

La mission ne considère pas non plus cette mise en relation, parce que le questionnement de l'euthanasie relève de l'expression de la liberté de chacun de disposer de son corps, alors que la peine de mort est la manifestation d'une autorité absolue de l'État sur le corps du sujet.

Chapitre 6

Les réponses des expériences étrangères

La Suisse

La commission s'est rendue à Berne puis à Lausanne, en Suisse, le 18 octobre 2012. Elle a rencontré, grâce à l'aide du Dr Laurence de Chambrier, interniste à Genève :
- à Berne M. Stadelmann, responsable de l'Office fédéral de la justice ;
- à Lausanne au CHUV de Lausanne le Pr Borasio, le Pr Wasserfallen, Mme Brioschi ;
- à Lausanne, le Dr Widmer et enfin le Dr Sobel, président d'Exit-ADMD.

La commission a par ailleurs eu un contact avec le conseiller d'État Pierre-Yves Maillard.

L'euthanasie est illégale en Suisse (article 114 du Code pénal). L'article 115 du Code pénal interdit l'aide au suicide, sauf si cette aide est accordée sans « motif égoïste ». Dans les années 2000, des organisations d'aide au suicide, telles que Dignitas (fondée en 1998), Exit-DS (fondée en 1982), Exit-ADMD (fondée en 1982), Ex-International (fondée en 1996), Verein Suizidhilfe (fondée en 2002) ont utilisé cette absence de criminalisation de l'aide au suicide sans motif égoïste pour organiser un suicide assisté.

Seuls deux cantons (canton de Vaud, canton du Valais) ont de telles organisations. Le canton du Valais prévoit une interdiction de toute exploitation commerciale de l'assistance au suicide.

Les organisations d'aide au suicide ont quitté d'autres cantons qui ne leur étaient pas favorables.

La Suisse délègue totalement aux cantons l'organisation du système de santé. L'Office fédéral de la justice ne peut donc contrôler l'activité de ces organisations et a fini par conclure en juin 2011 qu'aucun encadrement n'était nécessaire et que la législation en place était suffisante pour éviter les abus.

Exit-ADMD a accompagné 111 personnes dans le canton de Vaud en 2012 et 182 personnes ont exprimé un souhait.

La procédure est la suivante (Exit-ADMD) pour les personnes domiciliées en Suisse romande dans les dernières étapes de la vie, qui souhaitent mettre fin à leur existence :
- ces personnes doivent être en capacité de discernement, atteintes d'une maladie organique incurable, au pronostic fatal, éprouver des souffrances intolérables, en situation d'invalidité complète, exprimer des demandes répétées ;

• après un accompagnement de quelques semaines (l'inscription pouvant précéder de quelques jours le premier entretien), l'assistance au suicide est organisée dans un lieu variable ;
• un médecin (le médecin traitant ou le médecin d'Exit-ADMD) fait l'ordonnance du produit létal avec deux flacons, pour éviter des cas de brisure ou de perte du flacon ;
• l'accompagnant d'Exit-ADMD arrive dans le lieu choisi, redemande à la personne pendant une minute si elle est toujours déterminée à cette « autodélivrance » ;
• en cas de réponse positive, il lui donne un comprimé afin d'éviter les vomissements et trente minutes après, il lui propose d'absorber la solution létale qui comprend un peu d'alcool pour accélérer le transit digestif ;
• la perte de conscience survient dans les quelques minutes qui suivent et la mort entre trente minutes et vingt-quatre heures selon les personnes avec une moyenne de deux heures ;
• chez les personnes atteintes d'apnée du sommeil, de gros ronflements peuvent être angoissants pour l'entourage ;
• les accompagnateurs, qui reçoivent un dédommagement de 400 francs suisses, sont formés par Exit-ADMD. Ils comprennent des infirmières, des aides-soignantes et, semble-t-il, quelques médecins ;
• Exit-ADMD n'accepte que des citoyens suisses ;
• l'inscription coûte 40 francs suisses par an et le suicide assisté est offert… alors que la potion coûte entre 50 et 70 francs suisses.

Dignitas, que la commission n'a pas rencontrée, demande une cotisation annuelle plus coûteuse que celle demandée par Exit-ADMD (montant minimum 80 francs suisses). Elle accepte que des malades viennent de l'étranger et, en raison de frais de locaux, de documents médicaux, de rapatriements du corps en exigent des contributions financières beaucoup plus importantes (entre 6 000 et 10 000 euros).

La commission retient les enseignements suivants :
• la population suisse dans son ensemble semble accueillir ces associations de façon favorable. L'obligation qui a été faite dans le canton de Vaud à tous les établissements de soins, qu'ils soient hospitaliers ou médico-sociaux, d'accueillir les personnes qui souhaitent recourir à ce mode de fin de vie a fini par être acceptée de façon consensuelle. Le CHUV de Lausanne, établissement hospitalier principal du canton, doit accepter qu'Exit-ADMD soit présente si les patients n'ont pas d'autres possibilités de lieu pour leur assistance au suicide. Deux cas ont fait l'objet d'un suicide assisté au sein même de l'établissement en douze ans. La seule procédure est celle de la domiciliation de la personne au sein de l'hôpital et le retrait des équipes soignantes le jour du suicide.
• l'assistance au suicide, malgré sa médiatisation (présence de publicité dans les transports en commun de Genève, par exemple), ne concerne en Suisse que 5 pour 1 000 des décès ;
• l'association Exit-ADMD fonde son activité sur une adhésion préalable à l'association ;

• le questionnaire d'évaluation de la situation de fin de vie de la personne privilégie son sentiment et sa représentation de la mort, mais ne prend pas en compte la relation avec les autres, ni les propositions réelles et concrètes d'aide que l'on peut lui apporter;
• les personnes peuvent être accompagnées dans cette «autodélivrance», même si elles n'ont pas de maladie incurable (20 % sont des polypathologies invalidantes chez des personnes âgées). Le conflit avec des structures de soins palliatifs existe et «l'acharnement palliatif» est stigmatisé.

La commission a entendu :
• le docteur Sobel considérer que sa fonction est altruiste et souhaiter qu'à côté du suicide assisté l'euthanasie soit introduite en Suisse comme elle l'a été en Belgique. Il souhaite que l'article 114 du Code pénal interdisant formellement l'euthanasie soit levé;
• le docteur Sobel nier le reproche qui est fait aux associations par certains sur l'existence de deuil «pathologique», et se réjouir au contraire de l'existence de discussions et d'échanges familiaux apaisés avant l'assistance au suicide;
• le professeur Borasio, qui a la chaire de soins palliatifs au CHUV, estimer que la médecine palliative et le suicide assisté n'entrent pas nécessairement en contradiction. «La dignité en fin de vie est ce qu'en dit le patient» et «aucune personne, organisation ou discipline médicale ne peut prétendre avoir le monopole sur la définition de dignité en fin de vie». Pour lui, l'assistance au suicide n'est pas un acte médical. Mais une assistance palliative insuffisante est inacceptable quand cette insuffisance conduit au suicide. *«Il est toujours préférable d'essayer d'éliminer la souffrance avant d'éliminer le souffrant.»*

Au total :
• contrairement à l'opinion répandue, la Suisse n'est pas un pays homogène sur l'accès au suicide assisté. Le gouvernement fédéral ne veut pas encadrer trop rigoureusement les associations, car cela supposerait une sorte de délégation gouvernementale dont il ne veut pas;
• le nombre de personnes ayant recours au suicide assisté reste très faible – quelques centaines par an;
• une certaine ambivalence demeure sur la fascination qu'exercent ces associations. Celles-ci disent vouloir tout faire pour décourager les personnes d'y avoir recours. Mais la commission se demande dans quelle mesure leur offre ne crée pas une demande inconnue jusqu'ici. La commission n'a pas eu de preuves que tout soit fait pour ce découragement. La volonté des personnes, évaluée par un seul médecin, est prise en compte. La question de la solitude du malade et des autres solutions qui pourraient lui être apportées apparaît bien absente des débats;
• le corps médical reste très clivé. Même parmi ceux qui ne s'opposent pas à la prescription du produit létal, beaucoup ne se positionnent pas clairement pas en faveur du geste, qu'ils décrivent avec émotion voire une certaine colère. Ainsi le docteur Widmer, médecin interniste, qui accepte de faire les ordonnances de produits létaux, reste bouleversé par quelques agonies par suicide assisté qu'il a pu connaître.

La Belgique

La mission s'est rendue en Belgique à Bruxelles les 28 et 29 novembre 2012. Elle a rencontré :

- M. Marcel de Ceuleneer, qui depuis quatre ans se bat pour faire reconnaître le caractère illégal de l'euthanasie de sa mère ;
- Mme Bernadette Vouters, infirmière qui a introduit les soins palliatifs en Belgique et qui porte un regard critique sur la qualité de ces services ;
- le Dr Bernheim, professeur à l'université libre Vrije de Bruxelles et responsable du groupe de recherche sur la fin de vie ;
- le Dr De Locht, médecin généraliste à Bruxelles qui a accompli plusieurs euthanasies à domicile ;
- Mlle Le Huu, infirmière dans le service de soins palliatifs du Dr Lossignol ;
- le Dr Lossignol, chef de la clinique des soins palliatifs de l'institut Bordet ;
- le Dr Damas, chef du service des soins intensifs de l'hôpital de Liège et membre de la commission de contrôle des euthanasies ;
- le Pr Englert, membre de la commission de contrôle des euthanasies et rapporteur de cette commission ;
- le Pr Montéro, doyen de la faculté de droit de Namur.

La loi du 28 mai 2002 a dépénalisé l'euthanasie sans modifier pour autant le Code pénal.

La procédure est la suivante :

- le médecin doit s'assurer que le patient est majeur ou émancipé, capable et conscient au moment de sa demande ;
- la demande doit être formulée de manière volontaire, réfléchie, répétée et ne pas résulter d'une pression extérieure ;
- une euthanasie est possible chez les personnes inconscientes ayant rédigé une déclaration anticipée ;
- le médecin doit s'assurer que le patient se trouve dans une situation médicale sans issue et fait état d'une souffrance physique ou psychique constante et insupportable qui ne peut être apaisée, et qui résulte d'une affection accidentelle ou pathologique grave et incurable ;
- le médecin doit évoquer avec le patient les possibilités thérapeutiques encore envisageables ainsi que les possibilités qu'offrent les soins palliatifs et leurs conséquences. Il doit arriver avec le patient à la conviction qu'il n'y a aucune autre solution raisonnable dans sa situation ;
- le médecin doit respecter les conditions des procédures prescrites par la loi, dont l'envoi sous quatre jours ouvrables du document d'enregistrement de l'euthanasie, à la Commission fédérale de contrôle et d'évaluation de l'euthanasie.

La commission retrace ici quelques-uns des propos contradictoires qu'elle a entendus, toujours exprimés avec mesure.

Marcel de Ceuleneer exprime son adhésion à l'euthanasie et réaffirme son athéisme, mais regrette que sa mère ait été prise dans un réseau d'aide à mourir dans la dignité, ce qui a fini par l'enfermer dans sa demande. Certes, elle désirait l'euthanasie, mais elle n'avait pas les critères médicaux nécessaires au sens de la loi. Il a tenté vainement de faire reconnaître l'illégalité de la situation. Mais la validation par la commission a permis à la justice de requérir un non-lieu.

Mme Vouters, elle non plus, n'est pas hostile à l'euthanasie, mais elle considère que les soins palliatifs qu'elle a été une des premières à mettre en pratique en Belgique ne sont pas à la hauteur des enjeux. La formation du personnel soignant lui semble inférieure à celle qu'elle constate en France. Si les structures sont nombreuses, elles n'ont pas l'expertise qui lui semble nécessaire. Elle met en doute l'idée selon laquelle la Belgique a une politique quantitative de soins palliatifs très développée.

Les études du Dr Bernheim ont montré qu'en 1997, 4,4 % des décès en Belgique étaient consécutifs à l'injection de médicaments à dose létale avec intention du médecin d'abréger la survie. Deux tiers de ces 4,4 % l'ont été sans demande expresse du patient ; 1,1 % étaient de vraies euthanasies. Après les trois lois de 2002, qui ont associé soins palliatifs, euthanasie et droits du patient, le nombre total d'actes d'abrégement de la vie a plutôt diminué : le nombre d'euthanasies vraies, 3,8 %, a doublé et le nombre d'abrégements compassionnel de l'agonie a diminué. Les médecins généralistes peuvent bénéficier de formation par *Life End Information Forum* (LEIF) et *End of Life* (EOL). La Commission nationale d'évaluation est essentiellement destinée à apprécier les procédures et leur régularité, non à juger de la pertinence de la demande qui reste du domaine des deux médecins sollicités. Il y a 2 % de morts par euthanasie, dont 1 % après soins palliatifs, essentiellement en Flandre (près de 80 %)[(1)]. 48 % des demandes d'euthanasie sont honorées, il y a 5 % de refus et 25 % des cas où le malade meurt avant que la demande puisse être honorée. Le suicide assisté reste très rare. Le Dr Bernheim anime une équipe de recherche de 30 personnes sur ce sujet (considérée par lui comme l'une des meilleures du monde).

Le Dr De Locht fait part de la sérénité des malades qui demandent l'euthanasie. Il exprime sa modestie avec le sentiment que les demandes et les dossiers sont étudiés par la commission d'évaluation « convenablement ». Il a le sentiment d'avoir parfois à intervenir en urgence. Une commission donnant un avis *a priori* pourrait l'aider. Il a suivi une formation spécifique et porte un jugement assez sévère sur la fin de vie en France.

Claire Marie Le Huu exprime une position de résistance car elle dit que, malgré la loi sur l'euthanasie, des infirmières et des médecins continuent à pratiquer des injections hors procédure. Les demandes de mort qu'elle a observées sont liées au souhait de ne pas laisser une image dégradée ou d'être un poids pour la famille, mais rarement un choix intérieur. Elle pense que le discours pro-euthanasie est normatif, qu'entre la sédation et l'euthanasie la différence radicale est celle de l'intention et que cela dépend essentiellement du chef de service. Dans son propre service, elle pense qu'il y a une excellente écoute avec un poids décisionnel des infirmières important. Elle reste embarrassée par la rareté des cours d'éthique et elle-même est en cours de master d'éthique. Elle ne pense pas qu'il y ait eu de dérives, mais plutôt une grande indifférence de la société.

1. En 2010-2011, il y a 2 086 euthanasies déclarées, 1 727 en Flandre et 359 en Wallonie. Il y a eu 2 037 demandes conscientes et 49 demandes anticipées. 935 ont eu lieu à l'hôpital, 944 au domicile et 161 en maison de repos. 75 % ont été réalisées sur des personnes atteintes de cancer. 10 % des médecins pratiquant l'euthanasie ont été formés en soins palliatifs.

Le Dr Lossignol, Pr Englert et le Dr Damas ont insisté sur le fait que la loi est basée sur l'honnêteté du médecin, sur l'absence de doute sur le caractère incurable des personnes qui demandent l'euthanasie, sur le caractère inapplicable des contrôles *a priori*. Ils se plaignent des accusations portées à leur égard par certains responsables français, en observant que les critiques sont « abjectes » ou « délirantes ». Ils sont choqués par les accusations que leur portent les responsables des soins palliatifs français. Ils disent que la Belgique dirait non à la demande de personnes âgées ayant fait en France l'objet d'une communication médiatique. Ils pensent que la sédation n'est pas adaptée à un grand nombre de fins de vie, en faisant perdre la capacité de communication, en laissant les symptômes de la maladie se manifester, en étant extrêmement difficile à appliquer à domicile, et en étant particulièrement horrible pour la famille. Ils sont encouragés dans leur pratique par les remerciements des familles, les rapprochements familiaux avant le geste et les cérémonies qui se déroulent parfois à ce moment. La loi belge ne parle pas spécifiquement de suicide assisté. Ils ont créé un forum End of Life (EOL) qui chaque année forme bénévolement des médecins. Ils sont totalement convaincus du bienfait qu'ils apportent pour ces malades et souhaitent être reconnus comme des médecins à part entière et non, selon certains qui ont pu leur reprocher en France, comme des « juges et bourreaux ».

Le Pr Montéro a mis en parallèle les cinq rapports de la commission fédérale de l'application de la loi sur l'euthanasie avec les travaux préparatoires de la loi. Il observe que les critères fixés par la loi sont très difficilement évaluables, que la notion « d'insupportable » n'a jamais été contrôlée, puisque la commission de contrôle considère que le caractère insupportable de la souffrance est « en grande partie d'ordre subjectif », et que la souffrance reste une notion très subjective. Les pathologies multiples n'ont jamais été discutées au sein de la commission de contrôle et n'apparaissent nulle part dans la loi. Il pense que la rareté des euthanasies du côté francophone est liée à l'absence de réseaux et d'affinités linguistiques avec les Néerlandais, que beaucoup de patients finissent par avoir le réflexe de dire : « Je veux l'euthanasie » et demandent qu'une éventuelle opposition des médecins à celle-ci soit affichée d'emblée. Il regrette que, dans les maisons de repos, il soit obligatoire d'indiquer la position de l'établissement vis-à-vis des euthanasies. Pour lui, les patients « n'ont pas le droit à l'euthanasie, ils ont le droit de formuler une demande ». Il pense que cette loi a été portée par quelques médecins très offensifs, avec une inscription de la loi sur l'euthanasie dans un système juridique qui a sa dynamique propre, déterminée par les macro-principes qui régissent le système : la hiérarchie des normes, le principe suprême d'égalité devant la loi, les règles d'interprétation, les règles de la logique et du bon sens. Il s'étonne que, depuis 2002, vingt-cinq propositions de loi sur son extension aient été déposées. La commission d'évaluation est plus un « institut de statistiques » qu'une structure destinée à évaluer la rigueur des situations. Il pense que le nouveau combat des « pro-euthanasie » est de s'attaquer à la sédation, que les médecins qui remplissent les documents sont plus volontiers ceux qui sont favorables à l'euthanasie, et que ce qui est valable en Flandre, plus acquise à l'euthanasie, est extrapolé à toute la Belgique. Il pense qu'un véritable univers euthanasique s'est constitué et il reçoit beaucoup de questions de personnes âgées : « Comment être sûr qu'on ne sera pas euthanasié ? » D'autant plus que la commission de contrôle dans son rapport pour les années 2006-2007 énonce que l'estimation du caractère insupportable et inapaisable de la souffrance doit parfois tenir compte de l'âge du patient. Il réaffirme l'exigence d'intérêts publics supérieurs tels que la protection de la spécificité de la médecine et la protection des plus vulnérables. Il pense que «l'absence de droit est parfois plus protectrice que le droit». Il envie nos débats publics, et pense en conclusion que l'interdit dit ce qu'on ne peut pas faire, mais ne dit pas ce qu'il faut faire, qu'il est «l'aiguillon de la créativité morale» pour la recherche des solutions les plus justes.

Les Pays-Bas

La mission s'est rendue à Rotterdam le 30 novembre 2012. Elle a rencontré sur proposition du Pr Inez de Beaufort, professeur en éthique médicale à l'université médicale de Rotterdam :
• le Pr Van Delden, professeur d'éthique à l'université médicale d'Utrecht;
• Mme le professeur Onwuteaka-Philipsen, professeur associé au département de santé publique d'Amsterdam;
• Mme le professeur Pasman, professeur associé au département de santé publique d'Amsterdam;
• Mme Agnès Van der Heide, département de santé publique de l'université médicale de Rotterdam;
• M. Éric Van Wijlick (KNMG, Association médicale royale).

Par ailleurs, la commission a entendu à Paris le Dr Willems, médecin hollandais en résidence temporairement à Paris.

Depuis 1973, date du premier cas d'euthanasie jugée par une cour, la jurisprudence a progressivement élaboré des critères. Depuis 1984, l'Association médicale royale a de même élaboré des critères de minutie, qui ont été repris par la loi du 12 avril 2001. Ces pratiques se sont ainsi développées avec une grande tolérance jusqu'à l'adoption de la loi.

Il y a donc eu une période d'une trentaine d'années pendant laquelle la société s'est peu à peu habituée à ces pratiques avec une approbation des médecins qui approche 90 %.

Aux termes de la loi néerlandaise, l'interruption de la vie sur demande et l'aide au suicide sont passibles de poursuite, sauf si ces actes ont été effectués par un médecin qui a respecté les critères de rigueur (ou de minutie) fixés par la loi de 2002 et signalé le cas au médecin légiste de la commune.

Selon les critères retenus, le médecin doit :
• acquérir la conviction que la demande du patient est volontaire et mûrement réfléchie (à partir de 16 ans; les parents doivent consentir à la demande du mineur entre 12 et 16 ans);
• acquérir la conviction que les souffrances du patient sont insupportables et sans perspective d'amélioration;
• informer le patient de sa situation;
• parvenir conjointement avec le patient à la conviction qu'il n'existe pas d'autres solutions raisonnables;
• consulter au moins un autre médecin indépendant qui voit le patient et donne par écrit son jugement concernant les critères de rigueur;

• pratiquer l'interruption de la vie avec toute la rigueur médicalement requise ;
• envoyer un rapport à la commission régionale de contrôle dont il dépend.

Il n'y a pas de commission nationale d'évaluation, mais cinq commissions régionales de contrôle de l'euthanasie.

La commission observe que :
• le rapport des cinq commissions régionales de contrôle est de grande qualité ;
• si un médecin refuse l'euthanasie (10 % d'entre eux), il doit recourir à un autre médecin favorable ;
• le médecin consulté appartient habituellement au programme Soutien et consultation en matière d'euthanasie aux Pays-Bas (SCEN) ;
• la plupart des euthanasies sont pratiquées à domicile (80 %) et de manière à peu près homogène selon les régions (3 695 signalements d'euthanasie par les médecins en 2012, dont 196 aides au suicide et 53 cas d'une combinaison euthanasie/suicide assisté) ;
• dans l'immense majorité des cas, le médecin signaleur est un médecin généraliste (3 329 cas), un spécialiste hospitalier dans 112 cas et un gériatre dans 139 cas ;
• dans 4 cas seulement, les commissions ont jugé que le médecin n'avait pas agi conformément aux critères de rigueur.

La commission retient ici quelques-uns des propos qu'elle a entendus.

Le Pr Van Delden pense que le débat futur concernera les souffrances psychosociales : comment les intégrer dans un système aussi médicalisé ? Comment accéder aux demandes des personnes dans leur liberté sans la présence d'une expertise médicale ? Il pense que les limites seront de plus en plus floues dans le futur. Seulement 1 % des médecins hollandais se refusent absolument, mais s'ils étaient conduits devant une cour disciplinaire, ils perdraient leur combat. La loi n'a pas réellement changé les pratiques qui s'étaient développées depuis les années 1970. Comme en Belgique, les conduites de mise délibérée à la fin de vie ont diminué de plus de la moitié, et comme en Belgique l'évaluation est fondée sur la confiance en les médecins. La plupart des actes euthanasiques concernent des personnes entre 50 et 70 ans. Il y a une forte relation entre soins palliatifs et euthanasie. La plupart des hôpitaux acceptent l'euthanasie, et en 2012 a été créée une clinique mobile de l'euthanasie qui met à la disposition du patient des médecins spécialistes en cas de refus des médecins traitants. Il semble donc que l'euthanasie soit totalement intégrée dans la médecine hollandaise et concerne 2,8 % des morts avec 77 % des cas rapportés aux commissions d'évaluation. Les euthanasies sans consentement demeurent très rares (0,2 %), contre 0,8 % en 2005. Les sédations terminales ou profondes augmentent et expliquent probablement les 20 % d'euthanasies non déclarées.

Selon le Dr Willems, rencontré à Paris, l'impression générale est celle d'un grand sérieux dans l'approche de ces problèmes, mais il y a toujours un pourcentage non négligeable de médecins (entre 40 et 50 %) qui disent : « Je ne ferai jamais ça. » Il n'y a pas eu de dérives massives. Le Dr Willems s'étonne toujours que, dans les conférences européennes, les médecins hollandais qui voulaient présenter des communications dans le domaine des soins palliatifs rencontrent une certaine hostilité, alors qu'ils pensent maintenant que le système a ses bienfaits, sa cohérence. Cette politique doit s'appuyer sur un système de santé qui marche bien, sans contraintes économiques excessives. Il pense, par exemple, qu'aux États-Unis, les contraintes économiques rendraient extrêmement inégalitaires le recours à l'euthanasie. Enfin, il croit que contrairement à la France, les premiers hommes politiques favorables à l'euthanasie venaient de la démocratie chrétienne (parti chrétien du milieu) motivés plus par la compassion que par le désir de répondre à l'autonomie du patient. Il souligne enfin une certaine désertion de la solidarité.

La commission a lu dans le rapport des commissions régionales de contrôle : «*Le nombre de signalements* [c'est-à-dire nombre d'euthanasies rapportées] *reçus par les commissions a augmenté – de 18 % – [en 2010 et 2011]. Il y a déjà un certain temps que les commissions s'inquiètent de cet afflux.*»

La commission a noté que le nombre d'euthanasies n'a pas significativement varié depuis la promulgation de la loi (moins de 3 % des décès), mais qu'en revanche les euthanasies non déclarées ont fortement diminué. Il reste cependant une «zone grise» dans les statistiques, correspondant à des situations de sédations terminales sans consentement.

L'Oregon

La commission a rencontré les 6 et 7 décembre 2012, à Portland (Oregon)[1] :

- Barbara Glidewell (*Oregon Health and Science University, assistant director center for ethics in health care, assistant professor general internal medicine and geriatrics*);
- Éric W. Walsh (*Oregon Health and Science University, MD, family medicine ; Compassion and Choices of Oregon, Advisory board*);
- Linda Ganzini (*Oregon Health and Science University, MD, director of the division of geriatric psychiatry, professor of psychiatry and medicine ; member of the task force to improve the care of terminally-ill Oregonians*);
- Deborah Whiting Jaques (*Oregon Hospice Association, CEO*);
- Jason Renaud (*Compassion and Choices of Oregon, executive director*).

Les entretiens ont été approfondis, sur treize heures, en un jour et demi.

L'*Oregon's death with dignity act*, par deux fois d'initiative populaire – en 1994 (51 % en faveur) puis en 1997 (60 % en faveur) –, s'est vu validé par une décision de la Cour suprême des États-Unis en janvier 2006, après plusieurs années de contestation juridique.

Cette loi de l'État de l'Oregon permet aux malades en phase terminale d'une maladie évaluée comme incurable d'obtenir la prescription par un médecin d'un produit létal (fourni notamment par un laboratoire du Texas) pour mettre un terme à leur vie, en s'auto-administrant ce produit *per os* ou par voie digestive directe, dès lors que leur demande est reconnue comme confirmée, et qu'ils sont évalués «mentalement aptes».

1. La commission n'a pas pu se déplacer dans les États du Montana et Washington, qui ont opté pour des procédures comparables à celle observée en Oregon, ni aller à Boston, où un référendum, lors de la dernière élection présidentielle, a donné une très courte majorité (51 %) aux opposants au suicide assisté, alors que les sondages donnaient un résultat inverse.

Les conditions suivantes doivent être remplies :
• être âgé de plus de 18 ans, et résident de l'État de l'Oregon – sans condition de durée de résidence, avec production d'un document administratif (permis de conduire de l'Oregon, ou contrat de location d'un logement ou état de propriété d'un logement, ou carte d'électeur de l'Oregon, ou document fiscal);
• être en capacité de prendre une décision et d'en faire part concernant son état de santé et les soins qu'il réclame, au stade estimé par le médecin prescripteur comme terminal d'une maladie évaluée comme incurable.

La procédure suivante est retenue :
• deux demandes orales séparées de quinze jours minimum, puis confirmées par un écrit contresigné par deux témoins, dont au moins un ne doit avoir aucun lien familial avec le malade demandeur – le médecin prescripteur devant par ailleurs proposer, non imposer, de prévenir l'entourage familial le plus proche;
• validation écrite par le médecin prescripteur, et par un second médecin, du diagnostic et du pronostic, ainsi que de la demande confirmée du malade – au besoin par une consultation psychiatrique préalablement sollicitée, si le médecin prescripteur a un doute;
• certification par le médecin prescripteur que le malade a bien été informé de la possibilité de soins palliatifs et de l'existence de traitements efficaces contre la douleur;
• possibilité pour le malade de revenir sur sa décision à tout moment;
• est également prévue la possibilité de recourir aux services d'urgence au cas où les proches du malade ne supporteraient pas une agonie trop prolongée – un ou deux cas de figure de ce type ont été répertoriés en quatorze années.

La commission a pu faire les observations suivantes :
• cette procédure concerne 0,2 % des décès en Oregon, soit une soixantaine de personnes chaque année, avec une relative stabilité depuis dix ans;
• un tiers à la moitié des malades (selon les années) ayant reçu une prescription de produit létal ne l'ingèrent en définitive pas;
• la durée médiane qui sépare l'ingestion du produit létal et la perte de conscience est de cinq minutes, avec des valeurs extrêmes allant d'une à trente-huit minutes;
• la durée médiane entre l'ingestion et la mort est de vingt-cinq minutes, avec des valeurs extrêmes allant d'une minute à quarante-huit heures. Les cas d'échec de la procédure sont recensés et évalués (dans un cas, la mort est survenue au bout de trois jours et demi, et dans un autre, le malade s'est réveillé au bout de quelques heures et est mort quatorze jours après, des seules conséquences de sa maladie);
• sur ce point de la durée de l'agonie, le questionnaire que doit remplir le malade est précis et clair, en ce qu'il mentionne explicitement ceci : « Bien que la plupart des décès interviennent dans les trois heures, je sais que mon agonie peut prendre plus de temps et mon médecin m'a prévenu de cette possibilité » (« *I further understand that although most deaths occur within three hours, my death may take longer and my physician has counselled me about this possibility.* »);
• c'est la volonté de préserver son autonomie qui est recensée comme la principale, et de loin, des motivations des malades demandant à suivre la procédure, bien plus que la crainte de ne pas pouvoir être soulagé de la douleur en phase terminale de la maladie;
• le terme de « suicide assisté » est très couramment utilisé, mais se voit contesté par certains qui lui préfèrent celui de « mort assistée ». De plus, la loi ne considère pas ce geste comme un suicide. Sur les certificats de décès une case supplémentaire

mentionnée comme « autre » a été ajoutée en sus des autres cases, en particulier en sus de la case « suicide », notamment pour permettre la pleine réalisation des assurances-vie après le décès ;

• l'adjectif « médicalement » pour « suicide médicalement assisté » ne se vérifie pas. La loi ne requiert pas la présence du médecin prescripteur au moment de l'ingestion du produit létal ni au moment du décès. Cette présence n'aura été observée que deux fois sur la soixantaine de décès qui seront probablement enregistrés en 2012 ;

• la quasi-totalité des décès est en réalité « assistée » par des membres d'une association privée – *Compassion and Choices of Oregon*. Cette association envoie deux « volontaires » pour assister le malade, notamment pour préparer le produit létal (qui peut l'être aussi par un proche) et accompagner son ingestion, sans pour autant nécessairement rester le temps de l'agonie. L'association produit des fiches explicatives, pour préparer par exemple les témoins aux possibilités de ronflement, régurgitations, respirations irrégulières, gémissements, etc. durant l'agonie. Le rapport annuel de *Compassion and Choices of Oregon* fournit les statistiques suivantes pour 2012 (jusqu'en octobre) :

  - 299 appels pour une information ou une aide ;
  - 134 de ces appels ont été suivis d'un soutien par l'association ;
  - 97 personnes ont reçu une prescription ;
  - 50 ont ingéré le produit ;
  - 99 % des personnes étaient entourées au moment de leur mort par leur famille, des proches ou des représentants de l'association ;

• aucune enquête policière n'est faite. L'information de l'État se limite à une transmission de données à l'autorité de santé de l'Oregon – heure et lieu de l'ingestion, temps d'endormissement, complications éventuelles y compris mobilisation des services d'urgence, temps de l'agonie, etc. Un rapport annuel de l'autorité de santé – située comme « neutre » – est publié en mars, au vu des informations reçues ;

• de fait, la caractérisation du stade terminal d'une maladie est calquée sur la législation américaine qui retient le passage d'une prise en charge curative vers une prise en charge de soins de support (dite « *hospice* »), sans accès par exemple à une chimiothérapie, pour les six derniers mois de vie. Cette prise en charge est très majoritairement faite à domicile ;

• les suicides assistés relèvent de la sphère privée, le plus souvent à domicile. Aucune communication ne doit en être faite. Il n'y a que très peu de cas recensés en milieu hospitalier ;

• ni *medicare* ni *medicaid* ni aucune assurance privée n'assurent le remboursement du produit létal – dont le coût pour le malade peut varier selon la présentation du produit ;

• aucun médecin ni aucun pharmacien ne peuvent être contraints d'accepter la procédure demandée – certaines institutions de santé interdisent à leurs médecins de prescrire le produit létal – à condition d'orienter le malade demandeur vers un confrère réputé accepter. La commission a perçu que l'association *Compassion and Choices of Oregon* coordonnait un réseau de médecins « volontaires » ;

• l'autorité de santé de l'Oregon publie un volumineux document de recommandations de bonne pratique, issu d'un groupe de travail présenté comme « neutre », et l'actualise régulièrement. Ce document est très riche d'informations sur la pratique en cours, et présente de très nombreuses recommandations.

Il existe un guide de recommandation de bonne pratique, précis et détaillé, élaboré par un groupe situé comme « neutre » – *The task force to improve the care of terminally-ill oreganians* –, et soutenu financièrement pas le *Center for Ethics in Health Care* de l'*Oregon health and Science University*.

Ce guide (*The Oregon Death With Dignity Act : A Guidebook for Health Care Professionals*) a été élaboré une première fois en 1998, et sa dernière actualisation remonte à 2008.

Ainsi les exigences de procédure et d'évaluation requises dans le monde américain de la santé se retrouvent en partie ici. Et la commission a pu observer un très net développement des soins palliatifs en Oregon depuis la publication de cette loi.

En revanche la validité de la demande reste une question :
• au moment de la demande écrite du malade, le formulaire se borne à indiquer que le malade est clairement informé de son état de santé, du produit létal et de la solution alternative que représentent les soins de support ;
• il appert que l'évaluation psychiatrique préalable n'est aujourd'hui quasiment plus demandée, alors que c'était le cas pour 12,6 % des demandes entre 1998 et 2006 ;
• une étude conduite entre 2004 et 2006 souligne un doute sur la vérification de l'absence d'un état dépressif et considère que « *some potentially ineligible patients* » ont reçu une prescription d'un produit létal (*Ganzini L, Goy ER, Dobscha SK. Prevalence of depression and anxiety in patients requesting physicians'aid in dying : cross sectional survey. BMJ 2008*) ;
• une évaluation plus précise est opérée après… le décès du malade. Le document d'évaluation rempli par le médecin prescripteur retient sept thématiques pouvant avoir un impact sur l'expression de la demande : le poids financier de la dépendance et des traitements palliatifs ; la souffrance psychologique des proches ; la perte d'autonomie ; l'incapacité à vivre une vie enviable ; la perte de contrôle des fonctions du corps, et notamment les vomissements et l'incontinence ; l'échec dans le traitement de la douleur en fin de vie ; l'image dévalorisée de soi, la perte de dignité ;
• mais au demeurant, ce médecin n'est pas présent au moment de l'ingestion du produit et du décès. Il ne fait donc que rapporter ce que lui disent les témoins et les volontaires de l'association *Compassion and Choices of Oregon*.

Ces « suicides assistés » constituent des situations très exceptionnelles, comme tendent à le souligner les indices suivants :
• les autorités de l'État de l'Oregon restent à distance. La loi est d'initiative populaire. Elle n'est pas incitative. Elle énonce les conditions d'une protection légale des professions de santé. La commission n'a pas eu connaissance de sanctions disciplinaires suite aux quelques cas où aucune information n'a été transmise par le médecin prescripteur à l'autorité de santé ;
• pour l'association *Compassion and Choices of Oregon*, il n'y a plus matière à débat. Cette association fait preuve d'une détermination certaine, mais avec prudence pour éviter de nouvelles contestations. Sa représentation nationale est en revanche active pour promouvoir des lois semblables à celle de l'Oregon dans les autres États des États-Unis ;
• les résistances exprimées chez les médecins sont nombreuses. Au point que certains analystes en viennent à imaginer une procédure spécifique pour la prescription du produit létal, avec un mécanisme indépendant du médecin traitant ;
• l'absence quasi totale des médecins prescripteurs au moment de l'ingestion a paru à la commission souligner une hésitation certaine du corps médical (même

si l'argument « manque de temps disponible » est régulièrement invoqué), y compris de la part de ceux des médecins qui acceptent de prescrire. Il convient de redire ici le net développement d'une culture palliative consécutif à cette loi sur le suicide assisté ;

• l'association *Compassion and Choices of Oregon* prend en charge aujourd'hui une très grande majorité des décès assistés – les données fournies sur plusieurs années montrent une présence de l'ordre de 75 à 80 %, mais les données les plus récentes montrent une nette croissance de ce chiffre et la commission a été informée oralement, par les représentants de l'association, d'une estimation de plus de 90 % ;

• aucune communication publique n'est permise, ni par voie médiatique ni par toute autre voie. Tout se passe dans la sphère privée, sans communication, mais avec l'assistance quasi exclusive de l'association ;

• il existe quelques travaux de recherche – la commission en a eu une large connaissance –, mais il faut observer la très forte diminution des publications depuis quelques années, et plus encore l'absence totale d'ouvrages académiques et de livres de témoignage – pour être précis, la commission n'a pu avoir accès à de tels ouvrages malgré ses demandes réitérées.

Au total, il appert que ces suicides assistés sont de très loin motivés par une volonté farouche d'autonomie et d'exercice de la liberté individuelle :

• c'est une caractéristique culturelle particulièrement marquée des personnes concernées ;

• peu, voire pas, de personnes concernées sont des personnes socialement vulnérables, beaucoup, si ce n'est toutes, ont un niveau d'études élevé et ont occupé des fonctions dirigeantes ;

• c'est au demeurant cette volonté très ancrée de pouvoir exercer son autonomie qui conduit les partisans du suicide assisté – du moins dans leur expression auprès de la commission – à refuser fermement toute forme d'euthanasie. La loi stipule qu'un médecin ne peut en aucun cas administrer lui-même le produit létal, et interdit toute forme d'injection létale par intraveineuse par un tiers ;

• de même les interlocuteurs de la commission ont tout autant fermement souligné l'inadéquation de la procédure pour les personnes en situation d'incapacité cognitive ou corporelle ;

• mais pour autant, il a été réaffirmé que cet exercice ultime de l'autonomie n'est admis que dans les seules situations de fin de vie liées à une maladie grave et incurable.

D'autres pays travaillent sur cette question de la fin de vie

Ainsi, une commission québécoise a rendu public à la demande du gouvernement du Québec en 2012 un rapport fondé sur des auditions d'experts et sur des débats publics durant deux années. Ce rapport est d'une grande qualité réflexive, mais on peut s'étonner que les conclusions se calquent rigoureusement sur les lois belges, comme s'il n'y avait qu'un seul modèle universel, celui du Benelux. Le gouvernement du Québec doit statuer sur ce rapport d'ici à juin 2013.

Ainsi, au Royaume-Uni, une commission *« on assisted dying »*, a rendu ses conclusions en janvier 2012, qui propose l'accès réglementé au suicide assisté pour les personnes conscientes et en capacité de faire le geste, et renouvelle l'interdit à toute forme d'euthanasie directe [1].

L'enseignement que l'on peut en tirer

Chaque expérience à l'étranger a sa spécificité, mais aucune ne paraît transférable en l'état en France.

L'expérience suisse a délégué à des associations militantes la responsabilité de l'assistance au suicide. Quelle que soit la rigueur des critères utilisés, l'appropriation par les associations déresponsabilise totalement l'État et ne permet pas de garantir, quelle que soit leur bonne volonté, le respect absolu des indications reconnues et une égalité d'accès.

De l'expérience hollandaise la commission retient, d'une part, qu'elle a été précédée pendant près de trente ans d'une tolérance à l'euthanasie progressivement transparente avant la loi, sans poursuite et, d'autre part, que l'immense majorité des euthanasies se déroulent à domicile (80 %), ce qui est en opposition totale avec la situation française des fins de vie. La rigueur des critères reste un élément particulièrement intéressant, mais la situation du contrôle *a posteriori* ne permet pas de garantir formellement qu'il n'y a pas une appropriation excessive par les médecins des pratiques euthanasiques, plus fondées sur leur conviction que sur le respect absolu de la loi.

De la Belgique, la commission retient aussi la qualité de la réflexion, mais l'asymétrie entre les pratiques en Flandre et en Wallonie qui met au jour l'importance des cultures de chaque région. Le poids des structures ou associations militantes parmi les membres de la commission d'évaluation laisse planer un doute sur l'indépendance d'esprit réel de ceux qui pratiquent l'euthanasie, mais le sérieux de leur engagement et l'importance de leur recherche garantissent l'absence de dérive importante.

Cependant, l'étude de l'Ined montre qu'en 2010, au Benelux, les euthanasies pratiquées à la suite d'une demande l'emportent désormais sur les euthanasies pratiquées sans demande à la différence de ce qui était observé en 2001.

De l'Oregon la commission observe là également le rôle quasi exclusif d'une association privée et l'absence autour du malade des médecins prescripteurs d'une prescription létale, ainsi que la place d'une culture très spécifique de volonté farouche d'autonomie et d'exercice de la liberté individuelle.

1. « The current legal status of assisted dying in inadequate and incoherent... » The commission on assisted dying, Demos, www.demos.co.uk, janvier 2012.

Quelques expressions entendues lors des débats publics

Pour certains citoyens

« Les soins palliatifs sont une mascarade destinée à cacher l'essentiel. »

« Les soins palliatifs n'ont pas le monopole de la reconnaissance de la dignité de chacun. »

« Un temps du mourir qui ne rapporte rien. »

« Qui peut me dire qu'une vie vaut la peine d'être vécue ? »

« On n'oblige pas quelqu'un à demander la mort, mais on ne l'empêche pas. »

« Laisser mourir une personne qui réclame de mourir plus rapidement est inacceptable et cruel. »

« Il y a trop d'euthanasies clandestines sans consentement de la personne. Une loi sur l'euthanasie y mettrait fin. »

« Le médecin se prend pour Dieu lorsqu'il décide de la vie ou de la mort. »

« Les vieux se sentent coupables de coûter si cher. »

« La médecine nous dérobe notre mort. »

« L'autodélivrance est comme une naissance. »

« Donner le choix de sa mort, ce n'est pas faire mourir. »

« On évacue la peur de mourir en évacuant le mal-mourir. »

« Combattre la peur de mourir, c'est contourner l'obstacle, écarter le danger, acquérir une sérénité. »

« Les médecins catholiques ne veulent pas entendre parler d'euthanasie car cela ébranle leur sacerdoce et leurs convictions religieuses les plus profondes. »

« Être libéré du tabou de l'euthanasie, c'est permettre un dialogue médecin-patient. »

« La société ne s'est pas écroulée parce que la loi française a reconnu l'avortement. »

« La loi sur l'euthanasie ne s'imposera à personne. »

« Ma vie m'appartient et dire le contraire est une supercherie. »

Pour d'autres citoyens

« Si on autorise l'euthanasie, il y aura des dérives en termes d'héritage et d'assurance-vie. »

« Les malades atteints d'Alzheimer ont du souci à se faire. »

« L'accompagnement génère les plus beaux moments d'une vie. »

« Je veux éviter les souffrances de l'autre, mais est-ce pour ne pas me faire souffrir moi ? »

« Autrefois il y avait des bonnes sœurs, mais pas de morphine, maintenant on a de la morphine, mais plus de bonnes sœurs. »

« Lors de la dernière heure d'un mourant, il se passe des choses étonnantes. »

« Le cœur compte plus que le corps. »

« Euthanasier, c'est tuer. »

« Une euthanasie c'est un geste vétérinaire. »

« Le mot "euthanasie" fait peur. »

« On veut en finir surtout avec la vie que l'on mène. »

« Devant la mort, courage, fuyons ! »

Chapitre 7

Les dangers évoqués d'un immobilisme et d'un changement

Les dangers d'un immobilisme

Les débats publics, les auditions ont mis au jour le malaise, voire la colère des citoyens devant la situation présente. Se satisfaire des réponses actuelles irait à l'encontre des souhaits des Français. La loi Leonetti, malgré ses grandes qualités reconnues en France et à l'étranger, est méconnue, sans visibilité, mal appliquée, voire inappliquée. Elle ne change pas l'insuffisance de la communication avec le corps médical. La commission l'a sans cesse entendu, comme une antienne.

La très large méconnaissance de la loi Leonetti et son application extrêmement hétérogène selon les praticiens, fait que de nombreuses situations de fin de vie ne sont pas correctement appréhendées.

Sur le plan médical

La réponse essentiellement médicale ne s'adresse pas à la souffrance psychique, qu'elle soit existentielle, qu'elle soit l'expression d'une déchéance, ou qu'elle soit une dépression rebelle à tout traitement. À la rigueur, elle y répond par une sédation imprécise qui peut être jugée insupportable par ceux-là mêmes qui souffrent, d'autant plus lorsqu'elle ne fait pas l'objet d'une décision collégiale systématique. Cette loi, malgré son intention et son esprit, est vécue comme un décalage entre le milieu médical et le citoyen.

En ne permettant pas de répondre au malade qui souhaite rester maître de son destin, et en permettant au médecin le retrait ou l'arrêt de tout traitement, à la demande du malade, la manière dont est appliquée la loi trop souvent peut apparaître comme un abandon, un laisser-mourir, donc comme une violence. La sédation se veut une façon de maîtriser l'agonie, mais elle ne s'en donne pas toujours les moyens réels. En l'état actuel des pratiques et de la formation, elle est d'ailleurs beaucoup plus adaptée au milieu hospitalier qu'aux établissements médico-sociaux et au domicile.

Il n'y a pas, dans la loi, la nécessité d'inscription systématique d'un projet de soins de fin de vie, pas d'obligation légale sous peine de poursuite de l'usage d'un processus de décision collégiale. La loi ne se donne pas les moyens d'anticiper le mourir. Il n'y a pas de pédagogie des directives anticipées qui restent sans caractère contraignant ni contenu concret.

Sur le plan sociétal

La mort reste un fait culturel alors que la loi, par construction, l'enferme dans un fait médical en ne traitant que l'aspect médical de la mort, comme si une loi pouvait enfermer le mourir. Elle ne compense pas le sentiment d'abandon et de capture par la médecine éprouvé par les citoyens.

Les raisons invoquées d'une légalisation de l'euthanasie ou du suicide assisté

« Je considère que ma personne est conscience entière, et que mon avis doit être respecté. Si le droit à la vie est le premier des droits de l'homme, le droit à la mort est le second : je décide de ma personne. »

« Si vous comparez droit à liberté et droit à la vie, pour moi le droit à la liberté prime sur le droit à la vie. »

« On doit tenir compte de ces personnes qui disent : "J'ai vécu mon comptant de vie". » (Débat à Lille)

« On devrait parler de la peine de vie comme on parle de la peine de mort. » (Débat à Montpellier)

« Si j'exprime une demande de mettre fin à ma vie, je ne veux pas que quelqu'un juge que j'aurais pu me tromper. Je sais que je prends ce risque. La vie n'est faite que de ce type de choix. » (Débat à Nantes)

Les expériences étrangères, dans leur diversité, ont suscité une bonne adhésion populaire, n'ont pas conduit à une destruction du système de santé, à des « hécatombes » de citoyens ou à la réalité de la pente glissante au moins visible. La loi a donné aux citoyens le sentiment d'un choix réel qui met en avant leur liberté et le respect de leur autonomie. Les ressources en soins palliatifs ont été augmentées et non réduites, accélérant même leur rapidité d'intervention et accroissant leur capacité d'accueil, comme si elles se sentaient mobilisées par les malades pour éviter ce choix.

Les personnes malades, dans un tel contexte, abordent leur fin de vie avec plus de sérénité, moins d'angoisse, moins de culpabilité dans la mesure où elles ont le sentiment de pouvoir agir et de ne plus être tributaires du simple jugement médical. L'euthanasie demandée oblige à ce que la parole circule entre le médecin, le malade et sa famille. Elle instaure dans un cadre législatif précis une pratique souvent clandestine. Tant qu'une loi n'est pas adoptée, les situations d'hypocrisie et d'inégalités resteront présentes. Elle renouvellerait les relations avec le corps médical.

Les risques évoqués d'une légalisation de l'euthanasie ou du suicide assisté

« La loi Leonetti est récente, ne faut-il pas tout exploiter avant de rajouter une nouveauté qu'on ne saura pas plus utiliser ? »

« Il faut se laisser du temps avant de légiférer. Il est important de faire vivre des espaces de réflexion, cette réflexion doit se poursuivre dans le temps. Nous avons la crainte qu'une loi maintenant coupe la réflexion. »

« Si je dis que je vais mourir, l'angoisse me prend : "Ils vont me tuer". » (Débat à Lyon)

« La loi Leonetti a 7 ans, on discute d'une loi que personne ne connaît, il faudrait commencer par la connaître en voyant comment elle peut s'appliquer autour de nous. » (Débat à Besançon)

« Certes, il y a une revendication de liberté individuelle de choisir sa mort, mais on vit en société et comme la loi est la même pour tous, il faut réfléchir au niveau d'une collectivité et pas au niveau individuel. » (Débat à Grenoble)

La légalisation signifie un changement symbolique fort, or le symbole est ce qui réunit et une légalisation de l'euthanasie peut créer l'effroi d'une population peu informée sur les conditions de sa réalisation, avec la crainte même non fondée d'une permission qui serait donnée à la médecine de mettre fin à leur vie.

Il semble inconcevable qu'une loi puisse établir de façon générale les situations dans lesquelles l'euthanasie pourrait être réalisée, autrement dit qu'elle dicte une norme déterminant les cas où l'assistance au suicide serait possible. Tout déplacement d'un interdit crée nécessairement d'autres interdits. Répondre à des situations exceptionnelles dans un cadre législatif ne pourra jamais écarter le recours à la demande de nouvelles exceptions toujours imprévues initialement.

La pratique euthanasique développe en effet sa propre dynamique résistant à tout contrôle efficace, et tend nécessairement à s'élargir, avec un curseur qualitatif sans cesse mouvant qui ne revient jamais en arrière. Elle intériorise des représentations sociétales négatives d'un certain nombre de situations de vieillesse, de maladie et de handicap.

Elle peut susciter la crainte paradoxale d'une solution par défaut, d'une intervention médicale non souhaitée, en particulier pour des raisons économiques. Elle se heurte à une forte résistance du corps médical, sauf en cas de suicide assisté qui les déleste de la plus grande part de leur responsabilité. En se centrant sur la volonté de la personne concernée, elle peut faire l'impasse sur l'importance de l'accompagnement.

Elle ne concerne qu'un nombre infime de personnes : 0,2 % en Oregon, 1 à 2 % en Belgique et Hollande, moins de 0,4 % en Suisse. Il s'agit de pays à faible démographie (quelques millions d'habitants : 28 millions d'européens sur 500 millions, 3,9 millions en Oregon), aux habitudes culturelles très individualistes, aux soins palliatifs très développés, avec une présence forte de médecins généralistes.

L'euthanasie serait en France une pratique hospitalière car 70 % des morts surviennent à l'hôpital et en institution, avec un corps médical généralement hostile.

Les attentes exprimées au nom de l'euthanasie confondent suicide assisté et euthanasie (au sens de l'administration d'un produit létal à la demande de la personne malade, atteinte d'une maladie incurable).

Or, il y a de grandes différences : le suicide assisté n'est pas accessible aux personnes incapables physiquement ou psychologiquement, et il est surtout proposé en dehors du milieu hospitalier. Il respecte l'expression majeure de l'autonomie avec le risque d'une agonie qui peut être longue. L'euthanasie, si elle réduit le temps d'agonie, en fixant une date à l'avance, modifie radicalement le sentiment d'ultime liberté.

Enfin, les contraintes économiques, qui vont dans tous les cas augmenter, peuvent susciter un sentiment de culpabilité chez les personnes en perte d'autonomie pouvant les conduire à formuler une demande d'euthanasie.

Que peut-on retenir?

La commission retient l'impossible consensus entre les partisans de l'euthanasie et ceux qui s'y opposent. La religion a été quasiment absente des débats, alors que les courants associatifs partisans se sont largement exprimés. La réflexion s'est constituée à partir de nombreux témoignages personnels, la plupart plutôt de situations accablantes, mais aussi de nombreux témoignages d'accompagnements riches et relativement sereins.

Ce qui est partagé par toutes et tous durant les débats publics :

- la plainte quasi obsessionnelle et constante de l'insuffisance de l'écoute des médecins à ce moment de la fin de vie, en dehors des unités de soins palliatifs, bien que, même dans ces unités, certains expriment le reproche que la demande d'euthanasie peut en venir à être inentendable ;
- un corps médical avec qui il est si difficile de parler de la fin de sa vie ;
- l'ignorance générale de la loi Leonetti par les citoyens et les soignants et plus encore la mauvaise connaissance de son application générale ou partielle ;
- la hantise d'un basculement dans des situations de fin de vie insupportables ;
- le souhait de ne pas souffrir ou de ne pas être abandonné ;
- l'angoisse croissante de la mise en avant de critères économiques pour la prise de décision médicale ;

• les soins palliatifs, perçus comme une réponse adaptée, mais vécus comme une alternative insuffisamment connue et suscitant des doutes sur leur mise en œuvre concrète et sur leur capacité à soulager les souffrances ;
• la faiblesse de l'offre et la difficulté d'accès aux soins palliatifs, mobiles, fixes ou à domicile ;
• les soins palliatifs vus comme un hébergement de la fin de vie, donc angoissants pour des malades ignorant leur condition réelle et synonymes, du fait d'une dichotomie entre soins curatifs et palliatifs, de rupture de tout espoir ;
• l'inquiétude du malade d'être dépossédé de son corps et de ses capacités de choix à ce moment, avec la revendication d'être considéré encore comme un être « pensant » ;
• l'inégalité d'accès à l'information médicale, aux conditions du bien-mourir, dépendant plus de l'attitude des médecins que du choix des citoyens ;
• le sentiment réitéré que les médecins sont mal formés à cette communication ;
• la faiblesse des structures d'accompagnement ;
• l'inégalité entre les maisons de retraite dans leur coût de prise en charge ;
• l'extrême inégalité sociale qui s'exprime à ce moment-là ;
• le non-respect de la collégialité telle qu'elle est prévue par la loi ;
• l'inquiétude d'une euthanasie clandestine sans demande.

Les partisans de l'euthanasie tiennent un discours répétitif, fondé sur la revendication :
• de la liberté inaliénable à exprimer des choix personnels : « C'est mon choix », « C'est mon corps » ;
• du refus de considérer que la médecine et la société décident pour eux que la vie vaut ou non la peine d'être vécue ;
• de l'accès au produit létal ;
• de la liberté de choisir sa mort ou plutôt sa façon de mourir ;
• de l'opposabilité stricte des directives anticipées ;
• du fait de ne pas être soumis à la sédation profonde inscrite dans la loi Leonetti en raison de l'inconscience créée et de la survenue d'une mort lente qui peut donner le sentiment de « loterie » en fonction des équipes hospitalières ;
• du refus de la discrimination selon les attitudes hospitalières et des médecins en demandant le recours protecteur de la loi ;
• du refus de « dépendre de l'humeur du juge » ;
• de la liberté de dire « je veux mourir » qui permet paradoxalement de mieux vivre ;
• de la grande sérénité apportée par le seul fait de la possibilité d'un choix ultime.

Les partisans de l'euthanasie expriment de plus :
• une méfiance vis-à-vis d'une loi qui protège plus le médecin que le malade ;
• le souhait de réduire la clandestinité de certains actes d'euthanasie en réduisant l'inégalité entre ceux qui trouvent un médecin compatissant et ceux qui n'en trouvent pas ;
• que les sédations et arrêts de traitement constituent des euthanasies hypocrites et qu'il n'y a pas de différence de nature entre ces différents actes ;
• que la rareté des demandes d'euthanasie rapportée par les médecins est due à leur absence d'écoute ouverte.

Ceux qui s'opposent à l'euthanasie le font exceptionnellement au nom de raisons religieuses et surtout en demandant à l'État d'assurer l'égalité des droits, pointant le risque de discrimination des plus vulnérables qui ne bénéficieraient plus d'une protection *a priori*.

S'ils reconnaissent la liberté de demander la mort, ils expriment :

- la crainte que cela devienne une obligation pour les médecins parce qu'en pratique la clause de conscience ne pourra jamais s'exercer ;
- que les mots d'« autodélivrance », de « mort miséricordieuse », ne sont là que pour adoucir la violence du mot « euthanasie » ;
- que les commissions d'évaluation semblent avoir renoncé à évaluer la rigueur des critères utilisés en les cantonnant à une pratique *a posteriori*. Il s'agit donc d'un paradoxe, c'est-à-dire d'un renforcement du pouvoir médical qui ne se soumet pas à une instance d'évaluation rigoureuse, et en tout cas jamais à une évaluation *a priori*, avant l'acte ;
- que regarder la perte d'autonomie et la vieillesse comme une dégradation peut conduire naturellement à penser à un geste euthanasique, encouragé par un souhait résigné des personnes.

Proposition d'une solution à la française

Recommandations et réflexions

L'inégalité majeure en termes d'accès à un accompagnement humain approprié en fin de vie et, à l'inverse, le sentiment contraint d'un passage en soins palliatifs jugé comme la seule bonne réponse peuvent être à l'origine d'une profonde angoisse de l'opinion, qui explique en partie la demande répétée d'euthanasie.

La recommandation première est, avant tout, de donner la plus grande importance aux paroles et aux souhaits des personnes malades en fin de vie et de faire en sorte qu'elles soient entendues dans leur situation d'extrême vulnérabilité.

Principes généraux

Parce qu'il est inacceptable que la loi Leonetti ne soit toujours pas appliquée après sept ans d'existence, faire un effort majeur d'appropriation de cette loi par la société et par l'ensemble des médecins et des soignants, notamment par des campagnes régulières d'information et un effort massif de formation, pour lui donner toute son efficacité.

Réaliser une évaluation des financements et des besoins en personnel soignant nécessaires à un réel accès de tous à ces soins. Faire en sorte que ces financements soient attribués. Favoriser l'implication des accompagnants bénévoles.

Avoir conscience que le recours aux seules unités de soins palliatifs ne pourra jamais résoudre la totalité des situations, même si ces structures devaient être en nombre plus important.

Avoir conscience que la mort directement liée à une pratique létale ne représenterait également qu'une proportion très marginale des décès si cette pratique était légalisée, au vu des observations hors de France.

Apporter toute l'attention requise à l'immense majorité des personnes en fin de vie, dont la situation ne relève pas des seules unités de soins palliatifs. Avoir une politique volontariste de développement de soins palliatifs à domicile avec des formules de « répit » pour les proches.

Accompagner l'annonce d'une maladie grave par un projet spécifique de fin de vie en restant avant tout attentif aux choix de la personne.

Propositions concernant des conduites prévues par les lois relatives aux droits des malades en fin de vie

Pour assurer l'effectivité des textes de loi (loi relative à l'accès aux soins palliatifs 1999, loi Kouchner 2002, loi Leonetti 2005), prendre des dispositions réglementaires concernant :
- les conditions de la délivrance d'une information précise, compréhensible, claire et appropriée au malade et à ses proches, sur la proposition d'abstention, de limitation ou d'arrêt de traitements, ou d'intensification du traitement de la douleur et des symptômes, ou de sédation terminale ;
- les conditions du respect de la volonté de la personne ;
- les conditions de la traçabilité des procédures retenues.

L'ensemble des propositions de la commission énoncées ci-dessous doivent être une priorité dans l'allocation des moyens financiers et peuvent être financées par un redéploiement des ressources d'un curatif disproportionné par ses excès et trop peu interrogé, vers une meilleure prise en charge du « prendre soin » de la fin de vie.

Les directives anticipées

Réaliser régulièrement une campagne d'information majeure auprès des citoyens, des médecins et des soignants sur l'importance des directives anticipées, la qualité de leur rédaction et l'effectivité de leur usage ; et sur la possibilité de désigner une personne de confiance et sur le rôle qui peut lui être confié.

Différencier nettement deux procédures :
- conformément à la loi, un premier document de directive anticipée pourrait être proposé par le médecin traitant à tout adulte qui le souhaite, sans aucune obligation, quel que soit son état de santé, et même s'il est en bonne santé, et régulièrement actualisé. La commission recommande que le ministère de la Santé formalise dès 2013 un modèle de document s'inspirant des exemples étrangers [(1)] ;
- en cas de maladie grave diagnostiquée, ou en cas d'intervention chirurgicale pouvant comporter un risque majeur, un autre document [(2)] de volontés concernant spécifiquement les traitements de fin de vie devrait être proposé en sus du premier, notamment dans le cadre d'un dialogue avec l'équipe médicale et soignante :
  - ce document est signé par le malade qui le souhaite (le malade a le droit en effet de vouloir rester dans l'ignorance de sa maladie ou de ne pas vouloir exprimer ses choix) et aussi par son médecin traitant,
  - ce document, engageant, et aisément identifiable par une couleur spécifique, doit être inséré dans le dossier du malade,
  - à cette fin, la commission recommande qu'un décret soit édicté en 2013 et que le ministère de la Santé, là encore, formalise un tel document en s'inspirant notamment du modèle des États-Unis ;

1. Par exemple les directives suisses (Académie médicale suisse), allemandes, américaines (par exemple Oregon Health Decisions).

2. Prenant en compte par exemple le programme suivi par un nombre croissant d'États aux États-Unis (*Physician orders for life-sustaining treatment*).

• créer un fichier national informatisé de ces deux documents, notamment facilement utilisable en situation d'urgence.

La formation

Demander à la conférence des doyens dès 2013 de :
• créer dans chaque université une filière universitaire spécifiquement destinée aux soins palliatifs ;
• repenser en profondeur l'enseignement des études médicales afin que les attitudes curatives ne confisquent pas la totalité de l'enseignement :
– rendre obligatoire un enseignement de soins palliatifs qui aborde en profondeur les différentes situations cliniques,
– développer la formation au bon usage des opiacés et des médicaments sédatifs,
– susciter un enseignement universitaire et en formation continue sur ce que l'on entend par «*obstination déraisonnable*»,
– apporter tout au long de leur cursus une formation aux étudiants en médecine à l'exigence de la relation humaine dans les situations de fin de vie, grâce au concours des sciences humaines et sociales, et les amener à une réflexion sur les excès de la médicalisation,
– rendre obligatoire pour les étudiants, généralistes et spécialistes principalement concernés par les maladies graves, un stage en soins palliatifs durant leur internat.

Pour les instituts de formation du personnel soignant, une démarche analogue doit être conduite.

Pour la formation continue des médecins (développement professionnel continu), exiger qu'un des programmes de formation annuelle suivi par un médecin en activité, au moins une fois tous les trois ans, porte sur les soins palliatifs et sur les attitudes à adopter face à une personne malade en fin de vie.

Pour la formation continue des soignants, une démarche analogue doit être conduite.

L'exercice professionnel

L'objectif des soins palliatifs est de prévenir et soulager la souffrance, de préserver le plus possible la qualité de la vie des malades et de leur entourage, indépendamment du stade de la maladie et des besoins thérapeutiques. De ce fait, les soins palliatifs s'érigent au moins autant en soins de support qu'en soins de fin de vie :
• dès lors, introduire les soins palliatifs dès le premier jour de l'annonce ou de la découverte d'une maladie grave ;
• dès lors, introduire dès le début de la prise en charge du malade, dans les commissions interdisciplinaires de la cancérologie en particulier, la présence d'un spécialiste de soins palliatifs ;
• dès lors, inscrire dans les recommandations de bonnes pratiques élaborées par la haute autorité de santé (HAS), la prise en compte des soins de support et des soins palliatifs, avec le même degré d'exigence que pour les soins curatifs.

Dans le même esprit, demander à la HAS d'élaborer, pour les maladies chroniques les plus graves, des recommandations de parcours de soin et de santé prenant en compte les souhaits des personnes malades, y compris en fin de vie, et l'articulation des différentes compétences sanitaires, médico-sociales et sociales (en particulier les travailleurs sociaux) coordonnées par le médecin généraliste, assisté si nécessaire par un professionnel formé à cette fonction de coordination.

Les hôpitaux et les établissements médico-sociaux

Demander à la HAS dès 2013 d'engager un travail avec les urgentistes sur leurs pratiques de réanimation afin d'éviter le plus possible de créer des situations de prolongation déraisonnable de la vie.

Faire de la qualité de la prise en charge des personnes en fin de vie dans les établissements de santé et les établissements médico-sociaux, conformément aux recommandations de ce rapport, un élément obligatoire dans leur certification.

Revoir avec les autorités compétentes le principe inadapté de la tarification à l'activité dont les conséquences sont en particulier désastreuses pour la culture palliative.

Demander dès 2013 aux agences régionales de santé (ARS) de s'assurer que chaque établissement de santé ou médico-social puisse avoir accès directement ou indirectement à une équipe mobile de soins palliatifs. La commission recommande qu'un rapport du ministère de la Santé puisse retracer ces éléments à la fin de l'année 2013.

Développer l'épidémiologie de la fin de la vie par l'Inserm et l'Observatoire national de la fin de vie.

Rendre obligatoire pour chaque établissement de santé ou médico-social la transmission de ces données épidémiologiques dans son rapport annuel d'activité.

Le domicile

Demander à chaque ARS d'organiser une information sur leur site Internet permettant d'identifier et de donner une visibilité des différentes structures et compétences disponibles, auxquelles le malade et son entourage peuvent s'adresser, pour assurer la continuité des soins curatifs et de support 24 heures sur 24 jusqu'à la fin de vie à domicile.

Demander aux ARS de s'assurer de la couverture du territoire en soins palliatifs à domicile 24 h/24 et 7 j/7, en application des recommandations de parcours de soins et de santé de la HAS citées plus haut.

Permettre aux généralistes un accès libre à tous les médicaments sédatifs, sans lesquels il est illusoire d'envisager une prise en charge de la fin de vie à domicile.

Inscrire dans les premières priorités des ARS le renforcement de la coordination entre l'hospitalisation à domicile (HAD), les services de soins infirmiers à domicile (SSIAD) et les compétences en soins palliatifs ; et demander aux pouvoirs publics d'engager une réflexion sur une fusion entre HAD et SSIAD, pour assurer une parfaite continuité dans toutes les phases de la prise en charge.

Déconcentrer vers les ARS les aides nationales dans le secteur médico-social, afin qu'elles puissent contractualiser avec les collectivités territoriales concernées des programmes d'amélioration de la prise en charge des soins de support à domicile et dans les EPHAD.

L'accompagnement

Demander aux pouvoirs publics :

- de renforcer les possibilités de congé de solidarité familiale adaptées aux situations ;
- de soutenir les associations de bénévoles d'accompagnement de fin de vie, à l'intérieur des hôpitaux et à domicile, par exemple en facilitant les exonérations fiscales de leur donateur, et l'accès au service civique ;
- d'engager un travail visant à développer les « formules de répit » les mieux adaptées au maintien à domicile.

La néonatologie

La culture palliative pédiatrique, qui s'est installée plus tardivement que dans les structures d'adulte, a toujours bénéficié *a contrario,* en particulier chez les néonatologistes, d'une réflexion beaucoup plus attentive aux questions de fin de vie que chez l'adulte. Elle doit continuer de se développer au même titre que celle concernant l'adulte avec le renforcement des programmes de formation à cette fin et la mise en œuvre de réflexions sur l'obstination déraisonnable. Obstination qui n'est pas toujours le fait de la seule médecine.

Toute décision d'arrêt de traitement, voire d'arrêt des soins de supports vitaux, doit toujours être prise avec les parents et dans le cadre d'un échange collégial pluridisciplinaire. Le travail en équipe est toujours protecteur pour l'enfant, sa famille et le personnel soignant.

La décision d'un geste létal dans les phases ultimes de l'accompagnement en fin de vie

Lorsque la personne en situation de fin de vie, ou en fonction de ses directives anticipées figurant dans le dossier médical, demande expressément à interrompre tout traitement susceptible de prolonger sa vie, voire toute alimentation et hydratation, il serait cruel de la « laisser mourir » ou de la « laisser vivre », sans lui apporter la possibilité d'un geste accompli par un médecin, accélérant la survenue de la mort.

Il en va de même :

- lorsqu'une telle demande est exprimée par les proches alors que la personne est inconsciente, et en l'absence de directives anticipées figurant dans le dossier médical, dont la commission continue de souligner l'importance. Cette demande doit nécessairement être soumise à une discussion collégiale afin de s'assurer qu'elle est en accord avec les souhaits réels de la personne ;
- lorsque le traitement en lui-même est jugé, après discussion collégiale avec le malade ou ses proches, comme une obstination déraisonnable, et que des soins de support n'auraient désormais pour objet qu'une survie artificielle.

Cette grave décision prise par un médecin engagé en conscience, toujours éclairée par une discussion collégiale, et présente dans le dossier médical, peut correspondre, aux yeux de la commission, aux circonstances réelles d'une sédation profonde telle qu'elle est inscrite dans la loi Leonetti.

Pour la commission, les critères qu'une loi voudrait imposer dans ce type de décision ne pourront jamais contenir toute la complexité et la diversité du réel. Mais il paraît évident à la commission que dans l'esprit de la loi Leonetti, ce serait une sorte d'acharnement de « laisser mourir » ou de « laisser vivre » une personne, après arrêt de tout traitement et des soins de support.

Aux yeux de la commission, cette grave décision relève d'édictions de recommandations de bonnes pratiques d'une médecine responsable, plutôt que d'une nouvelle disposition législative.

* * *

La commission considère que ces propositions doivent mobiliser les pouvoirs publics et l'ensemble de la société de manière prioritaire.

Pour cette raison elle ne recommande pas de prendre de nouvelles dispositions législatives en urgence sur les situations de fin de vie.

Elle présente ici quelques réflexions sur des conduites non prévues par les lois actuelles.

Réflexions concernant des conduites non prévues par les lois relatives aux droits des malades en fin de vie

L'assistance au suicide

Pour la commission, l'assistance au suicide ne peut en aucun cas être une solution proposée comme une alternative à l'absence constatée de soins palliatifs ou d'un réel accompagnement.

Mais pour certaines personnes atteintes d'une maladie évolutive et incurable au stade terminal, la perspective d'être obligé de vivre, jusqu'au terme ultime, leur fin de vie dans un environnement médicalisé, où la perte d'autonomie, la douleur et la souffrance ne peuvent être soulagées que par des soins palliatifs, peut apparaître insupportable. D'où leur souhait d'interrompre leur existence avant son terme. Leur demande est celle d'une assistance au suicide, sous la forme de médicaments prescrits par un médecin.

Ces demandes, qui sont très rares quand existe réellement une possibilité d'accompagnement sous forme de soins palliatifs, peuvent correspondre davantage à une volonté de pouvoir disposer d'un recours ultime qu'à une réelle décision d'interrompre sa vie avant terme. En effet, dans l'État d'Oregon, aux États-Unis, où le suicide assisté concerne deux décès pour mille, la moitié des personnes en fin de vie qui demandent – et obtiennent – les médicaments leur permettant de se suicider ne les utilisent pas.

Si le législateur prend la responsabilité de légiférer sur l'assistance au suicide, les éléments suivants devraient être pris en compte :
• s'assurer que la personne demande de manière explicite et répétée sa volonté de finir sa vie par une telle assistance ;
• reconnaître par une collégialité médicale l'existence de la situation en fin de vie de la personne malade ;
• s'assurer que la décision de la personne en fin de vie sera prise :
– dans la mesure où celle-ci est en capacité d'un geste autonome,
– dans la mesure où celle-ci est informée, libre dans son choix,
– dans la mesure où celle-ci a un réel accès à toutes les solutions alternatives d'accompagnement et de soulagement de la douleur physique et psychique,
– dans la mesure où celle-ci est informée des conditions concrètes du suicide assisté,
– dans le cadre d'un échange collégial pluridisciplinaire associant le malade, ses proches, le médecin traitant, un médecin non engagé dans les traitements en cours, et un soignant accompagnant le malade ;
• requérir la présence du médecin traitant, ou en cas d'objection de conscience de ce dernier, du médecin prescripteur, lors du geste et de l'agonie ;
• garantir l'objection de conscience des pharmaciens ;
• s'assurer que les médicaments utilisés satisfont aux exigences sanitaires et pharmacologiques de la réglementation et de la sécurité ;
• s'assurer de l'absence d'un calendrier préétabli de l'accomplissement du geste ;
• s'assurer d'une remontée d'informations (nature de la maladie, motifs de la décision, déroulement du geste) transmises par le médecin à une structure nationale chargée de faire un rapport annuel retraçant l'ensemble des remontées d'information.

En aucun cas, l'administration par un tiers d'une substance létale à une personne ne peut être considérée comme une assistance au suicide, quelles que soient les directives anticipées et même si une personne de confiance a été désignée. Elle serait alors une euthanasie active.

Et lorsque la demande émane d'une personne consciente, mais incapable d'accomplir elle-même de quelque manière que ce soit le geste de suicide assisté, la loi ne pourrait pas, par définition, être mise en œuvre. Mais la médecine ne peut se considérer comme quitte et doit envisager à la demande de la personne un arrêt des soins de supports vitaux accompagné d'une sédation.

L'euthanasie

Le geste euthanasique à la demande des personnes malades, tel qu'il est à ce jour autorisé dans le seul Benelux, est un acte médical qui, par sa radicalité dans son accomplissement, et par sa programmation précise dans le temps, interrompt soudainement et prématurément la vie.

Il diffère totalement de la décision évoquée plus haut d'un geste létal dans les phases ultimes de l'accompagnement en fin de vie.

Il diffère également totalement d'une assistance au suicide où l'acte létal est accompli par la personne malade elle-même.

L'euthanasie engage profondément l'idée qu'une société se fait des missions de la médecine, faisant basculer celle-ci du devoir universel d'humanité de soins et d'accompagnement à une action si contestée d'un point de vue universel.

La commission ne voit pas comment une disposition législative claire en faveur de l'euthanasie, prise au nom de l'individualisme, pourrait éviter ce basculement.

Elle rappelle au demeurant que tout déplacement d'un interdit crée d'autres situations limites, toujours imprévues initialement et susceptibles de demandes réitérées de nouvelles lois. À titre d'exemple, en Belgique, vingt-cinq projets d'extension des cas de figure prévus par la loi ont été proposés depuis 2002.

Conclusion

Tous les échanges avec les personnes rencontrées, les nombreux témoignages, les déplacements dans la France entière et à l'étranger, les rencontres, les auditions, mettent au jour une réelle inquiétude sur les conditions préoccupantes, trop souvent occultées, de la fin de vie en France et l'impasse des réponses posturales.

La commission rappelle deux observations centrales :

• l'application insuffisante depuis treize ans de la loi visant à garantir l'accès aux soins palliatifs, depuis dix ans de la loi relative aux droits des malades (loi Kouchner), et enfin, depuis sept ans, de la loi Leonetti ;
• le caractère particulièrement dramatique des inégalités au moment de la fin de vie.

Après ses recommandations largement développées, la commission souligne avec force :

• avant tout, l'impératif du respect de la parole du malade et de son autonomie ;
• le développement absolument nécessaire d'une culture palliative et l'abolition de la frontière entre soin curatif et soin palliatif ;
• l'impératif de décisions collégiales ;
• l'exigence d'appliquer résolument les lois actuelles plutôt que d'en imaginer sans cesse de nouvelles ;
• l'utopie de résoudre par une loi la grande complexité des situations de fin de vie [1] ;
• le danger de franchir la barrière d'un interdit.

Si le législateur prenait la responsabilité d'une dépénalisation d'une assistance au suicide, deux points majeurs doivent être ici affirmés avec netteté :

• la garantie stricte de la liberté de choix en témoignant de l'autonomie de la personne ;
• l'impératif d'impliquer au premier chef la responsabilité de l'État et la responsabilité de la médecine.

De même, si le législateur prenait la responsabilité d'une dépénalisation de l'euthanasie, la commission entend mettre en garde sur l'importance symbolique du changement de cet interdit car :

• l'euthanasie engage profondément l'idée qu'une société se fait du rôle et des valeurs de la médecine ;
• tout déplacement d'un interdit crée nécessairement de nouvelles situations limites, suscitant une demande indéfinie de nouvelles lois ;
• toute médecine comporte sa part d'action aux confins de la vie sans qu'il soit nécessaire de légiférer à tout coup.

1. « Ne légiférez qu'en tremblant, *ou bien*, Entre deux solutions, préférez toujours celle qui exige le moins de droit et laisse le plus aux mœurs ou à la morale », Carbonnier, Jean. *Flexible Droit*, Librairie générale de droit et de jurisprudence, Paris, EJA, 1998.

La commission entend à l'issue de son travail souligner qu'il serait illusoire de penser que l'avenir de l'humanité se résume à l'affirmation sans limite d'une liberté individuelle, en oubliant que la personne humaine ne vit et ne s'invente que reliée à autrui et dépendante d'autrui. Un véritable accompagnement de fin de vie ne prend son sens que dans le cadre d'une société solidaire qui ne se substitue pas à la personne, mais lui témoigne écoute et respect au terme de son existence.

Annexes

Annexe 1 – Auditions, débats et déplacements

Annexe 2 – Synthèse des débats

Annexe 3 – Loi n° 2005-370 du 22 avril 2005 relative aux droits des malades et à la fin de vie, dite « Loi Leonetti »

Annexe 4 – Fiches de l'Igas

Annexe 1

Auditions, débats et déplacements

Noms des personnes auditionnées

Mme ADENOT Isabelle, présidente de l'Ordre des pharmaciens
M. AIGON Bernard, UNASP
Les aumôniers des hôpitaux Religion juive : Mme Véronique DUBOIS, rabbin hôpital du Val-de-Grâce Religion orthodoxe : M. Zinovi GAMBESSA, pope divers lieux hospitaliers Religion musulmane : M. Saïd Ali KOUSSAY, imam hôpital Avicenne Religion catholique : M. Claude SCHEUBLE, diacre divers lieux hospitaliers Religion protestante : M. David STEWARD, pasteur EHPAD
Mme BABU Annie, déléguée nationale pour la Martinique et la Guadeloupe de l'ADMD
M. BADINTER Robert, ancien ministre
M. BAS Philippe, ancien ministre
Pr BELOUCIF Sadek, ancien président du comité d'orientation de l'agence de biomédecine
M. BORNICHE Didier, président de l'Ordre national des infirmiers
Mme BLAUDY Françoise et Annette SANZ, « Mots pour maux »
M. BORDERIAS Pierre, réalisateur d'un film sur l'euthanasie en Belgique en cours de montage
M. BRUN Nicolas, chargé de mission à l'UNAF
M CABRITA Thierry (Croix-Rouge française), Henri de ROHAN-CHABOT et Mathias SCHELL (projet lyonnais) et Jean-Luc COUSINEAU (association Cordia), responsables d'une réflexion sur les maisons de « répit »
M. CANIARD Etienne, président de la Mutualité française
M. CARRE Daniel, vice-président de l'ADMD, administrateur du CISS
M. CHAMBAUD Laurent, (cabinet ministre de la Santé)
Pr CHARLIER Philippe, médecine légale
Mme CHATELET Noëlle
Cofremca, sondage
Mme COLLIGNON Hélène, *Le Quotidien du médecin*

Dr DENORMANDIE Philippe, Groupe Korian
Pr DEPADT Gérard, cancérologue
Dr DESFOSSE Gilbert, fonds pour les soins palliatifs
Pr DREYFUSS Didier, secrétaire de la commission d'éthique de la société de réanimation de langue française
M. DUTHEILLER DE LAMOTHE, conseiller d'État
Mme. ELLIEN (Respalif)
M. EMMANUELLI Xavier, ancien ministre
M. ENCREVE Pierre, philosophe protestant
M. EVIN Claude, directeur de l'ARS d'Ile-de-France (échange téléphonique)
Dr FOURNIER Véronique, responsable du centre d'éthique clinique de Cochin
Mme. GOANVIC Isabelle, conseillère au ministère de la Justice
HAMY Chantal, les « poissons roses » Philippe et Emmanuelle de ROUX
Pr HAROUSSEAU Jean-Luc, président de la HAS
M. HENRY Marc, Grande Loge de France
Pr HIRSCH Emmanuel, directeur espace éthique APHP
Mme HUBERT Elisabeth (ancienne ministre) présidente de l'HAD – Elisabeth BALLADUR, Camille BAUSAN-CRENN, Marie-Ange TERRADE, Anne DABADIE
Mme JAMBON Martine, Hôpital 2000
Mme PEYRARD Colette, JALMALV
Pr JONQUET Olivier, réanimation CHU Montpellier
Mme JULLIAND Delphine, auteur du livre, *Deux Petits Pas sur le sable mouillé,* et Nathalie NISSBAUM
M. DE KERVASDOUE Jean, professeur au Cnam
Dr KOEHRET Martial-Olivier, président de Soins coordonnés, Mme CAMBONIE
Dr LABAYLE Denis, auteur du manifeste des 2 000 praticiens ayant pratiqué des euthanasies
Dr LAMBERT Olivier et Dr JACQUOT Cécile, Samu 78
Pr LAPILLONE Alexandre, président du Collège national des professeurs en pédiatrie
Dr LA PLANA Jean-Marc, directeur de soins palliatifs Gardanne
M. LAZAR Philippe, ancien directeur général de l'Inserm
Dr LEBAS Jacques, ancien président de Médecins du monde
M. LEGRIS Bernard, Union nationale des accompagnants en soins palliatifs
M. LEONETTI Jean, ancien ministre
M. LEPELLEY-FONTENY Philippe, président du collège des associations de bénévolat d'accompagnement

Pr LEVY Gérard, ancien doyen de la faculté de Caen
Mme LEPETIT Marie-Christine, chef de service de l'Inspection générale des finances
M. MABIN Yves, écrivain
Pr MATHIEU Bertrand, professeur à l'École de droit de la Sorbonne Paris 1
M. MINO Jean-Christophe et Marie Odile FRATTINI UNR, Centre national de ressources en soins palliatifs
Dr MIRABEL Xavier, président d'Alliance Vita et Caroline ROUX
Pr MOREL Vincent, président de la Société française d'accompagnement et de soins palliatifs
Mme MULLER, directrice d'EHPAD
M. NAGARD Bruno, UNR santé
Dr ORTOLAN, président des conseils nationaux de la formation médicale continue des médecins libéraux
Mme. PAULAIS Marie, présidente de l'association L'Autre Rive
Pr PELLERIN Denys, président honoraire de l'Académie de médecine
M. PERPERE Laurent, président de la maison Jeanne-Garnier
Pr PUYBASSET Louis, chef de service de réanimation hôpital de la Pitié
M. RENARD Antoine, Mme Geneviève VERDET, Vincent PORTERET Associations familiales catholiques
M. ROMERO Jean-Luc, président de l'ADMD
M. RYCKELYNCK Laurent, cofondateur d'Handi Partage
Mme SALVAING Laure, TNS Sofres
M. SAUVE Jean-Marc, vice-président du Conseil d'État
Pr SIMEONI Umberto, réanimation néonatale à Aix-Marseille
Dr SMADJA Serge, SOS Médecins
M. STASSE, François, conseiller d'État
M. TAVERNIER Bruno, président de la Commission nationale de santé publique et de bioéthique du Grand Orient de France
Mme THERY Irène, directrice d'études à EHESS
Mme TREBUCHET, vice-présidente AIM
Pr TROUILLAS Paul, professeur de médecine à Lyon
Unaf
Pr VERNAZ Samuel, néonatologue à Marseille
Dr WILLEMS, médecin hollandais, i.d.l.willems@amc.nl

Débats publics

Le 22 septembre	Débat public à Strasbourg
Le 6 octobre	Débat public à Montpellier
Le 27 octobre	Débat public à Grenoble
Le 30 octobre	Débat public à Besançon
Le 10 novembre	Débat public à Clermont-Ferrand
Le 17 novembre	Débat public à Lille
Le 24 novembre	Débat public à Nantes
Le 1er décembre	Débat public à Lyon
Le 8 décembre	Débat public Le Havre

Déplacements

Le 18 octobre	Lausanne et Berne
Le 28, 29 et 30 novembre	Bruxelles et Rotterdam
Le 5, 6, 7 et 8 décembre	New York (Mount Sinaï) et Oregon

Visites et échanges avec le public

Centre d'éthique clinique de l'hôpital Cochin : trois rencontres entretien, avec Véronique FOURNIER et son équipe, à propos des demandes d'euthanasie reçues à l'hôpital Cochin depuis 2001
Le 3, 4 et 5 septembre, réunion à Marseille en présence de Jean Leonetti
Le 26 septembre, réunion au siège du groupe Korian. Le 9 octobre, place de la Sorbonne, réunion des structures de soins palliatifs
Le 10 octobre, Ligue contre le cancer – Pr Axel KAHN
Le 11 octobre, rencontre avec les médecins urgentistes du CHR du Mans
Le 12 octobre, hôpital Cochin rencontre avec les généralistes
Le 16 octobre, débat avec Jean LEONETTI à Paris Descartes
Le 17 octobre, rencontre avec les étudiants de l'université Pierre-Mendès-France de Grenoble
Le 23 octobre, visite et échanges avec les étudiants de l'université de Cergy-Pontoise
Le 24 octobre, rencontre à Cochin avec les médecins hospitaliers
Le 8 novembre, rencontre avec les étudiants de la faculté de médecine de l'université Lyon 1
Le 12 novembre, rencontre avec les citoyens de plusieurs villes à Montesson
Le 14 novembre, rencontre avec les pompiers au centre de formation de Brice-Montmorency
Le 16 novembre, rencontre avec les migrants âgés à Clichy-sous-Bois (Michel FIKOJEVIC, la maison des sages) et les personnes en situation de précarité à Saint-Denis, Docteur Isabelle MARIN et Mme Sylvie LABAT (librairie Folie d'Encre)
Le 16 novembre rencontre avec l'équipe de soins palliatifs de l'unité de l'hôpital Casanova à Saint-Denis (Françoise SAUVAGET)
Le 20 novembre, Sciences-Po, rencontre avec les étudiants du master de droit
Le 21 novembre, rencontre avec les médecins de Curie (professeur HURIET)
Du 21 au 28 novembre, rencontre de personnes très âgées, malades ou handicapées dans quatre établissements gérontologiques
Le 22 novembre, rencontre avec les infirmières au CHR de ROUEN
Le 23 novembre, visioconférence avec le Québec, Mme Maryse GAUDREAULT, présidente de la commission spéciale du Québec « Mourir dans la dignité »
Le 26 novembre échange téléphonique avec cinq habitants de Toulouse Le 4 décembre, rencontre avec le centre de rééducation Rocheplane
Le 6 décembre, débat avec Jean LEONETTI, au centre des congrès de Caen
Le 7 décembre, rencontre débat avec les étudiants en médecine, philosophes, psychologues, infirmières, sage-femme et sociologues de l'université de Caen
Le 9 décembre, débat avec les citoyens de la ville de Seyssins
Le 11 décembre, invitation à une séance de l'Académie de Médecine avec remise de son rapport

Contributions écrites de structures hospitalières ayant mené des débats dans le cadre de la mission

- Service de médecine polyvalente de Pont-Audemer, Dr C. Joly, Dr P. Mabillau
- Hôpital Institut Curie, à Paris, Pr Huriet et l'équipe médicale
- L'espace éthique de Bretagne occidentale, Pr Boles
- Le réseau santé Communauté Mission de France, Régis Chazot et Alain de Broca
- Contribution de la Ligue nationale contre le cancer, 12 décembre 2012

Annexe 2

Synthèse des débats

Débat de Strasbourg du 22 septembre

Les interrogations et arguments relatifs à l'euthanasie et au suicide assisté

Interrogations

Est-ce à l'État de légiférer sur ce sujet ?

« Faut-il légiférer sur ce qui se passe dans l'intimité du colloque singulier médecin-malade ? »

Demande de la personne

« Beaucoup a été dit sur le libre choix de sa vie et de sa mort. Quand on souffre psychiquement ou physiquement, est-on libre de ses choix ? On n'est pas vraiment libre de ses choix quand on est dans une souffrance. Il faut amener l'aide et l'accompagnement dans le soulagement de la souffrance avant de répondre de manière définitive à cette demande d'aide à la mort sans avoir essayé de soulager la personne qui souffre. Cette temporalité est importante : on peut être à un moment dans une grande souffrance, demander à ce qu'on mette un terme à sa vie, puis quand les souffrances ont évolué être dans une disposition différente et apprécier la vie. »

« Le cheminement (écoute, attention) fait par des pros ou des bénévoles peut atténuer la souffrance psychique et permettre de gagner un peu en sérénité ou de se départir de la première demande de mort. »

« L'évaluation du critère de la souffrance psychique par téléphone est arbitraire. En conclure qu'elle peut donner lieu à accéder à une demande définitive peut être rapide. Beaucoup d'écoute, un accompagnement social, et laisser s'exprimer une souffrance peut permettre de l'atténuer. »

« Est-il normal de parler de "mort dans la dignité" à propos de l'euthanasie ? »

La personne qui va faire le geste

« Dans le cadre de la maison de retraite, serait-ce culpabilisant pour un soignant de passer à l'acte ? Qui va faire l'acte si l'euthanasie était légalisée ? »

« J'ai choisi de me spécialiser dans les soins palliatifs car on y trouve une grande richesse dans la pratique médicale. Je suis gênée par "un droit à mourir". Est-ce qu'on pense au devoir imposé au médecin ? Un devoir à tuer ? On ne veut pas une solution rapide auprès du patient. Ce n'est pas aux soins palliatifs de le faire. »

« Il est difficile pour un soignant de se positionner d'un côté en donnant du soin et permettant le bien-être, et de l'autre en "bras armé pour donner la mort". Cela peut faire germer dans l'esprit du patient et de son entourage une grande confusion. »

« Comment la famille pourrait-elle faire pour prendre une décision vis-à-vis de l'euthanasie ? Il y aurait une culpabilité de la famille. »

« Si on accorde l'euthanasie pour soi-même, ne risque-t-il pas d'y avoir des dérives. La famille déciderait du choix de vie ou de mort. Ça serait une porte ouverte à d'autres lois du même style. »

« Est-ce que ça ne va pas faire pression sur la personne qui va accepter d'être euthanasiée pour ne pas être un poids pour sa famille ? »

Les personnes âgées

« Dans ma carrière, j'ai vu chez les personnes âgées le sentiment d'être inutile et une charge. C'est renforcé dans certaines familles par l'indifférence ou les dissensions avec les familles (personne voulant se suicider pour les "punir", suicide par rétorsion). Pour les proches, avoir une personne âgée à charge coûte cher (implique de ne plus partir en vacances, etc.). Il faudrait arriver à faire en sorte que l'ambiance soit libérée des contingences matérielles excessives, et des contingences organisationnelles excessives de prise en charge des dépendances. Le 14 septembre, *Libération* titrait "Les vieux qui ruinent la Sécu". Quand on écrit ça, on donne l'impression aux personnes âgées d'être des parasites qui bouffent l'argent des autres. Ce sont des raccourcis qui déconsidèrent une classe d'âge. Un sociologue parle d'un devoir éthique de se supprimer quand on est une charge. Attention si l'on publie des messages de ce genre-là, il y a le risque que la société regarde mal les personnes âgées dépendantes qui choisissent de ne pas se supprimer. »

« Y a-t-il une véritable politique en soins gérontologiques qui donneraient des moyens ? On voit que l'indigence de moyens et beaucoup de fausses décisions de mettre fin à sa vie par des personnes âgées viennent du regard de la société et de l'absence de moyens ajustés. Quand une aide-soignante a 20 toilettes à faire, c'est de l'abattage, et il n'y aura pas de véritable prise en charge si on ne reconsidère pas ces soins-là. »

La liberté de choix

« Attention à distinguer la position de la personne de celle des tiers : attention qu'il n'y ait pas des conseils de famille choisissant pour la personne dépendante. »

« Si un patient en état végétatif ou en fin de vie est considéré comme inutile parce que non productif, attention, il peut s'agir en filigrane d'une question du coût annuel de l'accompagnement d'un patient (coût calculé dans l'atelier de

84 000 euros par an). Dans une société qui connaît une limitation de ses moyens et où le Code de santé publique donne une obligation de moyens, l'inutile, l'improductif devient une personne à charge. La question est philosophique : qu'est-ce que l'homme ? En quoi vaut-il la peine d'être sauvé ? Qu'est-ce que la dignité de l'homme ? La dignité est intrinsèque à l'existence humaine, et pas à son utilité. La société ne rend hommage qu'à la productivité, à l'utilité. Projet politique et social : la place de l'homme, comment donner place à l'humain aujourd'hui ? »

« Demander à mettre fin à sa vie ne veut pas forcément dire au médecin : "Tuez-moi", mais : "Laissez-moi mourir, arrêtez les techniques invasives"... Ensuite, mettre fin à quelle vie, quelle est cette vie dont je ne veux plus ? Les patients arrivent en soins palliatifs en disant : "Je ne veux pas d'acharnement thérapeutique, mais faites tout pour ma santé" » : besoin de réinterroger toujours le patient et d'interroger les mots. Quelle est la souffrance du patient qui veut mourir ? En réanimation, c'est plus grave que dans les soins palliatifs parce que le patient ne peut plus trop s'exprimer. Difficulté : est-ce que la famille représente le patient ou fait état de sa propre souffrance ? Importance de la parole, de la communication, de reformuler, de cerner ce qui est dit et comment c'est dit. »

« Je veux souligner l'inversion du sens des mots, comme dans "dignité de mourir" et suicide assisté, qui auparavant ont été utilisés dans la philosophie du droit pour défendre la vie et l'interdiction de tuer, et sont maintenant utilisés dans des utilisations linguistiques oxymoriques pour légaliser l'euthanasie. Dignité a toujours été utilisée pour défendre la vie, pas le droit à mourir. Ces expressions influencent l'opinion publique et l'approbation du suicide assisté va passer au Brésil (approuvé en trois mois sans que la société le souhaite). Dans des pays moins développés, la demande sociale n'existe pas car les personnes âgées habitent dans leur famille. »

« L'interdit fondamental de l'humanité est : "Tu ne tueras point." Notre discussion ne porte pas sur une discussion des choix personnels, mais l'interdiction fondamentale pour les systèmes de droit. »

« Est-ce que l'État doit nous donner des directives alors qu'on peut être dans un colloque singulier avec le patient ? On peut prendre une décision dans l'alcôve. C'est hypocrite. Dois-je me protéger derrière l'État pour accompagner mon patient ? Je suis opposé à la législation dans ce domaine. J'ai peur des dérives car le texte de droit est toujours interprétable et peut amener à des dérives. »

Défense d'une aide à mourir médicalisée

« Euthanasier n'est pas forcément tuer, mais soulager quelqu'un. Ça ne fait pas d'un médecin un criminel, ça pourrait être encadré et sécurisé. C'est selon la volonté du patient, après un entretien approfondi sur la question. Il faut accompagner un patient dans sa démarche de vouloir mourir et accepter que la personne qui va le faire n'est pas un meurtrier. On ne tue pas par gratuité, on soulage quelqu'un, c'est différent. »

« Une charge pèse sur les soignants. Il faut préciser la loi, soulager les soignants en ne confondant pas assassinat et cette situation de fin de vie où la mort est là de toute façon. Vouloir maintenir les gens contre leur volonté dans ce couloir de la mort, c'est une violence sans nom. Euthanasier c'est un acte d'amour.

Penser qu'un soignant pourrait être poursuivi pour avoir fait ça, il y a là un hiatus pour le bien de tout le monde. »

« Il doit y avoir un choix car sans choix, il n'y a pas d'éthique. »

« On n'est pas dans une situation où l'individu peut décider de sa fin ou de la manière dont il veut finir... un suicide en se jetant sous un train n'est pas satisfaisant... il y a 12 000 suicides par an, et énormément de suicides de personnes âgées. »

« Quand on meurt à l'hôpital, le dialogue singulier médecin-malade peut aboutir à la prise en compte par médecin de la volonté de finir sa vie. Pas subjectif, facilement utilisable dans la loi Leonetti. Il serait gênant que ce droit soit objectivé : ça créerait un droit opposable aux médecins pour mourir. Ne faudrait-il pas, pour aller plus loin dans la loi, laisser ce cadre, mais en disant que dans cette décision partagée, si on ne trouve pas d'accord médecin-malade, la parole du patient, c'est sa vie, est prépondérante par rapport à la parole du médecin ? »

« Je ne dépends pas de groupe de pression ; je voudrais pouvoir dire "stop" aux médecins. Ce droit de moi-même sur moi-même. »

« Le comité d'éthique a remis un avis qui était d'accord pour une exception d'euthanasie. Pourquoi ne pas prendre ce texte de base et le faire évoluer ? Différentes Églises étaient représentées et, en tant que protestant, on est favorables au respect de la personne individuelle, c'est la personne qui doit décider de sa vie et de sa mort. »

« Je suis accompagnante en fin de vie, je reviens de Suisse où j'ai accompagné des personnes pour un suicide assisté. Ces personnes ont des maladies létales ou sont très âgées, et ne voulaient pas bénéficier de la loi Leonetti qui prolonge au maximum, ne voulaient pas être en survie et dépendre de la volonté du monde médical. Elles ont choisi d'arrêter leur vie au moment où elles le souhaitaient. Notre société individualiste, mais aussi humaniste, devrait proposer à chacun (car chaque mort et vie est une) une solution adaptée à la situation psychologique, culturelle, philosophique et spirituelle des personnes. Il ne faut pas qu'il y ait une loi disant : "On va faire ceci ou cela", mais un éventail, une boîte à outils pour que chacun ait la possibilité d'avoir la mort qu'il souhaite. »

« Ce qui se passe entre le médecin et le soignant dans le colloque singulier, là tout peut être fait, mais ce n'est que là que tout peut être fait. C'est là qu'on prend et qu'on a toujours pris les décisions (mais on n'en parlait pas). On n'a pas besoin de légiférer pour des choses qui sont de l'intimité de ce colloque singulier. "Il faut réhabiliter ce colloque singulier". »

Opposition à une nouvelle loi

« La main qui soigne n'est pas la main qui tue. »

« En quoi l'État a-t-il à légiférer sur les questions de vie et de mort ? »

« Le législateur doit fixer des repères communs sans tout légiférer avec un pointillisme qui nous fixerait dans le déterminisme des sociétés programmées. »

« Le mot "exception d'euthanasie" me remue les entrailles. Il faut se rappeler qu'au début on parlait d'exception d'avortement, c'est aujourd'hui 250 000 avortements par an. »

« Il y a une distinction majeure dans la prise en charge et l'accompagnement fin de vie. Il faut aller vers plus de mise à disposition de moyens thérapeutiques qui existent déjà ou les enlever plutôt que de créer un nouvel acte "thérapeutique" : enlever la vie. »

Soins palliatifs

Méconnaissance des soins palliatifs

« Le refus des soins palliatifs est souvent dû à une mauvaise image des soins palliatifs : les gens pensent qu'on va leur allonger leur durée de vie. S'ils acceptent de discuter avec les médecins, ils se rendent compte que ce n'est pas l'image que certains veulent en donner : c'est un accompagnement plus global, un accompagnement en essayant de lutter contre la douleur. »

« Il y a une méconnaissance des soins palliatifs : les gens ont l'impression que les soins palliatifs vont leur prolonger la vie, mais c'est une image fausse. »

Développement des soins palliatifs

« Il faut une diffusion de la culture palliative pour mieux soulager la douleur. »

Acharnement palliatif

« Y a-t-il un "acharnement palliatif" qui veut prolonger la vie à tout prix ? Est-ce que la loi Leonetti prolonge à tout prix ? Si oui, cette "prolongation dans le couloir de la mort" est violente. »

Soins palliatifs versus soins curatifs

« Il faudrait parler de soins adaptés plutôt que de soins curatifs et palliatifs. Par exemple, une personne atteinte d'un cancer de la prostate peut nécessiter des soins palliatifs et, en même temps, une intervention sur la cataracte. »

Formation en soins palliatifs

« Ce n'est pas parce qu'on a une formation de soins palliatifs qu'on est un bon soignant de soins palliatifs : il faudrait une préformation, effectuer un travail sur soi pour exercer en soins palliatifs. »

La médecine et la fin de vie

La collégialité

«Il faut travailler en équipe, donner un sens éthique. C'est possible à moyens constants, il y a déjà beaucoup de moyens engagés.»

«La collégialité pose problème quand un membre, deux ou trois commencent à porter des réserves. Là, on est face à un mur et on repart en arrière. Il n'y a pas de réponse.»

L'écoute de la personne malade

«Il y a un manque d'humanisme dans les services hospitaliers.»

«Il y a un tabou du monde médical qui a peur de parler de la mort.»

L'arrêt des traitements

«Voici un exemple d'arrêt dans le cas d'une réanimation. J'ai suivi en hôpital puis à domicile une personne d'une soixantaine d'années paralysée par la maladie de Charcot, incapable de parler, avec une gastrostomie, trachéotomisée… communiquant avec un ordinateur aménagé. Pendant plusieurs années, elle a vécu en bonne santé psychique (son entourage était présent, elle avait des joies intellectuelles). Un jour, elle a dit : "Je ne veux plus continuer comme ça." Il y a eu une réflexion, un échange avec le comité d'éthique pour analyser cette demande. La demande a été : "Débranchez-moi." La loi Leonetti permet ça. L'équipe y a accédé. Ça s'est fait avec l'équipe en charge, au domicile de la personne avec le produit pour la sédation et les proches ont passé un après-midi à dire au revoir (c'était un adieu festif), puis la personne a été débranchée. La personne est morte au bout de quelques heures. Ça ne s'est pas fait dans l'horreur, mais le geste a été pour les soignants, même s'il était dans les libellés de la loi, d'une violence inouïe.»

«Quand on ne souhaite plus de traitement, on se retrouve abandonné. Il y a une tendance à l'hypertechnicité de la prise en charge. Finalement, il y a un manque d'humanité, c'est le reflet de la place de l'humain dans notre société, en particulier dans la relation médecin-patient, il faudrait qu'il y ait une place pour la parole. Le souci d'être accompagné dans la fin de vie n'est pas linéaire (la personne a parfois envie de vivre, et envie de mourir d'autres fois). Qui mieux que le médecin traitant peut accompagner ces personnes et proposer une solution stable ? Encore faut-il qu'il en ait la possibilité, mais le temps imparti pour ces personnes est trop court pour les médecins en exercice.»

«J'ai peur d'être maltraité si je refuse le traitement proposé par les médecins.»

«Je pensais que la loi autorisait l'arrêt des soins, mais on m'a dit qu'elle n'autorise que l'arrêt des traitements, je suis soulagée.»

«Pour quelqu'un qui est en cancer en phase terminale, l'arrêt de nutrition ne veut pas dire l'arrêt des soins. Il y a une méconnaissance de la loi Leonetti : le citoyen peut se dire : "OK pour un arrêt de traitement", le médecin est obligé de l'informer des conséquences, mais il est hors la loi s'il lui administre ce traitement refusé. Le patient qui se détermine, il faut lui proposer le traitement de la douleur. Il faut une diffusion de la culture palliative pour le soulagement de la douleur. »

« Dans l'arrêt des traitements, on n'est pas loin du suicide médicalement assisté, mais on peut jouer sur les mots. Arrêter un respirateur chez quelqu'un qui ne peut pas respirer, c'est un geste majeur. À côté, on condamne quelqu'un qui va injecter un médicament qui va avoir le même effet. »

« La loi Leonetti est basée sur l'intentionnalité : quand on arrête le respirateur, l'intention n'est pas de donner la mort, mais de répondre à la demande de la personne. »

« La loi Leonetti fixe deux interdits : donner la mort et l'obstination déraisonnable. Une question : malgré un amendement du Sénat, l'alimentation et l'hydratation ont été considérées par la loi comme des traitements. Il y a là un excès de langage, aussi bien l'alimentation que l'hydratation artificielle sont considérées par le personnel soignant comme des éléments de base sans lesquels le patient peut souffrir à l'extrême (avoir des moments épileptiques par exemple). La loi est précise sur les interdits, mais elle laisse le champ libre à des interrogations importantes selon les situations critiques dans lesquelles se trouve le patient. »

La formation

« Au niveau des études de médecine, il faut que l'on apprenne aux jeunes médecins que la mort fait partie de leur exercice, qu'ils n'auront pas juste à soigner, mais aussi à accompagner les gens. »

La loi Leonetti

« La loi Leonetti est encore mal appropriée. »

« Accaparons-nous cette loi, rendons-nous intelligents à cette loi pour mieux disposer de notre capacité d'autodétermination. »

Les directives anticipées

Rédaction des directives anticipées

« Y a-t-il une proposition quand une personne entre en EHPAD de remplir des directives anticipées ? C'est la loi, mais il y a un manque de moyens informatiques. »

« Les directives anticipées sont très compliquées, comment les rédiger ? Surtout quand les personnes âgées arrivent en EHPAD, c'est difficile d'aborder d'emblée le sujet et elles ne peuvent plus toutes écrire. Quand les familles sont très présentes, comment peuvent-elles accepter de ne pas être décisionnaires ? »

« Chaque individu doit donner son avis sur la fin de sa vie avant que la situation ne s'aggrave (au moment où ça s'aggrave, la famille et les professionnels vont le prendre en charge). »

« Les directives anticipées sont complémentaires avec le projet de vie élaboré en EHPAD. »

« S'agissant des directives anticipées, on doit parler de la mort, se préparer à la mort. »

La personne âgée

« Que vaut la parole de la personne âgée ? Les enfants peuvent prendre et prennent souvent la parole à la place de la personne âgée. »

« Il y a un regard assez négatif de la société par rapport à la personne âgée ».

« Attention à la maltraitance des personnes âgées. »

« Il faudrait accompagner les aidants et familles qui ne savent pas quoi faire quand le proche âgé doit être hospitalisé, a un problème de santé… »

« Il y a dans la société un manque de motivation pour les métiers près des personnes âgées, la société rejette la mort. »

« Il n'y a pas de projet de soins sans projet de vie. Tout est là : un projet de soins peut exprimer une dépendance qui va devenir insupportable. Mais un projet de soins qui favorise un projet de vie, c'est formidable. Attention à nos institutions qui risquent de transformer les patients en demandeurs de dépendance. Pour répondre aux besoins, il faut susciter le désir de continuer à vivre autant qu'il est possible et digne de le faire. »

« À situation existentielle comparable, une personne handicapée et une personne âgée, la différence dans les aides de l'État est de 7 contre 1. Si l'on fait la convergence, on risque de faire des personnes handicapées vers les personnes âgées. »

La personne en état d'inconscience

« Attention au risque de l'usage des mots (celui d'inconscience), et au risque de tout étiquetage facile. Il y a des niveaux de conscience différents et du reste évolutifs dans le temps avec des possibilités de communication qui peuvent être très différenciées et variables selon les patients. L'état végétatif n'est pas nécessairement un état de fin de vie. Les progrès réalisés par la neurologie et l'imagerie (IRM fonctionnelle) démontrent bien souvent (contre l'impression de totale absence de conscience chez les patients), une activité cérébrale qui peut varier selon le moment de l'examen, les variables de l'environnement (réactivité du cerveau si la voix d'un proche est entendue par le patient, s'il s'entend appeler par son prénom). Le doute doit être maintenu et permis quant à la qualification de l'état d'un patient. »

« La réanimation, on ne sait pas très bien la terminer. C'est quand les jours se passent que l'équipe se trouve confrontée à ce qu'ils considèrent comme des échecs, et on sait qu'on n'arrivera pas très bien à les assumer. Les comas neuro-végétatifs chroniques, qu'en faire, quelle solution? Qui doit assumer ce genre de malade en sachant que le réanimateur responsable doit tous les jours accepter des malades qui méritent la réanimation? On ne peut pas peupler les services des malades à qui on n'a plus grand-chose à offrir. Le législateur n'arrivera jamais à l'encadrer. La médecine est en train de payer le progrès.»

«J'ai lu le livre *« Une larme m'a sauvée.* Il faut être prudent sur le diagnostic ou pronostic lors d'un coma prolongé : les médecins étaient très sceptiques au départ, et une larme a montré que la personne ressentait quelque chose. J'entends dire : "Il faut éviter de réanimer trop sinon on créé des cas insolubles." Mais en même temps, la réanimation sauve des vies. Il faut éviter de débrancher trop vite, on ne sait pas ce que ressentent ces personnes. Ligne de crête que les équipes soignantes trouvent au quotidien.»

L'accompagnement

«Il est important de ne pas penser à la prise en charge de la personne lorsqu'elle est à la fin de sa vie, mais d'anticiper pendant la vie.»

«On est une "génération sandwich" : on s'occupe des enfants et des personnes en fin de vie, il faudrait un jour de break pour ces personnes.»

«La majorité des Français aimeraient mourir à domicile, la majorité meurent à l'hôpital. Voici une piste de réflexion : les institutions n'ont pas tout fait pour apporter un soutien aux familles afin de permettre le maintien des seniors le plus longtemps possible dans leur milieu de vie. Beaucoup de demandes d'euthanasie disparaîtront parce qu'une personne qui vit dans son milieu familial n'a pas de raisons de demander l'euthanasie.»

La mort et la société

«La mort de l'individu commence par être une mort sociale.»

«Dans notre société actuellement, quand un patient va à l'hôpital, il y va pour ne plus mourir. La mort ne fait plus partie de la vie, est évacuée dans notre société (quelque chose de sale, de pas bien). Il faudrait réhabiliter ce fait de vie dès le début, dès l'école, qu'on réapprenne que ça fait partie de l'existence. À partir de là, c'est dédramatisé et ça fait partie de la réalité.»

Débat de Montpellier du 6 octobre

Les interrogations et arguments relatifs à l'euthanasie et au suicide assisté

Des arguments « pour »

Justifications à la légalisation de l'euthanasie

« Pourrait-on parler de "peine de vie" comme on parle de "peine de mort" ? »,

« On ne peut pas refuser le droit de mourir plutôt que de vivre n'importe quelle vie. »

« Il y a une certaine hypocrisie dans le domaine des soins ; il y a des injections létales qui sont pratiquées et non dites. »

« Protéger le patient et les soignants qui le font sous le manteau et engagent leur vie professionnelle et privée. »

« Même si deux demandes d'euthanasie sur trois ne sont plus formulées grâce aux soins palliatifs, il en reste une sur trois qui est maintenue, soit parce que les soins palliatifs n'arrivent pas à traiter la douleur, soit parce que c'est la volonté des gens. »

« La mort fait partie de la vie ; le droit à la mort ne serait-il pas une petite dérogation pour le droit à la vie, pour une infinité de personnes ? »

« Qu'est-ce qu'une mort propre ? Est-ce une mort létale ? Entre la mort létale et la mort d'une personne en EHPAD par pendaison, quelle est la plus violente ? »

« L'euthanasie est un problème plus sociétal que médical. Doit-on laisser le libre choix au patient de sa mort ou de sa vie ? »

« La légalisation ou non de l'euthanasie et du suicide assisté répondrait à la question : "À qui appartient mon corps ?", ce qui aurait des répercussions possibles sur le droit de la prostitution et de l'avortement, par exemple. »

« Comment se fait-il que la France ne l'ait pas encore légalisée alors que la Belgique et les Pays-Bas l'ont légalisée ? »

Sur le suicide assisté

« Le suicide assisté pourrait éviter les suicides violents (train, par overdose de médicament), ou le suicidé se retrouve seul. »

« On condamne les gens à des suicides dignes du Moyen Âge. »

« Cela permettrait d'avoir un choix, comme l'accouchement : avec ou sans péridurale. »

« Le désir de suicide d'une personne atteinte de maladie létale est fondamentalement différent du désir de suicide d'une personne bien-portante et il faut écouter la volonté du patient dans ce cas. »

« On devrait pouvoir le faire si la personne l'a demandé de façon répétée, l'a renouvelé dans ses directives anticipées, si la personne de confiance a discuté avec elle, si elle ne veut pas d'acharnement. »

Des arguments « contre

Sur l'opportunité de légiférer

« Comment une loi pourrait répondre de façon satisfaisante à des situations qui apparaissent chaque fois comme personnelles et individuelles ? Crainte que la décision soit centralisée et non pas personnalisée. »

« Faut-il légiférer pour une minorité. La loi n'est-elle pas faite pour le plus grand nombre ? »

« Il y a déjà une loi sur cette question, légiférer de nouveau apporterait du formalisme et figerait les solutions »

« Pourquoi légiférer si la loi n'est pas appliquée ? Avant d'aller plus loin, il faudrait appliquer de façon meilleure la loi Leonetti »

« En Belgique, il y a un malaise dans les hôpitaux de par la loi légalisant l'euthanasie : il y a une mise en doute de la confiance de certains patients envers leurs médecins qui font ce choix. L'Europe a envoyé des remarques par rapport à des dérives et qui éclairent ce qui nous attend si l'on partait dans cette direction. »

Le geste

« Le temps de l'accompagnement est incompressible et nécessaire, ce serait gênant de partir au quart de tour et de prendre la demande au pied de la lettre, car cela ne permettrait pas à la famille, etc. de faire le travail d'acceptation, de deuil. »

« Il y a une représentation selon laquelle la mort doit arriver vite, on programme les naissances et certains veulent programmer la mort, alors qu'il ne faut pas hâter tout ça. »

« Si l'euthanasie était légalisée, il y aurait des garde-fous à mettre en place : il est important que la solution ne soit pas prise par défaut ; l'accompagnement doit être approprié afin que la décision soit éclairée. »

« La même toute-puissance préside à l'acharnement thérapeutique et à l'euthanasie. »

Interrogations/Craintes

« Le terme "euthanasie" est tabou en France. »

Crainte des pressions familiales

« Le médecin reste le dernier verrou de bienfaisance envers le patient. »

« Beaucoup de demandes d'activer la fin de vie par une euthanasie viennent aussi de l'épuisement physique et psychologique de ceux qui sont les plus proches du mourant. »

«Je crains que l'expression d'une lassitude dans la maladie soit entendue par la famille ou les médecins comme une demande d'euthanasie.»

«Souvent on interprète la volonté du patient avec des peurs de personnes en bonne santé.»

Les dérives

«Si l'euthanasie était légalisée, n'y aurait-il pas un risque de banalisation de la mort autour de la technicité, d'une sorte de dérapage autour d'un métier/de métiers de la mort?»

«Je crains que l'on débranche des personnes dans le coma, mais qui ont encore une sensibilité.»

«Si une loi était votée, quelle dérive potentielle, dans une société où l'économie devient un problème, où être vieux devient lourd? Doit-on faire mourir tous nos vieux à 75 ans?»

«Le contexte économique, la raréfaction des ressources ne sont pas sans poids dans ce débat. Il ne faut pas faire passer cette pensée utilitariste sous couvert de solidarité»

La liberté de choix

«Je ne suis pas certain que ce soit une véritable liberté du choix : est-ce que cette liberté n'est pas un enfermement dépressif de la part des personnes ou des familles?»

La responsabilité du geste

«Il faut respecter la dignité de la famille et du personnel soignant et ne pas demander n'importe quoi aux tiers.»

«Donner la mort est une violence, pourquoi demander ça à un membre du corps médical?»

«Qu'est-ce que donner la mort à quelqu'un qu'on ne connaît pas? Ça devrait être un engagement bienveillant et la vertu ultime pour les soignants.»

«Chaque être humain a son intime conviction, on ne peut pas obliger le personnel médical à pratiquer l'euthanasie, chacun doit pouvoir dire non en son âme et conscience.»

Opposition/crainte suicide assisté

«Attention au risque d'une prise de décision irréversible à un moment où les personnes sont déprimées par leur maladie et renfermées sur elles-mêmes, où leur liberté n'est pas réelle.»

«Le terme oxymorique de "suicide assisté" convient-il vraiment?»

Soins palliatifs

Accès aux soins palliatifs

« Il y a un manque de moyens humains et financiers pour les soins palliatifs, de formation auprès du personnel médical dans sa globalité. »

« Les soins palliatifs et l'accompagnement ont des moyens insuffisants et ne touchent pas le plus grand nombre. »

« Il n'y a pas assez d'unités de soins palliatifs. »

« Le territoire n'est pas entièrement couvert par les soins palliatifs. »

La formation des professionnels de santé aux soins palliatifs

« Des médecins ignorent tout des soins palliatifs. »

« Aujourd'hui on peut faire beaucoup, mais ce n'est pas assez diffusé, le personnel n'est pas assez formé. On a encore peur de la morphine et des sédatifs, pourtant, quand on en fait un bon usage, quelqu'un qui a peur de souffrir se voit accompagné. »

Méconnaissance des soins palliatifs

« Certains patients refusent d'aller en soins palliatifs, c'est une peur et un refus de la dégradation, de la déchéance, de l'évolution de la maladie. C'est aussi une méconnaissance des soins palliatifs : les soins palliatifs ne sont pas dans l'acharnement ou dans l'excès. Ça peut être une méconnaissance de la loi Leonetti. »

La médecine et la fin de vie

L'arrêt du traitement

« L'arrêt du traitement pose la question du sens des soins : pourquoi les arrêter, les garder ? C'est l'accompagnement qui donne le sens des soins au fur et à mesure de l'évolution des choses. »

« Là où la loi dispose que le médecin PEUT abandonner les soins, le minimum est d'évoluer et de dire que le médecin DOIT abandonner les soins quand la demande est vérifiée et demandée. »

L'écoute du patient, l'information du patient

« L'information éclairée du patient est insuffisante à l'heure actuelle, il faut remettre en lumière le droit à l'information du patient. »

La médicalisation de la fin de vie

« Je veux supprimer les médecins de la fin de vie. »

« Je trouve ça terrible de mourir dans l'anonymat hospitalier, sous l'emprise du pouvoir médical. »

« La vie est médicalisée, on veut médicaliser la mort aussi. »

« La mort n'est pas l'affaire des médecins. C'est une fausse voie que d'interpeller les médecins, la mort ne doit plus être une question médicale. »

« La décision des conditions de la fin de vie doit être redonnée aux patients et non pas aux médecins : le personnel de santé doit être là pour éclairer le patient sur son choix et non pas sur le fondement de son choix. Il faut donner une alternative au patient, c'est-à-dire ne pas lui dire que sa seule issue est le traitement. »

L'écoute et l'information de la personne malade

« La médecine ne doit plus être là pour ordonner mais pour conseiller et négocier avec le patient, il doit y avoir une alliance du patient avec la personne soignante. Il faut respecter l'autonomie et la liberté de la personne. »

« Il faut que les médecins soient plus à l'écoute, la population a peur de la violence et de la souffrance, il faudrait plus de respect des droits de la personne malade, il faudrait défendre une société dans laquelle on aimerait vivre. »

« Les gens ne sont pas assez écoutés par les médecins. »

« Même si la relation médicale n'est pas une relation d'égalité puisqu'il y a de la compétence d'un côté et une demande de l'autre, c'est une relation de confiance et il doit y avoir une notion de respect et d'écoute pour ne pas être dans la toute-puissance. »

La collégialité

« La collégialité est importante. Il faudrait que la collégialité intègre également la famille (enfant, mari, femme) et la personne de confiance ».

« Pour les cas difficiles non réglés par la loi Leonetti, peut-être que des juristes pourraient aider les médecins dans la réflexion collégiale sur ces cas. »

La formation des professionnels de santé

« Il ne faut pas former seulement dans les domaines techniques, mais aussi dans l'accompagnement et l'humanisme : il faut remettre de l'humain dans la formation des professionnels, associé à des moyens. »

« Il faut apprendre aux médecins pendant leur formation "à savoir s'arrêter". »

« Il faut travailler la formation des médecins à l'éthique ainsi que la formation au handicap et aux suites des maladies. »

« Il y a une formation à l'éthique les premières années, mais à ce moment-là les étudiants ne sont pas encore impliqués. »

La loi Leonetti

Une loi méconnue

« Il y a une information insuffisante sur la fin de vie dans la société, et parmi le personnel médical. La loi Leonetti, les dispositifs des personnes anticipées et des personnes de confiance, les soins palliatifs sont insuffisamment connus. »

« Pour la loi Leonetti, il faut faire ce qu'on a fait pour le don d'organe, avec une information à la télévision notamment, et mettre en place des relais d'information pour le corps médical. »

Les manques de la loi Leonetti

« Il y a un certain nombre de cas qui ne sont pas réglés par la loi Leonetti, qui causent beaucoup de douleur, et pour lesquels on ne peut pas légiférer exactement. »

« Pourquoi y a-t-il une ambiguïté dans la loi Leonetti : le curseur s'arrête à un moment donné dans l'écoute du patient, mais pourquoi s'arrête-t-il là, pourquoi pas avant, pourquoi pas après ? C'est le patient qui devrait mettre le curseur là où il le souhaite. »

La loi Leonetti et les soignants

« La loi Leonetti est peu appliquée, pourtant elle protège la personne soignée et les membres du secteur médical. »

« L'esprit de la loi Leonetti est très beau philosophiquement. Mais la loi Leonetti est faite pour protéger les soignants, alors qu'au centre devraient être les patients. »

Les directives anticipées

« Il est important de rechercher et respecter la volonté des personnes en fin de vie. »

« Les directives anticipées sont peu diffusées et peu connues. »

« Il y a un problème de temporalité des directives anticipées : que faire quand elles ne sont plus adaptées à la situation ? À cause de cette temporalité, les directives anticipées doivent juste être entendues comme le point de départ d'un dialogue ».

« Pourrait-on encadrer les directives anticipées avec une évaluation psychiatrique ? »

« Parfois, les directives anticipées sont connues, mais ne sont pas entendues à leur juste place. »

« L'opposabilité est une vraie question. Dans ce cas, comment la rendre compatible avec la déontologie ? »

Personne de confiance/familles

« La personne de confiance est un dispositif insuffisamment connu et estimé. »

« C'est un luxe que de parler de personne de confiance : certains citoyens n'y ont pas accès car, dans leur entourage familial, il n'y a pas cette ressource de la personne de confiance. Il ne faut donc pas partir de l'idée que la personne de confiance est la réponse à toutes les situations, il faut imaginer un rôle pour la personne en solitude ou en situation de désagrégation familiale. »

« Est-ce que la personne de confiance doit rester une responsabilité individuelle (un individu chargé de porter la parole d'un autre individu), ou doit-elle devenir une décision collégiale (coresponsabilité) ? »

« Quid de la personne de confiance quand la famille se dispute : elle peut se retrouver seule, isolée face à un milieu familial compliqué ? »

« Il y a une absence de formation des aidants, notamment de la famille. Il serait important de bien former les professionnels, notamment dans le cadre de l'HAD. »

La personne âgée

« Quelle alternative serait possible au "concentrationnisme en EHPAD" et à "l'isolement télévisuel" à domicile pour les personnes âgées ? »

« Il est important que le médecin de famille prenne part au suivi du patient en institution spécialisée car il connaît mieux la personne que le médecin de l'EHPAD. »

« Il est important que les personnes en EHPAD nomment une personne de confiance et écrivent des directives anticipées. »

« Il faut un vrai désir citoyen d'accompagner, d'être présent et de respecter nos parents vieillissants. »

« Il faut valoriser le personnel qui travaille en EHPAD et a un travail ingrat : quand les personnes sont valorisées, la qualité de leur présence est plus importante. »

La mort dans la société

« Il est difficile de parler de la mort dans la société ou dans les familles, et même si on voit beaucoup la mort à la télé, on ne voit plus la mort "en vrai" (mort de ses grands-parents par exemple), et cette absence de la mort dans la société est vue par une personne comme créatrice d'angoisse et ignorance. »

« Un acte citoyen serait de reparler de la mort, en particulier en famille. »

« On meurt comme a vécu : les inégalités de vie, les inégalités sociales se retrouvent aussi dans la fin de vie. »

« Il faut s'interroger sur la fin de vie dans une société qui devient de plus en plus individualiste, où il y a moins de solidarité. »

« La société nous demande de nous surpasser et nous refuse de trépasser. »

« Accompagner la fin de vie est certes difficile pour les proches, mais ça les fait aussi grandir. »

« La société a du mal à savoir s'arrêter (et donc la société a du mal à penser la mort). Les médecins sont aussi victimes de cette absence de limite. »

Synthèse du débat de Grenoble du 27 octobre

Les interrogations et les arguments relatifs au suicide assisté ou à l'euthanasie

Des arguments « pour »

Au nom de la liberté

« Le jour de ma mort, je ne serai pas libre, mais dépendante de l'entourage qui aura décidé à ma place. Il faut respecter la diversité humaine : c'est bien que certains aillent en soins palliatifs, mais moi je n'ai pas ma liberté puisque je n'ai pas le choix du suicide assisté. Si je me retrouve avec un AVC, je serai dans une situation atroce. Dois-je subir la décision d'autrui pour ma propre personne ? Le débat se pose en termes de liberté de l'individu par rapport à lui-même. »

« Il faut faire une loi pour qu'on puisse décider ce qu'on fait de notre vie à notre âge ; quand on en a assez de vivre, on doit pouvoir arrêter, dans la dignité et la sérénité (avec de la morphine ou du curare). Les sondages le disent : on est 90 % à être pour l'euthanasie, il faut prendre conscience que c'est un phénomène de société, n'attendons pas des accidents inutiles au sein des familles. »

« Concernant l'euthanasie, les critères de dignité sont différents pour chacun d'entre nous, et il me semble important que ces critères soient légitimes même si l'on n'est pas atteint d'une maladie incurable. Ce critère doit être personnel, reconnu et légitime. Il est important qu'on puisse décider des conditions de sa fin de vie : on peut basculer du jour au lendemain dans le handicap, on devrait pouvoir poser les conditions de sa fin de vie, en parler sereinement avec son entourage pour que ce soit naturel. Il faut que chacun puisse choisir entre mourir de façon anticipée de peur de tomber dans la dépendance ou aller jusqu'au bout dans les soins palliatifs. »

« La loi Leonetti est très intéressante sous certaines conditions, mais elle intéresse surtout les médecins et en aucun cas ne tient compte de la demande personnelle du patient ou dans des cas très rares. Personnellement, je ne désire pas aller en soins palliatifs et je voudrais qu'on considère ma demande que je signalerai quand je serai encore en bon état et qu'on la respecte, même quand je ne pourrai plus la signaler. Je veux une loi pour préserver ma demande personnelle et que mes proches ne décident pas pour moi. »

« Je souhaite pouvoir dans un cas comme ceux cités (dépendance, souffrance…) décider de ma mort. Les pays limitrophes ont une loi, et des Français vont dans ces pays pour mourir, ils trouvent la possibilité d'avoir cette assistance. Mais il faut avoir les moyens de le faire, tout le monde ne le peut pas. Il y a quarante ans, avec le débat identique pour l'IVG, il a fallu le courage de Simone Veil alors qu'il y avait une loi qui existait tout comme la loi Leonetti. La société française a évolué positivement, passons cette étape et permettons à chacun de choisir sa mort s'il le veut (il ne faut obliger personne à partir). Je ne veux pas que mes enfants aient à aller en justice comme Madame Humbert pour réclamer ma mort. »

« La loi Leonetti convient très bien à une partie des personnes, mais pour les personnes qui veulent être entendues dans leur désir de mourir, rien n'est fait. »

« Laissons libres les gens de partir dans la dignité, la sérénité… chacun fera ce qu'il voudra de sa propre vie. »

Au nom du contrôle sur les dérives possibles

« Voter une loi (avec des critères précis) est important pour éviter les dérives. »

« Une loi donnera un cadre précis qui permettra d'éviter les débordements qui mènent des jeunes à tuer des vieillards. »

« D'autres pays sont arrivés à légiférer, je ne connais pas de décisions de justice concernant des dérives. En France, il y a eu des dérives parce que certains ne supportent pas des situations insupportables. »

L'euthanasie vue comme une mort sereine

« Mon père est mort à 80 ans alors qu'il était atteint d'un cancer, il ne voulait pas d'acharnement thérapeutique, le médecin généraliste et l'oncologue ont pris en compte cela, ils ont poussé les doses et les choses se sont passées sereinement, en concertation. Les médecins ont fait ce qu'il fallait dans l'accompagnement et le soulagement de la douleur. Je l'évoque avec mes enfants, ce n'est pas dramatique de mourir. On le voit aussi dans le livre de Noëlle Châtelet dont la mère a pu être accompagnée par ses enfants. »

Au nom de la souffrance ou de la peur de la déchéance

« Quand on entend l'expérience des gens qui ont vécu auprès d'un mourant, on se rend compte que certains cancers (pancréas, os…) sont horribles. Se retrouver comme un légume, ce n'est pas mieux. »

« Mon cas personnel correspond au cas de beaucoup de gens dont je me fais le porte-parole. J'ai 70 ans, je suis atteinte d'un cancer du poumon avec métastase osseuse. Je recherche une qualité de vie, même si ça devait abréger ma vie. Je ne me plains pas de ma vie actuelle et j'en profite le plus possible *(carpe diem)*. Mais cet état va se dégrader et je voudrais pouvoir dire stop quand la vie aura perdu de son intérêt pour moi, je ne veux pas subir inutilement la phase terminale du cancer. Je voudrais l'assistance d'un médecin, que ça se passe au grand jour avec mes enfants (qui sont d'accord avec moi) et pas dans la clandestinité. Je ne veux pas d'une mort violente que mes enfants traumatisés découvriraient après coup, je considère qu'une mort douce est une mort par les médicaments. Je ne pourrai être tout à fait tranquille que si j'étais sûre de pouvoir programmer ma mort sereinement, le moment voulu, sans me cacher. Je veux mourir comme Socrate buvant la ciguë en continuant à discuter de sujets quotidiens. Il n'y a pas besoin de dramatiser la mort, elle fait partie de la vie, elle n'est dramatique à mon âge que quand elle est accompagnée de souffrances et d'une perte d'autonomie. »

« Il y a un mois que mon compagnon est décédé, il est mort dans des souffrances épouvantables, malgré ses directives anticipées, on n'en a pas tenu compte, on l'a amputé à 89 ans (il avait la gangrène) et psychologiquement, ça a été terrible quand il s'en est aperçu. Ça n'a pas marché, on l'a suivi pendant dix jours, il est devenu fou sous l'effet des drogues. Au début, les jeunes chirurgiens ne voulaient pas l'arrêter car ils disaient : "On n'en a pas le droit, c'est la loi." Dans un moment de lucidité, mon mari a dit : "Je veux passer par la fenêtre." Comme j'étais décidée à le faire, les médecins ont décidé de lui mettre de la morphine plus forte, il s'est endormi et est mort en vingt-quatre heures. Mais au final j'ai assisté à son agonie pendant dix jours, il a beaucoup souffert, c'était un spectacle épouvantable. Je ne veux pas de ce genre de mort, que mes enfants voient la déchéance à ce point-là. »

« Quand vous allez voir un être humain couché, qui ne vous reconnaît plus, qui est branché de partout, jusqu'à quand vous continuez à le faire souffrir ? La vie, c'est quoi ? Qu'on nous laisse décider de notre vie. J'ai une amie sur laquelle on s'est acharnée quand elle était en phase finale d'un cancer de la gorge, alors qu'elle avait des souffrances atroces. On ne veut pas mourir comme des cobayes. »

« La loi Leonetti et toutes les lois légiférant sur la fin de vie ne tiennent pas assez compte de la situation des personnes handicapées. Je suis handicapé de naissance et j'ai un syndrome neurologique qui évolue depuis quelques années très fortement. J'ai eu une vie très active, j'ai encore beaucoup de plaisir à vivre, j'ai beaucoup de passions, mais je suis de plus en plus limité dans ma vie. Je ne peux plus écrire depuis quelque temps, je ne peux plus téléphoner comme je veux, bientôt je ne pourrai plus parler, qu'est-ce que je deviens ? J'ai très peu de souffrances physiques, il n'empêche qu'à un moment la vie ne sera plus acceptable, et je voudrais pouvoir décider avec l'accord des miens quand je souhaite mourir. »

« Ma mère est morte l'an dernier à la suite d'un cancer du poumon. Elle était en soins palliatifs. À la fin elle était très faible, elle ne mangeait plus, elle était déshydratée, tout son corps n'était plus que douleur, elle avait des escarres, une sonde urinaire, ses poumons se sont engorgés, elle avait des râles terribles, il y avait une odeur insupportable. J'ai demandé aux médecins de mettre fin à ses jours. Les médecins ont fait ce qui était légalement possible pour eux. Moi je ne veux pas mourir comme ça. Si je suis inconsciente, je souhaite pouvoir être euthanasiée, je ne veux pas être prisonnière d'un corps qui me ferait souffrir et je souhaite éviter à mes enfants ce que j'ai moi-même vécu. Chacun doit pouvoir choisir et décider, il doit y avoir des structures adaptées, c'est plus valorisant pour les médecins et soignants d'accompagner le patient et sa famille jusqu'au bout en sachant qu'on respecte sa volonté. Je veux une loi me permettant l'ultime liberté de partir dignement si je le souhaite. »

« Je demande le droit de mourir dans la dignité et de respecter la vie de chacun. Il faut une liberté pour tout : la vie, mais aussi la mort. J'ai vu mon frère mourir dans des conditions lamentables pendant plus de trois mois, sa famille a demandé les soins palliatifs, mais il n'y a eu droit que quinze jours avant de mourir, c'était trop tard. Mon frère est mort atrocement à 60 ans, on n'a pas respecté ce qu'il voulait. Le droit de mourir dans la dignité ne veut pas dire achever les gens, mais mourir dans des conditions humaines. On a le droit de choisir sa mort comme de choisir autre chose. »

« Il n'y a pas que les maladies en phase terminale qui sont difficiles à supporter, mais aussi la vieillesse avec toutes les polypathologies qu'elle apporte (perte de vision, perte de la mobilité... beaucoup de choses qui font que je n'ai plus envie de vivre). »

« Il y a des gens qui ne peuvent plus parler et qui souffrent le martyr : on est impuissant, le médecin aussi. Ne laissons plus souffrir les gens, ne nous retranchons plus derrière la loi. »

Autres

« Je suis opposé à la loi Leonetti depuis le début car elle empêche d'aller plus loin. Tout d'abord, cette loi me semble hypocrite car on parle de soulager la souffrance sans vouloir donner la mort, tout en donnant des doses qui amènent la mort et on le sait en tant que médecin. Deuxièmement, cela me semble anormal si l'on met la spiritualité au premier plan, de plonger les gens dans le coma (sédation profonde) qui supprime la conscience, donc la spiritualité. »

Des arguments « contre »

Il faut faire appliquer la loi Leonetti avant d'aller plus loin

« La loi Leonetti avait été votée à l'unanimité de l'Assemblée nationale, elle a des côtés positifs. Ma fille a fait une thèse sur la méconnaissance par les médecins généralistes de la loi Leonetti, qui montre qu'il y a un énorme travail à faire dans ce domaine-là : les médecins devraient être mieux formés pour accompagner les personnes en fin de vie, notamment à domicile. Je ne comprends pas pourquoi avant d'avoir tout mis en place, on est en train de chercher d'autres solutions : on risque de passer notre temps à faire et à redéfaire des lois. »

« Je suis maître de conférences en droit médical et les cas dont on a parlé aujourd'hui me paraissent relever de la loi Leonetti telle qu'elle existe : "Pousser la dose", la loi Leonetti le permet. "Je ne veux pas subir la phase terminale" : l'arrêt de traitement et le double effet sont autorisés par la loi Leonetti. Malheureusement, ces cas montrent que cette loi n'est pas connue des patients et des professionnels. Je pense qu'avant d'envisager d'étendre cette loi, il serait préférable que l'État donne les moyens financiers et humains de faire connaître et appliquer cette loi. Ensuite seulement, voyons si une nouvelle loi est utile, si elle encadrerait les dérives (mais à l'étranger, là où les pratiques euthanasiques sont autorisées, ça n'empêche pas les dérives : tous les rapports d'application au Benelux l'ont montré). Trop de lois tuent la loi. Il faut se demander quel rôle on veut donner à la loi et au législateur. »

« La loi Leonetti est mal connue (c'est une porte ouverte que de le répéter) et mal appliquée, peut-on foncer dans une loi sans avoir été au bout de la première ? On peut la faire évoluer. »

Une loi n'est pas souhaitable

« La loi doit se situer sur un autre plan que les cas individuels. Certes, il y a une revendication de liberté individuelle de choisir sa mort, mais on vit en société et comme la loi est la même pour tous, il faut réfléchir au niveau d'une collectivité et pas au niveau d'individus soucieux de leur avenir personnel avant tout. »

Interrogations/Craintes

Crainte des dérives de l'euthanasie ou du suicide assisté

« Comment prendre la parole de la personne qui n'a plus envie de vivre la vie qu'elle vit, mais n'a pas forcément envie de mourir ? Il pourrait être dangereux de légaliser l'euthanasie, notamment à cause des difficultés chez les personnes dépendantes qui n'ont plus les capacités de dire jusqu'où ils veulent aller ou pas. Mieux vaut pousser la loi Leonetti plus loin, la faire mieux connaître, que les gens qui ont des compétences puissent la mettre en œuvre correctement. Même si je ne suis pas pour l'euthanasie, je reconnais qu'il y a des situations exceptionnelles où la parole des patients doit être entendue. »

« Selon moi, il existe deux éthiques : l'éthique de la vulnérabilité (les gens vulnérables sont pris en charge par la loi Leonetti avec le double effet), et l'éthique de l'autonomie, qui consiste à dire : "Je dispose de ma vie et demande à avoir le droit à mourir." Or, il est prouvé qu'avec cette éthique de l'autonomie, qui a été expérimentée dans plusieurs pays (la Suisse, où c'est appliqué), 30 % des suicides assistés concernent des gens qui n'ont pas de maladie mortelle. Ils sont considérés comme des suicides assistés de convenance : cela repose la question des dérives d'une loi sur le suicide assisté. La loi Leonetti doit être améliorée, mais faire une loi sur le suicide assisté va entraîner des dérives, je le dis en tant que médecin. »

« Est-ce que l'homme peut maîtriser sa mort ? Je ne suis pas très sûre. Le droit de donner la mort pose aussi la question des guerres, mais c'est un autre débat. »

Interrogation de l'effet sur la société

« On dit que la personne doit choisir sa mort, mais on est dans une contradiction avec ce qui se passe souvent : quand une personne âgée dit qu'elle ne peut plus manger, la famille fait manger à tout prix son parent, car arrêter de manger veut dire que la mort se profile. Mais, en le forçant à manger, on ne respecte pas la vie du patient qui a envie de partir. C'est compliqué d'accompagner son parent ou proche malade, car on est soi en face de lui : c'est dur à entendre. »

Interrogation sur la demande

« Ce que j'ai appris de la fin de vie de ma femme, c'est que, souvent, les gens vivent seuls, même quand ils sont en couple, et ils sont donc malades seuls et ils meurent seuls. J'ai été surpris en rendant visite à ma femme en soins palliatifs, un dimanche d'être le seul à rendre visite à un malade : j'ai vu qu'en fait, la maladie, la mort projetaient sur soi-même un regard difficile, insupportable, c'est pour ça qu'on veut abréger les souffrances, par pour le malade, mais pour soi-même. »

Soins palliatifs

Les soins palliatifs ne sont pas en quantité suffisante

« Pourquoi l'accompagnement à domicile par les soins palliatifs n'est-il pas plus développé ? »

« Il faudrait qu'il y ait assez de personnel et plus de places de soins palliatifs pour ne pas les mettre en place au dernier moment quand c'est trop tard et que les gens souffrent déjà beaucoup. »

« Le problème des soins palliatifs, c'est qu'on y arrive tardivement, et que tout le monde n'en a pas envie (il y a des gens qui sont prêts, il faut les laisser choisir une fin plus rapide). Et je me pose la question de ce qui se passe avant : mes parents étaient des gens simples, ils n'ont bénéficié d'aucune aide sauf de celle de leur enfant et de leur propre capacité et volonté à vivre. Des gens peuvent ne pas demander les soins palliatifs car ils ne les connaissent pas bien, ils sont tout seuls. Il faut une diversité de solution selon les demandes et penser à ce qui se passe avant (mes parents n'ont pas eu le droit à l'APA, la personne pour préparer les repas est arrivée un jour avant la mort de mon père) ».

« J'ai été infirmière dans une équipe de soins palliatifs qui se déplaçait au domicile des patients, je viens de partir et personne ne m'a remplacée : on enlève les postes de soins palliatifs. Mon ancienne collègue est seule pour un territoire de 190 communes. Maintenant, il y en a beaucoup moins et les infirmières se rendant à domicile sont livrées à elles-mêmes. Or les soins palliatifs sont peu développés : certains médecins sont paniqués à l'idée de mettre des traitements contre la douleur, ils ne savent pas les mettre en place, ils ne connaissent pas les conséquences d'une prise de morphine et ce qu'il faut mettre en place pour éviter les inconvénients intestinaux, etc. Les soins palliatifs doivent être développés à tout prix et on doit les faire connaître : ce n'est pas que calmer la douleur, mais assurer une prise en charge globale »

Reconnaissance de la qualité des soins palliatifs

« Je voulais témoigner de la qualité des soins palliatifs. Ma maman est décédée dans la clinique de Notre-Dame-du-Lac en juillet dernier, elle était atteinte de nombreuses pathologies et déprimée car mon père était mort. Elle avait donc demandé à son médecin généraliste de l'euthanasier, mais il n'avait pas pu. Grâce à ça, elle a obtenu une place à Notre-Dame-du-Lac, ça m'a ébranlée, j'étais partante pour l'euthanasie, en voyant la qualité des soins, j'ai trouvé ça admirable. »

Interrogation sur les pratiques des soins palliatifs

« Quand on voit les soins palliatifs dans les cliniques privées, on peut se poser des questions. Puisque les soins palliatifs ne rapportent rien aux cliniques comme il n'y a pas d'actes, ils ne doivent avoir qu'une hâte : qu'on rentre à la maison. »

« J'ai lu avec incrédulité le livre de Philippe Bataille qui a passé 6 mois dans une unité de soins palliatifs. Ce livre cite des cas qui posent de gros problèmes [...]. Que penser de cette façon de pousser les choses jusqu'au bout dans les soins palliatifs, n'y a-t-il pas d'abus de pouvoir, quelque chose d'insupportable ? »

Manque d'information sur les soins palliatifs

« Il y a un manque de connaissance sur les soins palliatifs : beaucoup de familles ne savent pas que ça existe. »

La médecine et la fin de vie

Pour l'exclusion des médecins de la fin de vie

« En France, le débat est piégé parce que le corps médical s'arroge le droit de se mêler de cette fin de vie. Le corps médical est fait pour soigner, et nous n'avons que des louanges à faire sur l'avancée des compétences des médecins pour nous soigner. Mais il faut séparer le fait de choisir sa mort, et ce n'est pas parce qu'ici, en France, le législateur met entre les mains du médecin l'outil qui permet de mourir dignement que nous devons nous soumettre au corps médical : il ne doit pas se mêler du choix de notre façon de mourir. Dans des pays étrangers, il y a bien séparation entre celui qui donne la dose létale et le corps médical. »

« Dans notre société, nous avons fait le choix de médicaliser à outrance, et nous cautionnons ça à toutes les étapes de la vie : naissance, vieillesse, mort. Je ne pense pas que nous ayons besoin d'un médecin pour nous aider à mourir. Il me semble que quand on choisit d'être médecin, c'est pour guérir, accompagner la vie, c'est pour ça que c'est difficile pour lui d'aider à mourir. »

Contre l'exclusion des médecins de la fin de vie

« Quelqu'un a dit que ce n'est pas aux médecins de se mêler de la fin de vie, je ne suis pas d'accord. On ne peut pas faire un copier-coller des solutions étrangères, on ne peut pas éjecter les médecins de la fin de vie car on a besoin les uns des autres. »

« Il a été dit que certains souhaitent que les médecins n'aient pas de place dans le processus, je trouve ça inquiétant : nous qui avons des parents ou des amis qui peuvent être dépressifs et découragés, souhaite-t-on vraiment vivre dans un pays où le fait de se suicider serait rendu plus facile et où on trouverait de l'aide auprès de personnes qui n'auraient pas de compétence pour analyser la situation ? »

Sur la vision qu'ont les citoyens de la médecine

« Il y a un gros problème en France : la prise en charge globale de la personne. Notre médecine est une médecine hachée, on ne s'occupe pas de la globalité de la personne. Or une maladie a beaucoup d'incidences sur une personne. »

« Il faut arrêter de faire penser aux gens que la médecine va tout faire, qu'on ne sera jamais atteint de dégénérescence ».

« Les patients ont des droits dans le Code de la santé publique. Depuis 2002, c'en est fini du paternalisme médical. C'est une codécision maintenant et ce n'est pas toujours facile car quand on est patient, on est dépourvu de tout et on est face à quelqu'un qui sait. Les jeunes générations de médecins disent : "Voilà ce qu'on vous propose, qu'en pensez-vous", c'est dur pour le patient de décider. »

Sur la formation des médecins

« Il faut une formation "humaine" des médecins, pour l'instant c'est la loterie. J'ai connu le service des urgences pour mes deux parents : j'y ai rencontré un interne compréhensif et doux pour mon père, mais l'interne qui a rencontré ma mère a été horrible. »

Sur l'acharnement thérapeutique

« Quand une personne fait un AVC sévère avec une rupture d'anévrisme, souvent on la retrouve ensuite en réanimation prolongée, ça me pose beaucoup de questions : fallait-il vraiment essayer de sauver cette personne qui ne se remettra jamais vraiment ? C'est une question insoluble. Les médecins disent : "Nous voulons tout faire pour sauver la vie", je ne fais pas un procès d'intention, mais je suis très embêtée devant cette position. Je pense qu'à l'heure actuelle, la loi Leonetti dont on a beaucoup parlé n'est pas appliquée correctement partout. J'aimerais voir évoluer au niveau des services médicaux, de l'hôpital, des moyens en soins palliatifs, mais aussi une information sur ce que peuvent être les soins palliatifs et sur les possibilités pour les gens de dire non à des examens qui n'en finissent plus. Il y a le problème de la personne âgée qui subit toujours plus d'examens (si la personne âgée a mal à l'estomac, on lui fait un examen douloureux…). La loi Leonetti ne pourrait-elle pas permettre qu'on soulage les gens sans leur faire des examens sans arrêt ? »

Sur le manque d'humanité et d'accompagnement

« Il y a un mois, mon frère a dû aller en service de réanimation de neurochirurgie à la suite d'une hémorragie cérébrale massive. Il a passé trois jours dans le coma, puis, avec l'accord de la famille, puisqu'il n'y avait plus rien à faire, on a décidé de le débrancher. La famille était là, ça a été bien fait au point de vue technique, mais ça a été fait devant nous tous sans dire un mot. À un moment, mon frère était encore vivant, on lui tenait la main (elle était chaude), et d'un seul coup on a enlevé le respirateur et il était mort. Sans accompagnement de la famille, c'est d'une très grande violence psychologiquement. Quand un petit enfant a un bobo, un bisou suffit souvent à guérir le bobo, ça n'a rien à voir avec l'acte technique. Je ne voudrais pas que tout soit résumé à l'hôpital à des protocoles ou à des gestes techniques en oubliant l'humain, l'accompagnement. »

« On parle beaucoup de l'accompagnement du malade en fin de vie, mais on ne parle pas assez de l'accompagnement de la famille. Vers la fin de la vie d'un proche, j'ai été en contact avec des médecins qui faisaient leur possible pour soigner, mais, à la fin, ils se trouvaient désarçonnés, avec un discours scientifique, froid et ils ne regardaient pas la famille comme des personnes souffrant par la maladie du patient. J'ai fait cette expérience dans un petit hôpital rural qui manque de structures pour accompagner la famille qui est aussi en souffrance, pour éviter que cette famille ne conserve les blessures de cette maladie et de ce vécu. »

Sur l'importance de l'accompagnement

« Le long temps du mourir peut prendre beaucoup de temps, il appartient à chacun en tant que personne singulière. Je suis attachée à ce que le temps de la fin soit vécu de façon respectueuse et solidaire des personnes, à ce que ce temps respecte plus largement la façon dont on prend soin individuellement et collectivement d'autrui quand il fait l'épreuve de sa vulnérabilité. On a à inventer dans la ligne des progrès dans la lutte contre la douleur une manière d'être solidaire dans la vie. Marie-Jo Thiel, médecin, directrice du centre d'éthique de

Strasbourg : “Quand peut-on dire que la nuit est tombée, que le jour s’est éteint ? Il ne s’agit pas d’un instant. L’être mourant passe par le clair-obscur du processus de mort, le temps que celle-ci fasse son travail d’anéantissement d’un corps, mais offrons-nous le temps de l’engendrement, du nouvel-être”. »

La loi Leonetti

Mauvaise application/difficulté d’application de la loi Leonetti

« J’entends beaucoup parler de problèmes de cancer, de douleur. Mais je ne peux pas oublier tous nos vieux qui meurent dans des conditions abominables, indignes, et pourtant nous sommes le pays des droits de l’homme. J’ai perdu l’année dernière mes parents dans une structure de personnes âgées. J’ai honte, mon père a agonisé une semaine, parce que le médecin formé en soins palliatifs n’osait pas augmenter encore la dose (pourtant permis par Leonetti). “Comment peut-il encore vivre avec la dose qu’il a”, disait-il. J’ai aussi vu ma mère “pourrir”. »

« Ce qui est difficile, c’est la circulation de la parole entre les soignants, les familles et les vieillards accompagnés et les médecins. »

« On a entendu aujourd’hui de nombreux exemples où la loi Leonetti est mal appliquée. Il faut un effort pour qu’elle soit connue de tous. Nous, en tant que patients, on peut en parler avec notre médecin traitant par exemple, pour le former à ça. Les patients doivent dire à leur médecin que l’acharnement thérapeutique est interdit par le Code de la santé publique depuis des années et était interdit avant par le Code de déontologie. Changeons le rapport à la médecine. »

« On parle beaucoup des directives anticipées, de la manière dont les gens peuvent s’exprimer, mais quand les gens n’ont jamais été en capacité de s’exprimer, ça pose un autre problème. La loi Leonetti a fait avancer beaucoup de choses, mais elle n’est pas adaptée dans les situations pour lesquelles les gens ne peuvent pas et n’ont jamais pu s’exprimer et sont dépendants du regard de l’autre et des décisions de l’autre, aussi bienveillant soit-il. Il est important que la dépendance, qu’elle soit provoquée ou de naissance, fasse partie du débat. »

Non-respect des volontés de la personne

« J’ai fait des directives anticipées et j’ai noté ce que je ne souhaite pas qu’il m’arrive, j’ai désigné ma personne de confiance, mais rien ne m’assure que ça va arriver, c’est un jeu de loto. Si je tombe sur des médecins sensibilisés, si ma personne de confiance est persuasive, peut-être que mes volontés seront respectées. Mais si je tombe sur des médecins très techniques, qui n’écoutent pas, et que rien ne contraint, pourtant c’est moi qui voudrais décider pour moi-même. »

« J’ai fait mes directives anticipées il y a quinze ans et j’en parle avec mon fils et ma personne de confiance depuis lors. Mais actuellement, c’est le médecin qui décide. C’est un pile ou face, je prie pour que ce soit un médecin qui m’écoute. »

« Le mot “patient”, personne ne s’en inquiète, mais c’est un mot de celui qui subit, qui est passif, et ce mot même évoque le fait que le patient n’a pas droit au chapitre, et j'ai beaucoup apprécié que, dans votre lettre, vous n'ayez pas dit "patient", mais personne malade, c'est plus objectif. »

« Dans les lois, il faut prévoir des instances où les gens vont pouvoir parler, exprimer leurs désirs, et notamment à l'hôpital. »

Les conditions de fin de vie

Problème plus général de la fin de la vie

« J'entends la question de "pousser pour arrêter", le processus de mourir n'est pas que le dernier moment : il y a aussi l'accompagnement. Mettre fin à une vie insupportable est quelque chose, mais est-ce suffisant ? Comment nous accompagnons les personnes ? Peut-être l'euthanasie est-elle une étape, mais n'oubliez pas nos vieux qui meurent seuls. Ça pose la question des professionnels et d'une solidarité : il y a sans doute des alternatives à mettre en place comme des solidarités de quartier… Un philosophe disait : "Ce ne sont pas les connaissances qui vont nous faire avancer, mais la créativité". »

« Dans les services des personnes âgées, les personnes sont traitées avec une indignité permanente. »

« En vous écoutant, je m'aperçois qu'on pose un regard terrible sur la fin de vie, sur la fragilité, vulnérabilité, sur la déchéance (mot terrible), et ce regard pourrait changer. Je connais des personnes qui ont vécu à côté de gens très vulnérables et où cette réalité a été vécue de manière positive, enrichissante (ce n'est pas facile ou automatique, mais possible et ça dépend un peu de nous ce regard) ».

Témoignage de fin de vie positif

« J'ai un peu plus de 50 ans, mon épouse est décédée il y a deux mois. Elle ne voulait pas mourir. Pendant deux ans, elle n'a parlé que de la vie, on n'a jamais parlé de la mort. Jamais la vie n'est horrible, c'est la souffrance qui est horrible. Dans la maladie, on s'accomplit. Elle a vécu son chemin, j'ai vécu le mien. Dans les deux derniers mois, elle ne parlait plus, mais on dialoguait avec le regard, pas besoin de mot, un regard suffit ou même des yeux fermés. J'ai aussi compris que souvent, les vivants ferment les yeux des mourants, mais les mourants ouvrent les yeux des vivants. Dans les deux dernières semaines, on a vu que sa vie partait, j'ai fait rentrer les enfants de vacances, quand ils sont arrivés, personne n'a compris ce qui se passait : elle s'est relevée, a prononcé trois mots, a souri à ses enfants, a pu leur caresser les joues. Si j'avais voulu enlever sa vie deux jours avant, je lui aurais enlevé ses derniers moments de joie. Je veux rendre hommage aux soins palliatifs de Grenoble, petit pavillon de 10 lits, on passe toujours devant sans savoir qu'il existe, j'ai rencontré des gens merveilleux qui aident les malades, les accompagnants, enfants, j'ai rencontré des infirmières, aides-soignantes, personnes qui nettoient le sol, avec non pas des regards de mort, mais de vie. »

Synthèse du débat de Besançon du 30 octobre

Les interrogations et les arguments relatifs au suicide assisté ou à l'euthanasie

Des arguments « pour »

Respecter les demandes et la liberté de choix

« La législation peut empêcher de réaliser les souhaits de ceux qui savent ce qu'ils veulent. On pourrait instaurer une solution, les patients pourraient la prendre ou pas. »

« Le respect de la liberté du patient toujours à conquérir. »

Au nom de la liberté de choix

« Problème du suicide assisté : si l'on va en Suisse, il faut avoir les moyens pour vouloir mourir. Il y a le risque d'en faire un marché lucratif : problème pour l'égalité (mourir quand on veut est-ce un souhait pour les privilégiés ?). »

Des arguments « contre »

Les pressions sociales

« La pression économique menace. »

« La pression de la société peut amener des personnes à imposer à d'autres de partir (si on leur dit qu'elles sont gênantes…). Plutôt que l'euthanasie, il faut proposer la solution de prise en charge palliative la plus adaptée, avec l'utilisation de traitements pouvant calmer la douleur et faisant rentrer l'humanité. »

Des interrogations

Interrogation sur la demande, le souhait de la personne

« Qu'est-ce qu'un souhait réel, cela pose le problème de l'interprétation des souhaits : peut-on vouloir mourir ? »

La demande

« Autour du désir de mourir, il y a le problème de l'indignité, identité, dignité : est-ce que le désir de mourir est modifié si tous ces paramètres sont respectés ? »

« Il y a le problème de la détresse devant la souffrance : l'euthanasie est-elle un souhait réel ? Faut-il explorer la notion de "je ne sers à rien" ? Ça peut être une conception de la vie au sens social, utilitariste, mais il reste la valeur humaine de la vie : quel sens de sa vie chacun a-t-il voulu, une loi peut-elle intervenir dans un problème aussi intime ? »

« Dans la demande, il peut y avoir le problème de solitude. »

« Un accompagnement de qualité de fin de vie permettrait-il une autre attitude que vouloir mourir ? »

« Est-ce la société ou la famille qui décide à la place du patient ou lui vraiment ? »

« À quel moment est-on maître de ses propres décisions ? On a parfois besoin d'aide pour prendre la décision. Exemple des handicapés d'handisport : avant l'accident, ils n'auraient pas pu prévoir leurs réactions. Les accompagnants constatent combien les gens même très atteints et malades se raccrochent à la vie, après avoir dit qu'ils voulaient mourir. »

« Il y a une évolution du souhait entre le moment du diagnostic, l'évolution de la maladie et la mort : à quelle date doit-on prendre en compte le souhait ? »

« Il y a une fluctuation de la volonté : le matin, la personne veut mourir, mais si on partage le repas le midi, elle n'aura plus envie de mourir, et le soir, alors que la douleur et l'angoisse remontent, elle veut à nouveau mourir. »

« Si la personne est atteinte de démence ou de dépression, est-elle capable de décider par elle-même ? »

« Comment décoder quand une personne désire la mort sérieusement ? Comment assumer la mort d'une personne se rendant compte de sa dépendance ? Qu'entendre du désir de mort d'un malade atteint de la maladie d'Alzheimer alors qu'on n'en meurt pas ? »

« Pour connaître les souhaits réels de la personne, il faut décoder la communication non verbale (des gens ne pouvant plus parler peuvent montrer par des gestes qu'ils veulent que cesse l'acharnement). »

Problème de l'irréversibilité

« Il y a des exemples de miracles médicaux : *cf.* le cas de Jean-Pierre Chevènement. Si on avait appliqué la loi Leonetti, il serait mort et sa carrière aurait été amputée. »

Interrogation sur l'effet sur la société

« Liberté : depuis la naissance, on est soi, mais aussi nous. On fait partie de l'humanité, on ne peut penser la liberté en dehors de la société. »

Soins palliatifs

Développement des soins palliatifs

« Les personnes de l'atelier sont d'accord pour développer les soins palliatifs dans la fin de vie. La prise en charge doit se faire quand la souffrance est là et la douleur ressentie. Le malade a un droit, il ne doit pas souffrir. Il y a aussi le domicile : il faut aller délocaliser ces soins éventuellement au domicile. Dans les EHPAD, il faut les généraliser. »

« Le médecin devrait être le seul juge avec la famille et l'intéressé pour être pris en charge par des soins palliatifs. »

Palliatif/curatif

Difficulté du passage palliatif/curatif

« Acceptation de la mort par le corps médical : il y a une opposition entre les soignants curatifs et les soignants palliatifs, avec la volonté des soignants curatifs de toujours donner espoir que la personne va s'en sortir, et du côté des soignants palliatifs, une autre démarche. Il y a donc des difficultés entre les deux groupes (médecine spécifique/non spécifique), il y aurait une articulation différente à apporter. Dans l'esprit des personnes, "palliatif" signifie que la mort est proche et il y a des personnes qui à l'hôpital refusent qu'on vienne les visiter en sachant que c'est quelqu'un du monde palliatif. Il y a encore une image difficile. »

« Le recours aux soins palliatifs entraîne parfois un choc pour le patient, une rupture dans la prise en charge, quelquefois le passage est lié à un renoncement du médecin. D'autres fois, des médecins qui se sentent en situation d'échec se refusent à consulter les soins palliatifs, à "repasser le bébé". »

« Question du passage curatif/palliatif, ce n'est pas un moment facile, la plupart des personnes rentrant en soins palliatifs ou en traitement de soins palliatifs ont une idée de la gravité de leur maladie, mais pas toutes. »

« Il faut développer ces services, non seulement dans les soins palliatifs, mais aussi exporter ces services, dans les services de l'hôpital. Dans les autres services, il faudrait des soins palliatifs. Il y a peut-être un refus des équipes de prendre en charge ces soins palliatifs. »

Changer le terme de « soins palliatifs »

« Il est dur de dissocier les soins palliatifs de la notion de mort immédiate. Il vaudrait mieux parler de soins spécifiques et de soins non spécifiques (dont soins palliatifs, mais pas seulement), cette manière de présenter les choses est moins clivante. »

« Est-ce possible de trouver une autre appellation (pour que ce ne soit pas un équivalent de "mouroir"...) ? Notion de "soins palliatifs structurels" et "soins palliatifs dans la culture des soignants" : structurel *vs* culturel. »

« Objection sur le mot de soins palliatifs : je suggère de changer le mot. Il est chargé d'une masse de présupposés : arrivée vers la mort pour le médecin ou le soignant, vécu comme un couperet ou un arrêt de mort par le malade. Il y a un manque de sérénité dans ce mot, une insuffisance de liens avec la vie. La décision devrait laisser apparaître humanité, douceur, paix. J'aimerais un mot comme "soin d'accompagnement" »

La médecine et la fin de vie

Le rôle et l'attitude du médecin en fin de vie

Acharnement thérapeutique

« Les plus anciens trouvent qu'il y a depuis vingt-cinq ans une évolution sur la conception de la mort dans le métier : on en parle, on est écouté (des tabous restent, mais on s'est attaqué à certains). On essaie de veiller sur la qualité de la fin de vie plutôt qu'à l'extension de l'espérance de vie avec une fin de vie hyper-médicalisée. »

« Il y a une loi très jeune et méconnue (Leonetti) qui se heurte souvent à une réflexion historique et culturelle qui met le respect de la vie au-dessus de tout. »

« Pour les professionnels, la mort semble être un échec, on n'écoute pas ceux qui veulent mourir ; on ne voit que rarement mourir quelqu'un non perfusé en établissement. »

« La question de la différence entre l'acharnement thérapeutique et la non-assistance à personne en danger est un problème pour les professionnels. »

« J'ai été surprise d'entendre des professionnels de certains services dire qu'ils n'avaient pas été formés à l'accompagnement des mourants en formation initiale et continue, mais que leur logique était de guérir, qu'ils ne pensaient pas à se préparer à la mort même quand elle arrive. Ils étaient dans l'acharnement car ils n'étaient pas préparés. Ce n'est pas qu'une question de formation, mais de posture. Ça inquiète un peu. »

« Questionnement quand les personnes sont inconscientes sur le long terme : est-ce qu'à un moment, cette personne inconsciente va survivre pour sa famille, pour la société, pour le monde médical ou soi-même ? »

L'écoute du patient, l'information du patient

« La position des professionnels est souvent différente de celle des proches. Permet-on aux professionnels de passer du temps à écouter le patient (contraintes budgétaires) ? »

« D'accord sur une décision collégiale lorsqu'on ne sait pas si le malade peut prendre la décision, mais le malade doit être présent chaque fois qu'on discute de son sort. »

« Le patient connaît-il les produits utilisés pour apaiser sa douleur ? N'est-ce pas un mystère réservé au corps médical ? Certains établissements sont clairs là-dessus, d'autres moins. »

« Les personnes travaillant au contact de la personne en fin de vie disaient qu'elles passaient plus de temps avec l'entourage hors de la chambre pour expliquer qu'avec le patient qui ne peut plus entendre. »

« Par rapport à la maladie d'Alzheimer qui fait peur, dans les pays où il y a une loi pour aider à mourir (Belgique, Hollande), pour ce type de maladie, il y a un entretien permanent entre le médecin et la personne dès le début où on la décèle. Quand la personne souhaite ne pas aller au bout du bout, avec le médecin, dans l'évolution de la maladie, elle donne des indications : "Si je ne reconnais plus mes proches, aidez-moi à mourir." Nous en France, on n'informe pas suffisamment la personne, j'ai entendu dire qu'on ne dit pas toujours à la personne qui a la maladie d'Alzheimer qu'elle l'a. Comment informer finement, progresser avec elle dans sa maladie, en ne lui cachant pas l'évolution ? »

La souffrance et la douleur

«Les proches veulent souvent qu'on supprime la douleur, mais que le patient soit conscient (souvent on utilise la morphine).»

«Questions sur la position historique culturelle devant la mort : la conception chrétienne de la douleur nécessaire et expiatrice est-elle d'actualité face au devoir de soulager ?»

«Des urgentistes ont dit qu'il faut travailler la prise en charge de la douleur, la douleur n'est pas encore suffisamment prise en charge : malheureusement, on meurt encore mal.»

La formation des médecins

Insuffisances de la formation des médecins

«La formation du personnel infirmier et médical n'est pas optimale. Il y a une demande de formation sur la fin de vie. Nécessité de développer la formation continue sur ces sujets qui concernent moins les étudiants en formation que les professionnels confrontés à ces problèmes dans le cours de leur carrière.»

«Dans le cadre de la formation initiale, on est moins sensible à la fin de vie (on est jeune, etc.). La formation continue pour des gens déjà confrontés au problème semble plus efficace. Ça a l'air de disparaître dans la formation initiale.»

«On a évoqué le nouveau référentiel de formation des études infirmières : on a introduit de nouvelles matières (anglais, informatique), mais on n'a pas renforcé d'un point de vue éthique l'approche de la fin de vie. Même s'il y a une unité d'enseignement spécifique sur la fin de vie, chaque IFSI l'interprète de la manière dont il le souhaite et l'approche de la mort est parfois lointaine.»

«Les formations existent, mais le problème est la mise en pratique de ce qui est appris.»

«Les étudiants en médecine sont pour le moment formés à garder la vie, mais pas à accepter sa finitude».

«Il faut former les étudiants en médecine à accepter la finitude.»

«Les médecins ne sont pas suffisamment formés sur le sujet, ni en formation initiale ni en formation continue.»

«Les futurs médecins ne seront pas mieux armés sur les relations humaines, on peut se dire qu'il y aura du temps avant que l'évolution culturelle soit assez répandue. Pendant ce temps, il faut continuer à appuyer le développement des structures (équipes mobiles, etc.). La formation ne répond pas à ce besoin.»

«Il faut éduquer à la culture palliative les professionnels de santé, culture de citoyen.»

La loi Leonetti

« La loi Leonetti a 7 ans, on n'avance pas. Ce qui me surprend : on veut durcir certaines parties de la loi Leonetti, on discute d'une loi que personne ne connaît, il faudrait commencer par la connaître en voyant comment elle peut s'appliquer autour de nous. »

« Quand on est confronté à la mort, c'est là qu'on apprend les lois... Tant qu'on n'est pas confronté, ça nous passe derrière l'oreille. »

Les directives anticipées

L'opposabilité

Problème de la valeur à leur donner

« La volonté du malade doit passer avant celle du médecin. »

« Au niveau du groupe, il y avait deux perceptions différentes des directives anticipées. Une perception était qu'il devait y avoir une application stricte des directives anticipées : c'est le choix de la personne qui doit être appliqué. Une autre position, majoritaire, était de dire qu'il y avait un risque d'appliquer systématiquement les directives anticipées des personnes : la réflexion de la personne pouvait changer en fonction de l'évolution de la maladie. L'expression de la volonté ne doit pas être le seul élément, il faut une réflexion collégiale au niveau de l'équipe médicale pour évaluer le souhait réel de la personne. Sinon, il y a un risque que ça devienne systématique et qu'on arrive à des aberrations. »

« Concernant les personnes qui ne peuvent plus exprimer leur volonté, quelle valeur donner aux directives anticipées ? Il n'y a que 1,5 % des personnes qui ont exprimé leurs directives anticipées et notre groupe s'est dit que c'était logique parce que le législateur n'a pas souhaité les rendre opposables au médecin (les directives anticipées peuvent être prises en compte), c'est le médecin qui est à l'initiative d'un arrêt, la personne de confiance ne peut pas demander au médecin de l'entendre par rapport à ça (alors qu'un amendement avait été déposé pour dire que le médecin doit suivre les directives). Comment proposer aux personnes d'écrire leurs directives si l'on sait que par ailleurs ces directives ne seront pas suivies ? »

« Les directives anticipées exprimant notre volonté par rapport au monde médical, par rapport à la famille et par rapport à la société : quelle attitude avoir, la société est-elle prête à accepter la volonté transcrite dans les directives anticipées ? Comment la volonté de l'individu est-elle prise en compte ? »

« Il y a eu le témoignage d'un urgentiste qui pose le problème lorsqu'on est face à une personne en train de mourir. Va-t-on la réanimer à tout prix, même si la personne a exprimé sa volonté de ne pas l'être ? Il est difficile d'aller contre la volonté de la famille. »

« Un médecin parle de "partenariat avec le monde médical" : vous exprimez ce que vous souhaitez (pas de sonde gastrique...), mais ce n'est pas vous qui allez décider : la collégialité va prendre la décision. »

« Il n'y a rien de fait pour que la société, le monde médical et la famille prennent en compte les directives. »

« Notion de partenariat pour construire une décision : les directives anticipées concernent un patient ne pouvant plus s'exprimer. On a eu une attitude paternaliste dans le monde médical visant à prendre les décisions pour les autres, il ne faut pas inverser le balancier dans l'autre sens et imposer au professionnel un diktat du patient. Il faut essayer de construire quelque chose, et les directives anticipées ou la personne de confiance ou l'entourage familial pouvant porter témoignage de ce qu'était le patient sont des éléments importants de la réunion collégiale. »

« On a insisté sur la possibilité de changer d'avis : faire évoluer un papier n'est pas facile (il peut y avoir une ambivalence, on peut changer d'avis, comment le faire savoir ?). »

« Les situations de fin de vie ne sont pas forcément du négatif tout le temps : il peut y avoir des rencontres, des échanges, des choses qui donnent du sens pour le patient et l'entourage. Appliquer une directive anticipée prise avant d'être malade sans pouvoir être remis en cause raye ça : comment faire intervenir le côté relatif des choses, le côté survie (quel sens donné à ce qui se passe dans la fin de vie, pas que du négatif, peut apporter de la joie). »

« Le patient décide de ses directives anticipées et de la personne de confiance, mais la décision finale revient au médecin dans une démarche collégiale. »

« La question de l'opposabilité est délicate : on peut changer d'avis alors que faire avec des personnes qui n'ont plus toute leur tête (Alzheimer) ? Que faire avec des personnes démentes réitérant au fil des années leur désir de mourir, comment prendre en compte cette parole ? »

« On est des êtres sociaux n'existant que par le lien qu'on tisse autour de nous, par l'expression de directives anticipées opposables on peut mettre à mal ce lien. »

La difficulté de rédaction

« Difficulté du personnel : quand on entre en maison de retraite ou à l'hôpital, c'est dur de proposer de rédiger des directives anticipées car il faut du temps pour savoir ce que la personne souhaite, l'entrée n'est peut-être pas le meilleur moment. C'est avant d'être malade qu'il faut réfléchir à sa fin de vie. Le personnel n'a pas le temps. Est-ce que le personnel est lui-même au clair avec ces directives anticipées ? »

« Il est difficile de faire rédiger des directives anticipées à l'entrée dans un établissement pour personnes âgées alors que c'est une étape difficile (la famille culpabilise). »

« Il y a eu un constat que même les associations de patients ont du mal quand elles proposent des directives, les personnes ne sont pas intéressées (côté patient et monde médical). »

« Il faut généraliser les directives anticipées tôt dans les maladies évolutives. »

« On peut écrire ses directives anticipées même quand on est en bonne santé : on peut avoir à tout moment un accident de la circulation et être handicapé. »

« Globalement, les directives anticipées sont difficiles à exprimer pour soi-même. »

« On s'est demandé à quel moment les directives anticipées doivent-elles être écrites ? Quelle est la date idéale ? »

« Les personnes peuvent avoir du mal à détailler ce qu'elles veulent, il faudrait faire une liste de choses pour les guider. »

« Les directives anticipées ne représentent que 1,5 % des personnes qui décèdent, il est difficile de choisir pour soi-même (seul devant sa feuille), il faut avoir une aide pour le faire. Il faudrait une information sur ces possibilités. »

« Il est compliqué de rédiger des directives anticipées : c'est difficile de se projeter en bonne santé dans une maladie incurable et de dire : "Dans telle situation, j'aimerais ça ou ça". »

« Les personnes âgées savent dire : "Je ne veux pas d'acharnement thérapeutique et de souffrance", mais l'acharnement thérapeutique est relatif à chacun (la nourriture artificielle est vue différemment selon les personnes). Quand on propose des cas concrets, les patients semblaient déconcertés, apeurés et ne pas avoir envie d'énoncer plus avant leurs souhaits. »

Le manque de connaissance

Le manque de connaissance, de compréhension

« La notion de directives anticipées n'est pas connue des familles, ni des soignants, il y a beaucoup de retard dans la connaissance de la loi Leonetti alors que tout le monde a une personne dépendante dans sa famille. »

« Dans les EHPAD, les gens ne connaissent pas ce que sont les directives anticipées. »

« Une dame a témoigné qu'elle a rédigé des directives anticipées avec l'aide de son fils. Elle a été soulagée de savoir qu'il y avait une trace de sa volonté, elle a parlé de sa démarche autour d'elle ; des personnes lui ont demandé de les leur fournir pour avoir un modèle. »

Propositions pour les faire connaître

« Il faudrait des programmes en direction des clubs du 3e âge pour éduquer les personnes âgées aux directives anticipées. »

« C'est le rôle des médecins traitants d'expliquer les directives anticipées. »

« La diffusion des directives anticipées doit venir d'en haut (programme de l'État) et d'en bas (du terrain, chacun a une responsabilité et doit faire marcher le bouche à oreille). »

Le problème de leur accessibilité

Le problème de leur accès

« Serait-il possibilité d'écrire les directives anticipées, les volontés dans le dossier médical personnel ? Où en est le DMP ? Dans chaque région, le DMP est-il mis en œuvre ? »

« Il faudrait inscrire ses directives anticipées sur sa carte Vitale pour qu'il y ait une trace. »

« Le Smur ne s'occupe pas des directives anticipées dans l'urgence. »

« Il semblerait qu'il y ait un flou sur le récepteur des directives anticipées : on ne sait pas qui doit le réceptionner : certains pensaient qu'il aurait fallu que ce soit des gens qui connaissent le malade. Est-ce le médecin traitant ? Celui qui reçoit la personne qui va être hospitalisée ? »

Personne de confiance/familles

La personne de confiance : développer l'information

« Il y a un manque d'information sur la personne de confiance : souvent, c'est la personne qu'on contacte s'il y a un problème, alors que ce n'est pas ça dans la loi Leonetti, normalement c'est celle qui va porter ma parole quand je ne pourrai plus la dire. »

Conflits familiaux

« Comment faire quand il y a un conflit dans les familles sur la fin de vie : qui écouter ? »

« Pour éviter les conflits familiaux qui semblent être fréquents dans ce genre de circonstance, proposition d'écrire les directives anticipées à plusieurs et en famille pour que les choses soient dites sans tabou. La famille peut avoir des droits : ils sont les premiers accompagnateurs, il faut régler ça en groupe. La personne concernée doit pouvoir dire si elle souhaite que sa famille soit associée à sa propre décision. Pour les personnes qui ne sont plus en capacité de donner leurs dernières volontés, il pourrait y avoir une réunion avec les proches pour éviter les conflits familiaux. »

Difficulté de prendre une décision pour les familles

« Il est difficile pour les proches d'assumer le droit de vie et de mort (témoignage d'une vieille dame ayant accompagné son mari très malade et en fin de vie qui a dit à l'infirmière : "Je ne peux pas vous demande d'enlever ce qui le maintient en vie", culpabilité trop énorme). Comment prendre une décision pour soi ou pour l'autre, comment en parler en famille ? »

La personne âgée

« Dans les EHPAD, ils mettent en place des projets de vie, c'est beau, qui soulignent le fait qu'il y a encore quelque chose. C'est bien, ça peut faire partie des nouvelles solidarités : projet de vie pour toutes les personnes accueillies dans les structures spécialisées. »

« Comment répondre au besoin spécifique des personnes âgées dépendantes plus conscientes de la mort, avec un besoin de plus d'écoute : quel lien social créé ? Exemple de maisons presque chez soi en Hollande fonctionnant avec une place pour les familles, exemple de passerelle soins à domicile et hospitalisation, structures rurales privées (MARPA). Pourquoi les familles ne trouvent-elles pas leur place dans les EHPAD, même quand on leur propose de leur laisser une place ? Les EHPAD peuvent s'ouvrir à une aide des familles : toilette/repas donnés par familles »

L'accompagnement

Relation aidants naturels/aidants professionnels

« Une chose fondamentale : à partir du moment où une personne est en situation de fin de vie, tous les gens autour d'elles sont des accompagnants (on fait se confronter le monde médical, c'est-à-dire les gens qui savent au niveau de la maladie, et l'entourage et le malade). Mais à ce moment, soignants et non-soignants doivent être sur le même positionnement : les soignants partagent l'accompagnement des personnes en fin de vie, c'est ce que nous ont appris les soins palliatifs. On est tous en humanité devant une personne qui va mourir, il faudrait réduire cette différence entre les professionnels de santé, le patient et sa famille. C'est trop une confrontation : qui va décider ? »

L'accompagnement de la personne en fin de vie

« Plus la personne est entourée, plus il y a un accompagnement, plus il y a un soulagement de la douleur, moins la personne sera à même de demander à mourir. »

« Il y a de moins en moins de bénévoles. »

« Je suis en milieu rural, sur la solidarité : on a de moins en moins de personnes autour d'une personne dépendante. Financièrement, je suis frappé par les dépenses supportées par les familles (10 milliards d'euros par les familles, 5 milliards donnés par les conseils généraux). Vieillissement des conjoints, mort d'enfants avant les parents, on devra aller vers une demande de professionnels pour juguler les difficultés des familles. Des familles qui se séparent, on ne va pas demander à une épouse de soigner sa belle-mère, ça n'arrange pas les choses. Le dévouement quotidien qu'on voit est remarquable. »

« Il ne faut pas que les personnes meurent seules. »

« Il faut s'inscrire dans un temps différent à l'approche de la fin de vie, c'est très difficile dans la société : ça heurte tellement que la mort va arrêter qu'on préfère que la mort arrive vite plutôt que d'avoir à s'arrêter (un enfant qui habite loin et doit avoir les infos synthétiques au téléphone, l'infirmière qui a beaucoup à faire…). »

L'accompagnement des proches de la personne en fin de vie

« Les accompagnants ont des problèmes pour trouver quelle réponse apporter à leurs proches disant : "Je n'en peux plus, je ne sers à rien, je t'embête".

C'est une situation embarrassante pour les accompagnants qui doivent pouvoir être aidés pour les assumer. »

« Il faut un réinvestissement citoyen dans ces questions : c'est un débat qu'on a occulté parce que la fin de vie est quelque chose qui s'est technicisée. Maintenant si on technicise cette question, quelle est la place des proches, quels poids les proches peuvent faire porter au médecin ? »

La mort dans la société

Nécessité de parler de la mort

« La personne en fin de vie, la mort, en matière de communication audiovisuelle et de journaux ne sont pas des thèmes qui sont portés (comme la maladie mentale). Au niveau de la société, chacun d'entre nous a une évolution à faire. »

« Ne serait-il pas urgent de former chacun de nous en disant : "Nous sommes mortels." On en a tous conscience, mais on reporte au lendemain. La vie est une maladie mortelle, on est tous des mourants en puissance, on a notre mot à dire. »

« Une piste d'amélioration est la sensibilisation culturelle. Pour le futur, il serait important d'éduquer à la mort, l'acceptation de la mort passe par en parler, faire fonctionner le bouche à oreille, faire des débats. Il faudrait parler de la mort aux enfants en maternelle. Éduquer à la mort et à la fin de vie toutes les tranches d'âge. »

« On n'amène plus les enfants au cimetière. »

« Il y a une lueur d'espoir : depuis quelques années, la question de la mort reprend place dans le débat social. »

Les institutions

Comment respecter le désir de la personne de mourir chez elle, peut-il y avoir un retour à maison pour la toute fin de vie quand la personne est hospitalisée ?

Alternatives au domicile et à l'hôpital

« Comment accompagner le patient et l'entourage ? Il faudrait des services intermédiaires entre l'hôpital et le domicile qui pourraient éviter la solitude des patients et le désarroi et la fatigue des accompagnants (par exemple, une personne dit : "Où est-ce que je serai mieux puisque je connais tout le monde"). »

« Dans notre atelier, on s'est fâché contre des cadres administratifs, contre des normes, contre des textes, qui à un moment font que les alternatives ne sont pas simples. On s'est fâché contre les difficultés de financement : il pourrait y avoir de l'hébergement temporaire, mais comment pérenniser des places de temporaire ? On s'est fâché contre le clivage sanitaire médico-social, social et la non reconnaissance de la citoyenneté (l'accompagnement à domicile touche à la citoyenneté). On s'est fâché contre des lourdeurs administratives qui ne font que croître.»

«Il existe des structures alternatives à l'hôpital et au domicile, il y a de la bonne volonté, il y a des bonnes pratiques, il y a presque trop d'intervenants.»

«Il faudrait une meilleure articulation/coordination : il n'y a pas de solution magique, il faudrait des assouplissements de dispositifs.»

«Pour les alternatives au domicile et à l'hôpital, il ne faut pas forcément du très nouveau, mais plutôt des réponses à construire à la marge, un entrecroisement des normes : il ne faut pas travailler à la création de nouvelles structures dans les communes permettant le répit, mais se demander s'il n'y a pas déjà des structures pouvant être adaptées. On peut répondre aussi en termes de processus : il faudrait plus d'élasticité, de perméabilité entre les normes, structures, dispositifs. Il faudrait pouvoir franchir les frontières des cadres pour trouver de nouvelles réponses, développer la solidarité (par exemple une solution de proximité : une aide à domicile peut accompagner, dans une petite structure, une demi-journée par semaine...). Il est important de ne pas réinventer l'eau chaude, mais de travailler à une meilleure complémentarité, juxtaposition. Un coordinateur serait-il la solution? Mais il y a déjà beaucoup de coordinateurs. Il faut remettre de l'humain dans ces dispositifs.»

«Le groupe s'est fait la remarque que 70 % des personnes souhaitaient mourir à domicile, mais mouraient à l'hôpital; il faut trouver des solutions pour respecter le souhait des patients. On s'est rendu compte que les hospitalisations pour le répit des aidants sont courantes, coûtent cher à la société mais qu'elles sont une alternative pour les familles qui ne peuvent pas faire face au coût d'un aidant de nuit. La question est : comment obtenir des transferts financiers entre une hospitalisation hyper-coûteuse pour la société pour une nuit d'hospitalisation alors qu'on pourrait avoir un aidant à domicile?»

«Il est de plus en plus dur d'expérimenter (le financement par appel à projet pose la question de la place à terme des expérimentations). Le contexte est tel qu'imaginer de nouvelles formes va être compliqué : il y a un carcan administratif. Travailler à l'entrecroisement des dispositifs, des financements, travailler à la perméabilité... est important.»

«Sur les questions des nouvelles solidarités, on est dans les prémices d'une réflexion, mais il ne faut pas y venir par des questions de contingence financière, mais plutôt par une entrée noble : comment faire une société autour de cette question de la fin de vie? On a beaucoup tendance à être dans un discours où le bénévolat est encouragé, mais il ne faut pas tout faire porter sur des solidarités informelles.»

«Il y a déjà des expériences d'autres solidarités : autour de Paris, une vingtaine de personnes ont fait restaurer plusieurs appartements dans une cité. Il peut y avoir quatre personnes dans un grand appartement avec chacun son autonomie, mais avec une personne qui vient aider le groupe. Il ne faut pas attendre tout des pouvoirs publics, il faut aussi diffuser ces possibilités de prise en charge par le citoyen, d'autres manières de fonctionner.»

«Il y a des expérimentations pour les personnes n'ayant pas d'endroit où aller : elles peuvent aller dans une structure d'hébergement avec des lits "halte soin santé" qui permettent d'être en convalescence avec présence de personnel soignant et social.»

Débat de Clermont-Ferrand du 10 novembre

Les interrogations et les arguments relatifs au suicide assisté ou à l'euthanasie

Des arguments « pour »

Le geste

« Vous dites que vous ne feriez pas confiance à quelqu'un qui pratique des euthanasies, moi si je savais que le médecin pratique des euthanasies je serais en confiance. Le docteur DL fait des conférences pour dire : "J'ai pratiqué des euthanasies, quand on dit que les médecins ne veulent pas le faire, ce n'est pas vrai, ils ne veulent pas le faire de façon ouverte, ils veulent que ce soit eux qui le décident et pas le malade. Le fait d'ouvrir cette possibilité va ouvrir un contrôle sur les médecins »

« J'ai l'impression que les médecins ne veulent pas répondre à cette demande d'euthanasie ou de suicide assisté. Mais ça n'empêche pas que le citoyen ordinaire peut et doit continuer à avoir cette demande, c'est peut-être à la société de créer un nouveau corps de métier. On ne va pas obliger les médecins à le faire. Mais des gens ont envie de limiter ce temps de souffrance, cette demande ne peut pas être reçue en France alors qu'elle est reçue en Suisse, en Belgique. »

« Par rapport au médecin et aux souffrances des médecins français, quand on observe la différence de culture en Belgique où la loi autorise l'euthanasie, les Wallons sont très réticents (30 % euthanasie sont du côté wallon, 70 % sont du côté flamand). La culture médicale française qui veut garder un certain pouvoir sur notre corps, c'est logique que des personnes choisissent de ne pas être prises en charge complètement par le corps médical et que ce soit des associations de personnes qui se regroupent et ont la même vision des choses qui accompagnent ces personnes jusqu'à la mort qu'elles souhaitent et au moment où elles le souhaitent. On n'a pas besoin d'être médecin pour aider à mourir. »

« Le rôle des associations (en Suisse il y en a sur tout le territoire) est d'être un garde-fou. L'association permet de réfléchir avant que la maladie ne soit bien installée et la difficulté de vivre trop importante. Le fait de dire longtemps à l'avance : "Je veux une aide médicale à mourir", de rencontrer régulièrement des personnes de l'association, de réitérer, de réfléchir, d'évoluer permet d'anticiper sa mort. Ensuite il y a un contrôle médical, pas sur l'état de santé, mais sur les capacités de la personne (Est-ce que c'est impulsif ou est-ce que la personne y a réfléchi depuis longtemps ? Est-ce qu'elle est poussée par quelqu'un ?). Le médecin vérifie que c'est clair, que la personne a toute sa tête. »

« Peut-être que si ça dérange trop nos médecins de nous accompagner jusqu'à la fin de notre vie, ce qui est dommage, on peut laisser le travail à des associations. »

Au nom de la liberté, du droit d'avoir un choix

«Ce matin, on faisait le lien avec le droit à avorter, et cette difficulté qu'ont pu avoir les femmes pour avoir ce droit. L'IVG et l'euthanasie/suicide assisté sont tous les deux une liberté de l'individu.»

«C'est "à qui appartient mon corps ?". En tant que femme, mon corps, les enfants que je voulais mettre au monde, j'ai maîtrisé ces naissances, comme on a maîtrisé notre liberté, ça va jusqu'à la mort.»

«Je parle de ma décision de fin de vie depuis trente ans avec ma famille, avec mes enfants, il n'y a pas de doute possible, c'est ma philosophie de vie, c'est mon choix.»

À propos de l'impact sur l'entourage

Si la demande de suicide assisté est réitérée, la personne en aura parlé à ses enfants, ce n'est pas comparable à un suicide compulsionnel.»

Pour le vide juridique

«Actuellement, il n'y a aucun contrôle sur les médecins, aucune sanction n'est prévue à l'avance. D'un tribunal à l'autre, les procureurs de la République, les juges… un tribunal acquitte, l'autre fait un non-lieu, le dernier condamne sans que le médecin ne soit interdit de médecine… C'est injuste, il faut que la loi code ça : dans le code de la route, si on grille un feu rouge, on sait qu'il peut y avoir un radar ou un gendarme, qu'on peut avoir une sanction qu'on connaît à l'avance.»

Pour éviter les suicides violents/permettre une mort douce

«Même si on est minoritaires (certains disent que la société n'a pas à prendre en charge), il faut que cette minorité puisse avoir une solution autre que se jeter sous un train ou se servir d'une arme à feu.»

«Le suicide assisté éviterait que la France soit le premier pays d'Europe où les gens se suicident abondamment violemment (défenestration, strangulation, fusil, médicament). Mon cousin s'est tiré un coup de fusil à 98 ans, il estimait que son chemin de vie était arrivé au bout, c'était respectable. Ça aurait été bien pour ses proches si un médecin avait donné une ordonnance pour que son fils ne le retrouve pas dans un bain de sang, mais endormi sur son lit. C'était un instituteur de la République, athée, qui voulait défendre son choix. Il n'était pas malade, mais avait des polypathologies liées à sa vieillesse.»

«L'assistance au suicide permettrait une mort en douceur.»

Pour tenir compte des demandes

«Comment peut-on ouvrir la loi française à tous les possibles (le possible n'étant pas ce qui va arriver), en respectant la laïcité ? Chacun a le droit à des opinions différentes voire opposées, et les sentiments privés sont respectés, le respect passe par l'écoute. Il faut entendre la parole : beaucoup de personnes disent : "Je veux mourir", mais on les culpabilise et on les fait taire. Si elles pouvaient le dire, peut-être n'iraient-elles pas au bout de la démarche car elles pourraient en parler».

«L'accompagnement en fin de vie est bien fondé, mais une recherche de Ferrand sur les unités de soins palliatifs montre que "malgré les soins palliatifs, les demandes d'euthanasie persistent". Malgré la prise en charge de la souffrance, il y a un maintien notable des demandes de mort anticipée. C'est une réalité chiffrée du fait que quelle que soit la qualité des équipes dans les unités de soins palliatifs, les demandes de mort anticipée persistent, certes minoritaires, mais elles sont là. Il faut en tenir compte.»

«Moi, je suis pour ma mort en suicide assisté (j'ai une maladie récurrente qui ne finira pas bien), mon fils est au courant, je ne vois pas de quel droit on dirait : "Vous êtes psychiquement incapable." Désolé, ça fait quarante ans que je fais un travail sur moi, la mort n'a pas voulu de moi trois fois. J'ai du mal à entendre les personnes dire qu'on peut être sain de corps, mais pas sain d'esprit. Tout le monde a peur de sa mort. Quand l'autre veut parler de sa mort, on a du mal à l'entendre.»

«On peut faire évoluer la loi Leonetti parce qu'il y a des cas rares de demandes d'aide à mourir, que ce soit dans les unités de soins palliatifs ou ailleurs, et ces cas-là on ne peut pas les passer sous silence, il faut trouver une solution légale.»

Des arguments «contre»

La relation de confiance

«Une aide médicale à mourir casserait la relation de confiance entre le malade et le médecin. Il est important d'être en fraternité et qu'il y ait une relation de confiance entre la personne et le médecin, si la personne sait que le médecin peut prescrire quelque chose pour la tuer, comment établir cette relation de confiance avec elle? Ça ne peut pas être la même personne. C'est tellement fragile cette relation patient-médecin.»

«En tant que médecin, j'ai des patients qui ont fait des demandes d'euthanasie et de suicide assisté, je l'entends et je prends du temps. Mais comment puis-je me battre pour faire vivre un patient dans une chambre et dans l'autre chambre dire : "Vous avez signé, c'est bon, je vous aide à mourir"? Nous, on est en responsabilité tous les jours dans notre service et on la ramène chez nous. On a pas mal de demandes initiales d'euthanasie qui ont été accompagnées et n'ont pas été réitérées, la fin de vie a été correcte, on a besoin de temps, de moyens, que la loi soit connue pour que la fin de vie soit possible.»

L'accompagnement

«Les médecins sont là pour accompagner leurs patients jusque dans la mort, il y a une nuance entre accompagner la vie jusque dans la mort et donner la mort. Un médecin disait qu'une demande d'euthanasie était plus un symptôme à prendre en compte, la manifestation d'une souffrance physique ou psychique, qui est à prendre en compte et en charge par la médecine et pas le signe qu'il faut s'arrêter pour trouver les modalités d'euthanasie. Il faut voir ce qu'il y a derrière cette demande. Les demandes d'euthanasie, il y en a (souvent plus des proches que du patient lui-même). Quand on prend en charge la souffrance, dans la plupart des cas, la demande disparaît. »

Quand les malades sont bien accompagnés, il n'y a pas tant de demandes d'euthanasie directe, mais, souvent, ces demandes d'euthanasies provoquent une tension pour l'infirmière car elle ne peut pas annoncer de diagnostic de fin de vie. Cela provoque une tension entre mettre toute l'énergie pour soigner la personne, et quand l'infirmière est dans le couloir, l'entourage vient voir et dit : "Ne peut-on pas abréger ?". Il y a une pression plus de la part de l'entourage que du patient. C'est dur à vivre de façon personnelle, il y a une schizophrénie entre le couloir et la chambre où l'on met tout en œuvre pour soigner la personne. »

« Il n'y a pas de société possible avec l'autorisation de tuer (question anthropologique). »

Pente glissante

« Vous connaissez les cas dénoncés d'assistance à la mort en Belgique ou en Suisse pour des moins de 16 ans ou des cas interdits par la loi (maladie psychologique par exemple, alors qu'il faut soigner la maladie psychologique en premier, on ne peut pas décider de manière équilibrée si on est malade psychologiquement). Dans ces pays, à partir du moment où la loi est passée, il y a eu des cas qui ont dépassé la loi et ça m'alerte. »

Le recours à une loi

« Ce n'est pas à la loi de déterminer les cas particuliers, il faut laisser travailler la jurisprudence. »

L'effet sur la société

« Permettre le suicide serait répondre à un mal par un mal plus grand. »

Interrogations

Interrogation sur la responsabilité de la médecine ou de celui qui ferait le geste

« Est-ce que directement ou indirectement c'est le rôle des médecins de donner la mort ou de mettre en œuvre les moyens pour que la mort puisse être donnée ? »

« Je me demande si le refus catégorique d'euthanasie en France s'explique parce qu'elle est illégale (ce n'est pas parce qu'on est professionnel qu'on est prêt à aller dans l'illégalité) ? Si la législation évolue, le refus sera-t-il le même ? »

« Il faut penser à la souffrance du personnel : lorsqu'on demande un tel acte à un infirmier, il reste avec cet acte. »

« Le suicide assisté ne met pas en jeu que seulement la personne qui demande ce suicide, ça met en jeu également la personne qui donnerait le produit. La personne a sa volonté, mais il y a aussi les personnes autour. Les personnes demandant le suicide assisté voudraient qu'une personne autour soit d'accord pour effectuer leur volonté, mais en tant qu'être humain, si on a donné un produit à quelqu'un, la personne qui se suicidera ne sera plus là, mais la personne qui a donné le produit sera toujours là avec sa tête qui tourne. Quelle personne peut en conscience et pour le bien de l'autre dire "Je vais donner ce produit" ? »

Interrogation sur la demande

« L'accompagnement des personnes me paraît clé, il faut discerner si la personne n'est pas sous l'influence de l'entourage ou d'une association. »

Interrogation sur l'effet sur la société

« Quid des conséquences d'une législation sur les patients fragiles en situation de fin de vie en termes de culpabilité et de pression ? »

« Le choix du suicide n'est-il pas induit par la conception qu'on se fait de la dignité ? Admettre l'assistance au suicide n'est-il pas un aveu d'échec de la société ? »

Interrogation sur l'effet sur l'entourage

« En Suisse, pour avoir un suicide assisté, on a un entretien avec un médecin traitant, mais la famille n'a pas un rôle défini. Moi je crois qu'un entretien dans un bureau, à distance du reste de l'entourage, c'est insuffisant. »

« Quand on voit des gens qui ont fait une tentative de suicide ou des personnes dont un parent s'est suicidé, on voit l'impact psychologique que ça a sur l'entourage, la souffrance : "Mon père s'est suicidé, j'ai du mal à trouver du travail." Là on parle de la mort d'une personne, mais ça a un impact sur l'entourage, sur mes descendants, sur mon mari… mon choix a un impact sur l'autre. Ai-je le droit de faire n'importe quoi vis-à-vis de l'autre ? ».

Interrogation sur le rapport suicide/suicide assisté

« Même en respectant la volonté de personnes qui lucidement, sans symptôme dépressif, disent qu'elles souhaitent que la société les aide à mourir, comment faire la différence entre des demandes de suicide comme les suicides des jeunes, par exemple, qui sont des appels à la vie pour l'immense majorité, et identifier de manière scientifique les personnes pour qui c'est respectable, idéologique, une position métallique et clinique ? Sans oublier l'impact sur la société. Ce risque me paraît tellement gigantesque et comporter des répercussions majeures. »

« Aujourd'hui, tout le monde peut se suicider même si c'est dramatique, on ne peut pas dire que cette demande ne soit pas satisfaite. »

Crainte de la pente glissante

« On s'est demandé qu'est-ce que mourir dans la dignité ? Dans les cantons suisses : 30 % des euthanasies seraient des gens de moins de 30 ans qui auraient demandé une assistance alors qu'ils n'avaient pas de maladie incurable. Le coût moyen est de 6000 euros. »

Soins palliatifs

Développement des soins palliatifs

« Il y a seulement 14 lits de soins palliatifs en Auvergne, il n'est pas facile d'accéder aux soins palliatifs. »

« Il faut créer des lieux de vie type Jeanne Garnier. »

« On peut insister sur le fait que les personnes n'ont pas peur de la mort, mais ont peur de souffrir, il faut développer au maximum les soins palliatifs. Il faudrait plus de lits en soins palliatifs. »

« La qualité de la vie est importante. Il y a un besoin important de développement des soins palliatifs, notamment à domicile. »

« Sur les soins palliatifs, on ne dira jamais à quel point ils ne sont pas assez développés en France, c'était un engagement de Nicolas Sarkozy. La grande dépendance, ça coûte cher, mais beaucoup de citoyens peuvent avoir peur d'une fin de vie s'ils ne sont pas sûrs de pouvoir accéder à un lit de soins palliatifs ou aux soins palliatifs à domicile. Les gens se demandent : "Si mes frais de séjour ne sont pas remboursés, ou vais-je atterrir ?" C'est important. »

« On ne va pas inonder les structures de soins palliatifs, les soins palliatifs ne sont pas une spécialité, la médecine palliative appartient à tout le monde. Il y a eu un plan de soins palliatifs, on a dit : "On va donner des moyens à tout le monde", dans mon hôpital, on a mis un lit identité de soins palliatifs sur le papier, mais on ne l'a vu que sur le papier, je n'ai pas vu un euro. »

« Pourquoi ne pas envisager de développer davantage les soins palliatifs à domicile ? L'effort de coordination des soins palliatifs à domicile n'est pas optimal. »

Perception négative des soins palliatifs

« En France on est dans un affrontement postural. Un médecin bruxellois de soins palliatifs m'a dit : "En France vous êtes dans deux chapelles antagonistes : ceux qui revendiquent la liberté sous forme d'euthanasie ou de suicide assisté et les soins palliatifs. Nous, en Belgique, en soins palliatifs, on fait le même travail que les Français sauf que pour celui qui entre en soins palliatifs, on n'exclut pas *a priori* la réponse positive à une demande réitérée, même si elle est rare, d'euthanasie." J'ai un ami qui est mort à Montluçon et n'était pas de l'ADMD, et qui n'avait jamais prononcé le mot d'euthanasie ou de suicide assisté, ça ne faisait pas partie de ses préoccupations. Il a dit : "C'est la fin, je viens de demander au docteur s'il pouvait m'accorder l'euthanasie ou le suicide assisté", le docteur a répondu : "Il n'est pas question de ça ici." Je serais content d'aller en soins palliatifs à condition d'avoir la garantie qu'on répondra favorablement à ma demande. Je ne veux pas que ce soit exclu, or, il semble qu'en soins palliatifs en France, la demande n'est pas respectée : ou bien on oppose d'emblée un refus clair et net, ou on tente de culpabiliser la personne pour qu'elle retire sa demande, ou bien on pratique une sédation, mais moi je veux mourir conscient, je ne veux pas de la sédation. »

La médecine et la fin de vie

Le rôle et l'attitude du médecin en fin de vie

Acharnement thérapeutique

«Obstination déraisonnable, qui en décide? Le médecin lui-même, ça me révolte.»

L'écoute du patient, l'information du patient

«Je suis infirmière de soins palliatifs, il est compliqué dans la pratique quotidienne d'entendre les paroles d'une personne qui parle de la possibilité d'avoir recours à l'euthanasie. On n'est même pas prêt à permettre à quelqu'un de l'évoquer comme possibilité parce qu'il est dans une détresse et cherche une solution, parce qu'il y a une peur forte chez les soignants que ça se mette en action, les soignants se disent : "Si on laisse la porte ouverte jusqu'où on va." Donc, dans la pratique, on coupe court aux demandes d'euthanasie.»

«Ce qui me semble difficile, c'est que quand on est soignant, on a une conviction. Quand on est face à un patient qui évoque des choses qui vont à l'inverse de nos convictions, le risque est de ne pas vouloir entendre le propos. Que ce soit possible ou pas, est-ce que le corps soignant (médecin, infirmier, ASH…) est prêt à entendre des questions possibles sur la fin de vie? Est-ce qu'on est prêt à entendre quelqu'un qui parle de sa mort? Non, aujourd'hui on est dans des postures. Il faut se dégager de ses convictions, écouter, travailler sur ce que ça provoque en nous, et ça lève beaucoup de difficultés, la confiance s'instaure dans l'échange, quelle que soit la solution à laquelle on arrivera, le fait que ça soit envisagé dans un possible, c'est difficile dans notre société. La réflexion est nécessaire, que ce soit une minorité ou pas.»

«Il y a un manque de confiance envers le personnel médical.»

«On a souligné que la relation soignant-soigné est de nature asymétrique et on ne réglera pas le problème de l'inégalité de statut entre les deux quelles que soient les marques de confiance faites d'un côté et de l'autre.»

La collégialité

«Je m'insurge contre le mot "collégial" : aucun collège n'est défini dans la loi Leonetti, ce serait bien de le faire.»

La formation des médecins

«À propos de la relation que doivent nouer les médecins avec leur patient, c'est un rôle crucial et exigeant pour un médecin de nouer cette relation, la développer dans la confiance, savoir annoncer les choses au bon moment, avec la forme délicate pour que celui qui l'entend soit capable de l'entendre. C'est un rôle pas facile. Là, ce n'est pas le médecin comme technicien de la santé, mais comme personne humaine impliquée. Il faudrait une formation spécifique sur ces aspects-là, même s'il y a des choses qui ne s'apprennent pas, un des piliers dans les soins palliatifs est l'attitude humaine et pas que la technique.»

La loi Leonetti

« La loi Leonetti n'est pas appliquée parce qu'il n'y a aucun contrôle sur la pratique médicale à l'heure actuelle. »

« La loi Leonetti n'est pas suffisamment connue et appliquée, mais elle répond à la majorité des cas que l'on rencontre. »

Les directives anticipées

Contre l'opposabilité

« Il est intéressant que les directives anticipées ne soient pas opposables : le médecin qui doit prendre une décision à un moment t grâce à la loi peut interroger un panel de personnes et notamment le médecin traitant, même si ce dernier n'est pas choisi comme personne de confiance. »

« Un cas concret : ma mère avait écrit des directives anticipées (elle voulait mourir), mais au moment où elle les a données, sa situation s'est améliorée grâce aux soins palliatifs, elle avait une inquiétude face à ce qu'elle avait demandé, elle voulait vivre ces instants paisiblement. Le jour où la souffrance a été prise en charge, elle ne voulait pas abandonner les moments de vie très riches. »

« Dans l'évolution de la vie, dans l'espace de temps entre le moment de rédaction des directives anticipées et le moment où elles s'appliquent, la personne se rend souvent compte qu'il peut y avoir du mieux, des instants peuvent valoir la peine d'être vécus, elle veut alors revenir sur les directives. »

« Les directives anticipées sont importantes puisque ça soulage l'entourage (la personne prend sa décision). »

Difficulté de rédaction des directives anticipées

« Je suis médecin coordonnateur en maison de retraite, 80 % des personnes rentrent en maison de retraite avec des troubles cognitifs plus ou moins importants. À ce moment où elles essaient de s'adapter et de définir un projet de vie, il est dur de demander à la personne ce qu'elle veut si ça se complique. Expliquer ce qu'est une personne de confiance, et les directives anticipées, c'est difficile à ce stade, il faudrait le faire plus tôt, avant d'entrer en maison de retraite. Pour faire ce travail d'anticipation, il faut du temps, il manque beaucoup de médecins coordonnateurs et quand il y en a, ils ont peu de temps. On manque de formation. Il faut du temps pour former le personnel, aborder ça avec les personnes âgées, on ne peut pas utiliser un formulaire, un papier tout fait avec quatre mots de directives anticipées, il faut passer une heure de temps avec la personne, il faut un vrai travail de dialogue avec la personne. Ça progresse, ça ne se faisait pas avant, ça se fait en partie, il faut continuer là-dedans. Les choses évoluent sans cesse au long de la vie (à 20 ans, 40 ans, 60 ans…). Je suis confrontée sans cesse à l'ambivalence, je suis toujours dans du gris, pas du noir ou blanc. Parfois des gens ont des difficultés psychologiques. »

« J'ai fait ma thèse sur les directives anticipées. La plupart des personnes ne savent pas ce que ce sont les directives anticipées. Les personnes sont demandeuses d'en parler avec leur médecin généraliste, "mais pas trop" : elles ont peur de la mort et de ce que ça signifie d'en discuter. On ne va pas chez le médecin pour parler de la mort, mais pour qu'il nous soigne. Les médecins généralistes disent qu'ils connaissent bien leurs patients, et ils connaissent certaines directives anticipées de façon implicite (ils connaissent l'histoire de vie au long cours de leur patient, contrairement aux médecins coordinateurs en EHPAD). La loi Leonetti leur permet de mettre des mots sur ce qu'ils faisaient avant. Les médecins généralistes sont l'interlocuteur privilégié. Il est important pour les patients de pouvoir exprimer ce qu'ils veulent. »

Méconnaissance des directives anticipées

« Il est important d'informer au maximum les personnes sur la fin de vie et les directives anticipées. »

Personne de confiance/familles

« La personne de confiance est mal passée dans l'entourage familial, et n'est pas prise en compte dans un avis décisionnel : elle n'est prise en compte qu'au niveau consultatif. Ce doit être une personne extérieure à l'entourage proche qui a assez de recul pour apporter des éléments décisionnels. »

« Attention à la compassion des proches car ils sont trop impliqués émotionnellement, ils font pression sur le personnel médical. »

La situation de l'enfant et du nouveau-né

« Attention à l'acharnement envers les bébés : il y a plus d'acharnements pour les tout-petits, c'est un problème de manque de connaissance de la loi Leonetti »

L'accompagnement

« Il est important d'avoir un accompagnement concret, d'avoir une qualité de vie plutôt que de rajouter la quantité de vie. L'accompagnement se fait par les proches et le personnel médical ».

« Il faut former les aidants, les bénévoles, leur donner une formation pour créer du dialogue ».

La mort dans la société

« La mort est taboue, on n'ose en parler ni dans les familles ni dans les maisons de retraite. Les personnels dans les maisons de retraite sont mieux placés que l'entourage pour en parler avec les personnes en fin de vie ».

« Ce que je reproche à notre société, c'est qu'on ne réfléchit pas préalablement à notre mort, ce n'est pas quand on est malade qu'il faut y penser, mais avant : comment on se prépare, comment on apprend à faire le deuil de ceux qui nous aiment etc. »

« Il est important d'anticiper, il est important que la mort cesse d'être taboue ».

Débat de Lille du 17 novembre

Les interrogations et les arguments relatifs au suicide assisté ou à l'euthanasie

Des arguments « pour »

Au nom de la liberté, du droit d'avoir un choix

« Il faut respecter la volonté de choisir sa mort quand on veut, respecter la liberté de choix. »

« Je considère que ma personne est conscience entière, et que mon avis doit être respecté. Si le droit à la vie est le premier des droits de l'homme, le droit à la mort est le second : je décide de ma personne. Ce n'est pas la loi, un docteur, un juge, une commission qui doit me donner le droit de mourir. Ma dignité : je suis seul à la décider, ce n'est pas à la société. La loi belge l'a fait, j'étais heureux que la loi promulguée parle en même temps des soins palliatifs et du droit au suicide assisté : en tant que défenseur de la liberté, je demande que les soins palliatifs soient augmentés (actuellement on ne répond qu'à 15 % des besoins, les budgets à venir couvriront 30 %. La liberté du choix des soins palliatifs n'est pas respectée). Je demande que les services reconnaissent la possibilité, ma volonté de vouloir en finir avant d'entrer en soins palliatifs. »

« La primauté de la liberté de l'individu et de la volonté de garder sa dignité doit passer avant toute considération. La déclaration des droits de l'homme : "Les hommes naissent libres et égaux en droit." La liberté consiste à pouvoir faire tout ce qui ne nuit pas à autrui. La loi ne doit défendre que des actions nuisibles à la société. Dans ces conditions, au nom de quoi empêcherait-on un individu, quelles que soient ses raisons ? »

« Badinter : « Le droit à la vie est le premier des droits de l'homme », personne ne peut délivrer l'autorisation de tuer : position du docteur qui doit décider pour la mort ou arrêt des soins. Mais droit à la liberté. Si vous comparez droit à la liberté et droit à la vie, le droit à la liberté prime avant le droit à la vie : déclaration de guerre pour défendre sa liberté. Si le pourcentage observé en Belgique et en Hollande est appliqué à la France, cela donne entre 10000 et 15000 suicides assistés. Ce n'est pas anodin. Et le droit à la liberté doit être respecté même si une seule personne demande ce droit. »

« La volonté individuelle de la personne n'est pas respectée car si elle dit : "J'en ai marre de la vie", c'est interprété comme : "Ça ne veut pas dire obligatoirement qu'elle a envie de mourir" Une personne médecin ne peut pas dire obligatoirement ce qu'elle veut pour sa fin de vie. Elle veut que soit respecté le désir ultime de la personne. »

Au nom de l'égalité

« Les associations proposent le suicide assisté à 6000 euros par personne ; moi, je revendique le droit au suicide assisté pour tous ; moi, je n'ai pas 6000 euros. J'ai un cancer, je viens de tomber, et je veux le droit pour tous au choix. »

« Injustice devant la fin de vie : des personnes ont les moyens physiques, financiers, intellectuels de chercher de l'aide ailleurs, mais d'autres sont pieds et poings liés envers la médecine qui les soigne ; si elle ne répond pas à leur demande, elles ne peuvent rien faire. Ça, c'est une injustice. »

Au nom de la lassitude de vivre

« On objecte tout le temps que les personnes qui sont favorables au suicide assisté sont jeunes. Mais on méconnaît une expression qui existait pour les personnes autrefois : "J'ai vécu mon comptant de vie." Des personnes souhaitent en finir car elles estiment que tout ce qu'elles ont vécu les a satisfaites et elles n'ont plus de revendication ou d'espoir de compléter leurs expériences de vie. On doit tenir compte de ces personnes qui disent : "J'ai vécu suffisamment". »

Pour abréger les souffrances

« Quand on parle de souffrance physique, il est difficile que quelqu'un puisse/doive prendre une décision à un moment pour autrui. Quand un individu conscient affirme avec répétition qu'il n'a pas envie de finir sa vie de manière dégradée, dégradante, humiliante, au nom de quoi la société et le pouvoir politique s'en mêleraient ? On évoque peu la question des souffrances physiques qui deviennent envahissantes. »

Cela peut être encadré

« Je veux signaler que l'association qui encadre la fin de vie en Suisse est encadrée par des médecins et un cadre juridique. »

« Il y a eu le problème de la dépénalisation et de la légalisation par rapport à la loi belge : cette loi belge qui est passée il y a une dizaine d'années avec un suivi, cette loi ne passerait pas de la même manière dans le pays. La loi sur le suivi de l'euthanasie est passée le même jour que la loi sur les soins palliatifs : volonté de faire passer deux lois en même temps, ça a permis d'avoir deux reflets et deux approches. »

Pour éviter les suicides violents/permettre une mort douce

« La maman d'une amie avait 95 ans, elle s'est jetée dans le canal, elle voulait mourir, je ne souhaite ça à personne. »

« Il y a le drame des suicides dans les pires conditions, c'est une hypocrisie de la société. »

Modalités

« Certains ont insisté sur décision collégiale du corps médical quand la mort est souhaitée. »

« Il serait bon que les associations puissent avoir le droit d'être faciles d'accès pour les personnes qui souhaitent accéder à une fin de vie en respectant les différences (associations pour les personnes en grande souffrance psychique qui expriment de manière volontaire une volonté de fin de vie, sur le modèle suisse ; et associations pour les personnes qui accompagnent des personnes en fin de vie). »

« Il faut que l'État organise les moyens pour que la personne puisse se suicider sans obliger les aidants à donner la mort, les aidants doivent être libres d'aider ou non de donner la mort. Se pose la question de la culpabilité, du poids. Il faudra, si l'on organise un suicide assisté, une aide et un suivi des personnes qui vont donner la mort car ce n'est pas un acte facile à donner. »

« Si le médecin ne veut pas faire un suicide assisté, ça doit être respecté tout comme la volonté du malade à en finir, mais qu'il dirige le malade vers quelqu'un qui ne s'oppose pas à ce genre de pratique (on n'oblige personne à pratiquer un avortement). »

Des arguments « contre »

« Quel pouvoir doit-on laisser à des associations, une République doit-elle laisser une association entendre une personne en souffrance et la diriger ? Si les associations prennent le pas sur ce que la Nation décide, il y a un risque de faire entrer une dérive sectaire. Je ne dis pas que les associations ont ce caractère, mais c'est la porte ouverte aux dérives sectaires. »

« Réalisez-vous la gravité de ce que vous demandez à faire aux soignants (euthanasie), pourquoi leur demande-t-on ? Il faudrait créer une nouvelle profession. C'est une injustice, quand j'ai obtenu mon diplôme, il n'était pas écrit que j'aurais à pratiquer l'euthanasie, ça ne fait pas partie du contrat. »

« En tant que citoyen, j'aurais du mal à accepter que mes impôts financent une consultation psychologique pour gérer la culpabilité de donner la mort, une façon de ne pas avoir de culpabilité est de ne pas donner la mort. »

« Un monsieur de 98 ans, il en avait marre et voulait mourir, un couple est arrivé pour jouer à la belotte, il a retrouvé le goût de vivre. À ce moment-là, il n'y a plus eu de demande pour en finir. »

« Je bloque sur le terme d'euthanasie. Le suicide assisté, je peux comprendre, mais quelquefois je n'entends pas "euthanasie" mais "État nazi", un pays où l'on tue les vieux est un État nazi. »

« Quel est le message qu'on donne à la société, une loi a une portée philosophique, quel est le message quand on donne la possibilité à des patients de se sentir de trop ? Le chemin des soins palliatifs n'est pas aisé, mais c'est un chemin qui respecte cette dignité sans concession. »

« La société française a fait d'énormes progrès, le mouvement massif de citoyens engagés dans l'accompagnement de leurs frères et sœurs en fin de vie est en croissance, une loi autorisant le suicide assisté rendrait caduque cette humanité au niveau symbolique. L'engagement symbolique de la société entraînerait dans le tragique. »

« Un patient en unité de soins palliatifs a dit sur le débat sur l'euthanasie : "Pourquoi fait-on un débat comme ça alors qu'on a supprimé la peine de mort ?" »

« La loi Leonetti, quasiment personne ne la connaît, même les professionnels. Faire une nouvelle loi pourrait poser le même problème. »

« La loi est générale et le judiciaire est là pour protéger le citoyen. »

« Qu'il y ait des situations qu'on puisse qualifier d'hypocrisie, ce sont des situations d'exceptions qu'on peut laisser aux responsables de santé dans le dialogue avec les intéressés et les familles. »

« Plus que faire évoluer la loi Leonetti (qui protège la relation de confiance entre la médecine et son patient), donnons-lui les moyens d'appliquer cette loi en développant toutes les formes de soins palliatifs (dont les réseaux pour permettre aux gens plus isolés, qui ont moins de moyens intellectuels d'y parvenir). »

« L'exception d'euthanasie, en 2000, sur le moment j'étais choquée. Maintenant, je pense qu'une loi n'est pas nécessaire, mais l'interprétation des juges est importante. »

Interrogations/Craintes

Interrogation sur la demande

« C'est avant tout à la personne elle-même de prendre la décision, prenons garde aux pressions. »

« L'idée d'être un ardent défenseur du suicide assisté est souvent le fait de personnes en bonne santé, les aidants doivent faire attention à ne pas projeter sur les malades et se mettre à leur place. C'est pour ça qu'il y a peu de demandes de suicide assisté dès qu'il y a un accompagnement correct. »

« Oui, il y a des demandes, mais qu'est-ce qu'on entend dans ces demandes ? »

« Dans les demandes d'euthanasie, il y a une peur de la souffrance et de la mort, il y a une disparition progressive de cette demande selon l'accompagnement donné au patient. »

« Je suis opérateur de projet culturel, animation pour personnes âgées, notamment atteintes de la maladie d'Alzheimer. Quelque chose qui me choque là où je travaille, c'est que les aidants sont tellement à bout de la maladie qu'ils souhaitent que leur conjoint ou parent décède, là ça devient plus un choix du patient. Ils disent : "Je veux mourir car je suis un poids pour ma famille". Je ne suis pas pour ou contre l'euthanasie ; mais il est dommage d'en arriver là. Là, c'est les enfants qui décident et je suis contre, c'est la personne qui doit décider si elle est pour ou contre. »

Interrogation sur l'effet sur la société

« Il y a différentes conceptions de l'homme, de la société qui sont en dialogue. Individu et société : ne pas prendre de décisions nuisibles pour la société. On n'est pas un homme tout seul, pas qu'un individu. Histoire du don d'organe pour les enfants, ou de la personne en SLA qui a vu que ça engageait sa famille. Quelles que soient les situations individuelles, tragiques qu'on peut tous citer, qui demandent chaque fois des conclusions circonstanciées, les mesures que nous prendrons engageront la société dans les rapports qu'elle permet ou pas entre les hommes : est-il plus tragique d'occulter la mort ou de pouvoir la donner ou se la donner, ou de pouvoir accompagner aussi bien ou mal que possible les situations d'exception dont on parle ? »

« J'assure des formations d'accompagnement, de bénévolat à l'accompagnement en fin de vie en Belgique. Nous ne sommes pas des individus les uns à côté des autres, nous formons une société, qui détient ou manifeste, reporte sur chacun de nous les idées qu'on colporte de l'un à l'autre. C'est ainsi qu'on a évolué. Je suis médecin et depuis 1982 je me demande : j'assiste à des soutenances de thèse ; après 1981, le serment d'Hippocrate a été rendu facultatif, pourquoi ? »

Interrogation sur le rapport suicide/suicide assisté

« Le débat sur la fin de vie a intégré le débat sur le suicide des personnes de tout âge. L'amalgame entre les deux me choque, ce n'est pas la même question. »

Crainte de la pente glissante/des dérives

« Aux Pays-Bas, un tiers des euthanasies ne sont toujours pas déclarées, même si on légalise, il y aura des dérives qui peuvent provenir des professionnels, au niveau économique (pour libérer les lits), pour des raisons de pression familiale (héritage, assurance vie). C'est à la police judiciaire de voir ».

« En Belgique les euthanasies augmentent de manière exponentielle ».

« Si une loi sur l'euthanasie est votée, n'y aura-t-il pas une dérive dans le corps médical au fur et à mesure que les années passeront (dans cinq ans, dix ans) ? ».

De quels actes parle-t-on ?

« Différence entre "laisser mourir", ce qui a fait consensus, et par contre "faire mourir". D'un côté, on permet à la vie de s'abréger, et de l'autre on choisit le jour et l'heure de sa mort comme dans le film « quelques heures de printemps ».

Soins palliatifs

Insuffisant développement des soins palliatifs

« Dans le groupe, on regrette qu'il n'y ait pas davantage de centres de soins palliatifs. »

« Le groupe a rendu hommage au travail des soins palliatifs, tout en regrettant leur insuffisance (le nombre de lits est insuffisant par rapport aux besoins) et leurs missions ne sont pas suffisamment connues (mon mari a fini sa vie à Lens en soins palliatifs, et je ne connaissais pas le fait que le but des soins palliatifs était de gérer la douleur. Pour beaucoup les soins palliatifs restent un mouroir). »

« Je suis médecin de médecine interne, j'ai été responsable de la coordination régionale des soins palliatifs. Il y a une insuffisance d'information, quand madame sait qu'il n'y a pas assez de lits, j'en suis persuadé, mais vous qui venez de Paris, notre région peut se dire qu'on a une offre de soins en matière d'unités de soins palliatifs de plus de 22 unités de soins palliatifs, il y a 11 réseaux de soins palliatifs, 27 associations de soins palliatifs, 14 équipes mobiles de soins palliatifs. L'État on peut le féliciter de sa constance dans le développement des soins palliatifs. La loi Leonetti a apporté la clarté dont on a besoin. Il y a les lits identifiés, mais il y a des lois qui ne sont pas appliquées : il y a plus de 5000 lits identifiés, qui les a vus ? Ça ne marche pas très bien. »

« Il y a des soins palliatifs à domicile, quand les gens ont besoin de renseignements (il y a encore des zones blanches dans l'Artois). Dans notre région, il y a la possibilité de joindre toujours une équipe qui va pouvoir répondre (infirmière, médecin si problème médical). On n'est pas bon à le faire savoir. Il faut informer les médecins de ville sur le fait qu'ils peuvent nous joindre tout le temps. »

« Il faut une meilleure information sur les soins palliatifs qui devrait débuter dès les facultés de médecine. »

Vécu positif en soins palliatifs

« Un accompagnant d'un décès écrit dans un livre sur une unité de soins palliatifs : "Le paradis, c'est ici". »

« Pour ma grand-mère, on a proposé des soins palliatifs à domicile (qui sont revendiqués par la majorité des Français), et obtenu un transfert pour mourir à domicile. Cela s'est fait de manière digne, sans confondre logique de soins d'accompagnement avec euthanasie. »

Vécu négatif en soins palliatifs

« Les associations qui demandent l'euthanasie ou le suicide assisté ne sont pas contre les soins palliatifs, mais contre l'acharnement palliatif. Ces personnes qui pratiquent les soins palliatifs défendent leur point de vue comme si on allait leur prendre leur job, comme si on allait fermer l'usine. Avoir une loi permettant l'euthanasie active n'oblige personne à la demander, on ne va pas l'imposer à ceux qui ne la demandent pas, c'est ça, la différence. »

« J'ai accompagné un membre de ma famille dix ans, je suis outrée par la prégnance des soins palliatifs. Il faut entendre ceux qui entendent "aide personnelle à mourir dans la dignité". Je dis oui aux soins palliatifs, mais j'en ai assez d'entendre des histoires, oui il faut des soins palliatifs, les développer. »

« Il y a une réticence aux soins palliatifs en lien avec les progrès techniques de la médecine, représentation de la vie et de la mort et rôle des médias. »

Palliatif/curatif

« Finalement, il y a des mots qui sont des clés pour certains, des verrous pour d'autres : en soins palliatifs, certaines familles disent : "Ne dites pas qu'il est en soins palliatifs car ce mot signifie mouroir", pour d'autres "soins palliatifs, oui si on ne peut plus rien faire, mettez-le là car on l'accompagnera jusqu'au bout" ».

« Est-ce que les soins palliatifs ont besoin d'être prodigués dans des unités avec un label palliatif, l'ensemble du corps médical ne peut-il pas prodiguer les soins palliatifs de façon plus courante ? »

« J'ai travaillé en soins palliatifs pédiatriques, on a fait un travail avec une formation en France autour de cette question. On avait dégagé l'importance de renforcer le réseau ville-hôpital pour que les médecins de famille soient intégrés à la prise en charge. Il faut la possibilité pour ces personnes qui souhaitent mourir dans leur famille, pour les médecins de ville, de contacter une équipe sans qu'il y ait recours à une équipe mobile, pour bénéficier d'un enseignement sur la prise en charge de la douleur. Si le médecin traitant peut avoir un interlocuteur hospitalier pour la prise en charge de la douleur, ce serait bien. Il faut renforcer les liens avec les soins palliatifs. »

Autre

« Je suis infirmier en unités de soins palliatifs, HAD, et maintenant infirmier coordinateur en réseau de soins palliatifs. Je voulais souligner une faille dans le système : j'ai vu, quand je travaillais au sein de l'HAD, que parfois les services d'urgence ne répondent pas aux urgences palliatives. Quand j'étais d'astreinte, j'intervenais à domicile (détresse respiratoire ou hémorragique), quand j'appelais le Samu et que je disais qui j'étais, le Samu ne se déplaçait pas. »

La médecine et la fin de vie

Le rôle et l'attitude du médecin en fin de vie

Acharnement thérapeutique

« J'ai travaillé en service de soins intensifs de cardiologie, j'ai pu observer la non-application de la loi Leonetti qui recommande d'éviter l'obstination déraisonnable de soins. Ça rejoint mon vécu : j'ai suivi beaucoup de gens qui sont décédés de décompensation cardiaque : j'ai souvent obéi aux ordres médicaux d'intuber, masser (contre parfois l'avis des familles). »

L'écoute du patient, l'information du patient

« Le médecin ne doit pas rester sur son idée, il ne doit pas essayer de convaincre la personne, mais prendre en compte sa volonté et informer le patient. »

« Il faut faire confiance aux ressources personnelles, psychologiques et morales du patient. »

« La médecine interne avait la préoccupation de la globalité de la personne. »

« Le paternalisme médical et soignant est toujours présent dans notre pays. »

« Il y a un problème de confiance avec le corps médical : or la confiance est indispensable. On est tous des êtres vulnérables, c'est la première chose à accepter. »

« On n'a pas évoqué l'annonce du diagnostic, la manière dont il se fait et l'accompagnement qui en est fait. J'ai travaillé en secteur hospitalier, actuellement j'accompagne des personnes endeuillées après un suicide ou une longue maladie, et je m'aperçois que, bien souvent, on laisse les personnes dans une telle souffrance psychique ou avec un questionnement auquel il n'y a pas de réponse. Peut-être faut-il être attentif à cette annonce, on éviterait des refus de soins. »

La souffrance et la douleur

« Les protocoles de soins ne sont pas suffisamment remis en cause par le corps médical, ils ont peur de les faire évoluer, ils sont réticents, ils ont peur qu'on les accuse d'avoir fait mourir les patients. »

« Question des souffrances psychiques : il y a des souffrances psychiques très douloureuses qui doivent aussi être prises en compte. »

Mort donnée

« Mais par contre, certains sont conscients que la mort est donnée dans les établissements sans consentement : échos fréquemment donnés dans les médias parce que même des soignants ont écrit qu'ils avaient donné la mort : sous différentes formes, on débranche (avec parfois traduction en justice). »

Rapport à la mort

« On a évoqué la place du médecin et son rôle, à la fois dans le conflit qu'il peut avoir par rapport à son engagement de soins, et à sa place quand il s'agit de la mort qui est un échec de la médecine, de la vie. »

« Le problème qui est posé aujourd'hui est moins le problème de la représentation qu'on a de la fin de vie (c'est une représentation terrible et on a raison, la mort est impensable et la souffrance est malheureusement présente et on ne va pas la guérir car il n'y a pas que la douleur physique mais aussi la douleur morale). La gestion de la fin de vie n'est pas aboutie aujourd'hui. Ce n'est pas faute de moyens, ce n'est pas la faute du manque d'intérêt, de l'indifférence de la société, mais de ma corporation médicale, hélas, qui ne s'intéresse pas beaucoup au drame que vivent les familles et les patients de ce qu'est que mourir. Une infirmière a témoigné qu'une famille lui avait dit : "Vous n'êtes pas à ma place" »

Sur la collégialité

« Il faut que la délibération collégiale soit meilleure. »

La formation des médecins

Nécessité d'une meilleure formation

« Il faudrait une meilleure formation des professionnels. »

« Première demande : il faut former les médecins pour qu'ils sachent jusqu'où ils peuvent aller dans la limite du droit, et aussi bien les malades que les accompagnants (c'est eux qui ont le pouvoir, le savoir). On leur demande de prendre conscience de leur limite. Mon mari, les douleurs qu'il avait n'étaient pas sensibles au traitement. Bon sang, reconnaissez vos limites ! Personne demande au puissant d'être hyperpuissant, on comprend bien, mais puisqu'il y a des limites, qu'on agisse en fonction des limites de la médecine et qu'on ne laisse pas quelqu'un souffrir pour rien puisque la fin est prévue, pourquoi pas tout de suite, à quoi elle sert l'échéance, gagner le ciel par la souffrance ? »

« Il est important de développer les compétences des médecins professionnels, pas de faire un procès aux gens qui ne se sont pas approprié la loi : difficile de changer les habitudes, la formation c'est tout au long de la vie. Il faut former à reconnaître les émotions, les souffrances, apprendre l'humilité quand les médecins n'arrivent pas à soigner. Il faut former les médecins en matière d'obstination déraisonnable : il est dur pour eux de vivre les situations et reconnaître avec humilité leur impuissance. »

« La formation initiale quand je l'ai connue était telle qu'à l'époque il était interdit d'utiliser les antalgiques, j'ai subi les foudres du Conseil de l'ordre quand j'utilisais de la morphine. Il faut absolument imposer au niveau du cursus initial une formation au soulagement de la douleur. »

La loi Leonetti

Une bonne loi méconnue

« Dans le groupe, il y a eu une unanimité sur le manque d'information sur le droit des malades. »

« La loi Leonetti est suffisante dans la totalité des cas que nous avons accompagnés. »

« La loi Leonetti, quasiment personne ne la connaît, même les professionnels. Faire une nouvelle loi pourrait poser le même problème, il faut une meilleure communication, comme avec les spots publicitaires pour les antibiotiques. »

« La loi Leonetti est mal connue, mal appliquée et ça donne une méfiance envers les médecins, voire de la colère quand on l'a vécue. Elle n'est pas connue donc pas ou mal appliquée, mais pourquoi ? Pourquoi les médecins ne sont-ils pas formés, pourquoi ils ne savent pas ? On ne comprend pas. »

« La loi Leonetti a été votée en 2005, il a fallu attendre 2010 pour que le décret réglementaire modifiant le Code de déontologie soit pris, puis un an pour que le Conseil national de l'ordre des médecins communique sur l'article 37 du Code de déontologie alors que la loi a été prise à l'unanimité. »

« La loi Leonetti est inconnue depuis huit ans par les personnes en mauvaise santé, ça se comprend, mais je ne comprends pas que le milieu médical dise ne pas la connaître : il y a une volonté délibérée de sa part de ne pas la connaître pour ne pas l'appliquer. »

« Quand j'entends dire que la loi Leonetti résout tout, mais que 25 % des médecins la connaissent, ça me fait peur. »

« 75 % des médecins ne connaissent pas bien la loi Leonetti, n'est-ce pas dû au fait que, quand on s'engage dans la carrière de médecin, on le fait pour soigner, on aime bien voir repartir les patients sur leurs deux pieds. »

« La loi Leonetti préserve le patient et médecin, leur donnant des étapes sur l'accompagnement de la maladie, mais elle est trop peu connue. »

« Il est important de former l'ensemble des citoyens à la loi Leonetti. Les médias devraient faire plus du pédagogique que du fantastique. Les ateliers comme aujourd'hui : il est important de laisser les gens s'exprimer pour s'approprier la loi Leonetti. »

« La loi Leonetti permet la sédation si elle n'a pas pour premier but de donner la mort, peu de personnes le savent, il faudrait informer sur ce point (laisser mourir la personne sans qu'elle souffre plutôt que faire mourir). Mais les personnes voient la sédation comme "aider à se suicider", il faudrait un meilleur accompagnement des soignants. »

« Dans mon groupe, j'avais fait valoir que la loi Leonetti est bien pour certains cas, pour dresser les garde-fous pour éviter toute forme d'abus. »

« La loi Leonetti protège le citoyen, le médecin. La relation de confiance médecin-citoyen doit être maintenue. »

Les manques de la loi

« La loi Leonetti est estimée suffisante par les accompagnants en soins palliatifs, mais insuffisante en certaines circonstances. Leonetti pense lui-même qu'elle peut être améliorée. »

Les directives anticipées

L'opposabilité

Pour l'opposabilité

« Pour certains, les directives anticipées devraient être opposables au médecin et non un simple avis. Il faut respecter l'autonomie de la volonté de la personne. Le respect de la personne passe par le respect de sa volonté ».

« Il faudrait rendre les directives anticipées opposables ».

« Pourquoi si peu de personnes sont inscrites sur le don d'organe ? Bien que j'aie une carte dans mon sac à main de don d'organe, si j'ai un accident de la route, si quelqu'un de la famille décide qu'il ne souhaite pas que mes organes soient donnés, ils ne seront pas donnés. Idem pour les directives anticipées : même si les personnes ont écrit leur directive, ce n'est pas pour ça qu'elles sont suivies. On infantilise. On nous garde dans une infantilisation. On ne nous donne pas la volonté de choisir, il y a d'autres mondes qui pensent que ce n'est pas à nous de décider. Tant qu'elles ne sont pas opposables, cela ne sert à rien. »

« Il faut respecter les directives anticipées, c'est au patient de décider des conditions de son traitement, la médecine n'a pas à lui imposer des choses qu'il rejette. »

« Je demande des directives anticipées opposables. »

« Si quelqu'un dit qu'il veut mourir à domicile et pas d'acharnement, je ne veux pas que le Samu n'intervienne pas. »

Contre l'opposabilité totale

« Le problème de l'opposabilité des directives anticipées est qu'on peut changer d'avis à tout moment, on peut décider de vouloir mourir, puis quand on est confronté à la situation et qu'on ne peut plus donner son avis, on peut ne plus vouloir mourir. »

« Il faut qu'un réel dialogue existe entre le médecin et le patient après la consultation des directives. »

« Sur le fait de rendre opposables les directives anticipées, on s'est posé la question sans conclure sur l'opposabilité : ça pose un problème d'éthique au médecin qui va porter une décision qui ne correspond pas à celle que lui prend en sa compétence après avoir lu les directives anticipées et consulté la personne de confiance. Et ça pourrait poser un problème juridique en termes de responsabilité de l'acte de les rendre opposables. »

La difficulté de rédaction

« On est revenu sur la notion de directives anticipées et des limites. On a évoqué le problème de ce que deviennent ces directives anticipées de la part du futur malade ou de la future personne en fin de vie. A quel moment faire cette promotion de l'effet des directives : est-ce quand on prend conscience qu'on est en fin de vie ou beaucoup plus tôt ? »

Le manque de connaissance

« Nous avons reconnu que le droit des malades à établir ses directives anticipées, le fait qu'il ait le droit de désigner des personnes de confiance étaient inconnus des bénéficiaires éventuels et surtout des professionnels. »

« Les directives anticipées nécessiteraient une information beaucoup plus large car cela représente des millions de personnes. »

« Sur les directives anticipées, il faudrait une meilleure information du patient pour que plus de citoyens puissent prendre leurs directives et préparer leur mort. »

« Il faudrait mieux informer les professionnels, le public, les patients, être sûr qu'ils ont compris l'information sur les directives anticipées, dédramatiser. »

« On demande une information au sujet des directives anticipées pour que chacun sache dans quelle condition il veut finir, beaucoup de personnes ne savent pas qu'elles peuvent en rédiger. »

Le problème de leur accessibilité

« Il faudrait une meilleure information des Samu, pompiers et des professionnels de l'urgence, que la consultation des directives anticipées puisse être effective et vue dans l'urgence. Une personne qui ne veut pas être réanimée mais est réanimée par le Samu, c'est contre sa volonté, il faut que ces professionnels aient accès de façon rapide à ces directives anticipées. »

« Proposition : pourquoi pas un registre national des directives anticipées, on le fait bien pour les transplantations d'organes, pour connaître les souhaits de la personne. »

« On parle d'un fichier : la carte Vitale est un moyen de transmettre l'existence de ces directives anticipées : on peut au moins dire dessus que des directives anticipées existent (moi, mes directives anticipées ont été actées par un notaire : le médecin sera plus influencé par un acte notarié que par un papier blanc). »

Personne de confiance/familles

« L'opinion donnée par la personne de confiance doit être entendue obligatoirement et non pas facultativement ni comme consultation, mais avec des consignes respectées, même si la famille est hostile (la famille n'est pas dominante dans les décisions à prendre, mais l'individu citoyen qui exprime sa volonté éventuelle de mettre fin à ses jours). »

« La personne de confiance doit être entendue et respectée et non pas écoutée (actuellement, le docteur écoute et fait ce qu'il veut). »

L'accompagnement

Utilité de l'accompagnement des personnes en fin de vie

« Il faut des bénévoles pour accompagner. »

« En ce qui concerne les accompagnants, les aidants, leur rôle est majeur, les associations sont importantes. »

« Le contexte de la mort renvoie à des émotions fortes qui doivent être reconnues, gérées, maîtrisées et constituer un savoir d'expérience pour ceux qui ont été impliqués dans ces situations. Les réseaux amicaux et familiaux permettent de faire évoluer les représentations, de lutter contre l'isolement et la vulnérabilité de la personne. Trouver la mesure adaptée permettant une relation vraie avec l'autre. La mort apparaît dans les situations évoquées sans qu'on puisse en connaître le moment. La mort ne vient jamais quand il faut. Elle concerne les accompagnants familiaux, bénévoles qui peuvent être des relais. Dans une société de l'éclatement familial, social, il apparaît fondamental de reconstituer les liens familiaux, amicaux, associatifs. Renvoi à la responsabilité de chacun en tant qu'acceptation du parcours de l'autre. »

« Certains disent que la demande d'être aidé à se suicider quand on apprend qu'on a une maladie incurable et qu'on est destiné à la mort dans un court délai, cette demande, lorsqu'on a été accompagné, on peut changer d'avis, beaucoup de personnes sont dans ce cas, donc il faudrait développer l'accompagnement des personnes. »

Utilité de l'accompagnement de l'entourage

« Il faudrait un meilleur accompagnement des familles, une meilleure écoute, une meilleure parole, que le milieu associatif s'assure que la famille a compris, qu'elle n'est pas seule, qu'elle sait que les soins palliatifs n'abandonneront pas la personne. »

La mort dans la société

« Il faut que la mort ne soit pas un sujet tabou, on n'en parle pas assez, or on va tous y passer un jour. La mort, il faut la préparer comme on prépare une naissance on doit préparer sa mort. »

« Il faudrait parler de la mort dans les lycées. »

« Est-ce que comme on est tous concernés par la mort, comment dédramatiser la mort dans la société, y compris auprès des soignants (qui ne viennent pas dans la carrière pour aider à mourir) ? »

« Il faut former l'ensemble des citoyens très tôt, initier les enfants à la notion de la vie et de la mort, une partie qu'on occulte vite. Au lieu de chercher à protéger les enfants, on les amène vers des situations complexes qui ne sauront pas gérer : il faut amener au niveau scolaire. »

« La mort dans notre société est ce qui est fondamental et qu'il faut travailler dès l'école primaire. Dans des civilisations, il y a des régulateurs, mais pas chez nous. »

Débat de Nantes du 24 novembre

Les interrogations et arguments relatifs à l'euthanasie et au suicide assisté

Des arguments « pour »

Sur celui qui pratiquerait le geste

« Si un médecin assiste, il y a contradiction avec le serment d'Hippocrate. Sous quelle forme l'assistance peut-elle avoir lieu ? Se pose la question d'une commission qui pourrait comprendre la demande en amont, faire réfléchir le candidat au suicide assisté afin qu'il prenne sa décision grâce à l'information remise par des professionnels. »

Au nom de la liberté, du droit d'avoir un choix

« L'association ADMD argumente que l'enjeu du suicide assisté est une décision individuelle sur le principe "Ma vie m'appartient". »

« Quelques personnes ont manifesté leur peur de la dépendance et leur souhait de disposer librement de leur vie et du jour de leur mort. »

« Sur le changement d'avis, il faut prendre les gens pour des adultes et non pour des enfants. Jusqu'à la fin, le médecin qui accompagne dit : "Vous levez le petit doigt, un clignement d'œil et on arrête tout." »

« Sur le respect des choix exprimés par les personnes, le principe d'autonomie va avec le droit de se tromper, je dénie un philosophe de me retirer ce droit-là : si j'exprime une demande de mettre fin à ma vie, je ne veux pas que quelqu'un juge que j'aurais peut-être pu me tromper. Je sais que je prends le risque de me tromper, peut-être que j'aurais pu vivre plus longtemps. Si je n'ai plus le risque de me tromper, je n'ai plus de risque à vivre. La vie n'est faite que de ce type de choix. »

« Il y a nécessité d'un cadre légal empêchant une discrimination légale, financière, sociale, philosophique (si on veut mourir en de bonnes conditions, mieux vaut choisir son pays, avoir un bon portefeuille). Il faut faire en sorte qu'au moins chacun puisse avoir l'accès aux mêmes possibilités. »

Pour le vide juridique

« Le philosophe explique qu'exception d'euthanasie équivaut à transgresser la législation, cela est dangereux et augmenterait la juridicisation et l'insécurité juridique du soignant. »

Pour tenir compte des demandes/réduire les inégalités

« Certains ont dit que la réponse spécialisée n'est pas la réponse de fond : les soins palliatifs ne sont peut-être pas la réponse de fond à tous car ils ne sont pas accessibles à tous et c'est une demande qui persiste. Malgré une bonne prise en charge en soins palliatifs, il y a toujours des personnes pour dire qu'elles veulent qu'on les aide à mettre fin à leur vie, manifestation d'une douleur psychique qui ne peut pas être prise en charge et pour lesquelles il est difficile d'entendre pour les soignants qu'ils ne peuvent pas soigner.»

«Autre inégalité : inégalité des traitements qui dépend de la personne médicale devant laquelle on se trouve. Si l'on se trouve devant un médecin des soins palliatifs complaisant, on a une chance d'aboutir à ce qu'on veut, mais devant un autre, on n'a pas de chance. Cela est vécu comme une inégalité insupportable par un certain nombre de personnes.»

«Injustice sociale : la mère de Noëlle Chatelet a obtenu un médicament létal, moi si je le demande, on ne va pas me l'accorder.»

«Discours qui a été dans l'évolution de la loi dans le sens de l'exception (soutenue par des soignants mais minoritaire au sein des soignants).»

«J'ai eu deux cancers; lors du second, le chirurgien m'a dit que mon pronostic vital était incertain, mais je suis là. J'ai évolué. Comment dire que la vie vaut d'être vécue? La question ne se pose pas comme ça, mais qui doit dire que sa vie vaut d'être vécue, c'est moi. Quelles que soient les opinions, on a dit que le malade était un acteur, il faut en tirer toutes les conséquences. Il n'y a pas une liberté sous condition par rapport à des choses taboues. Quand on dit que les malades ont le droit de penser, il faut en tirer les conséquences. On aurait intérêt à voir (craintes, questions) ce qu'il se passe dans les trois autres pays de l'UE qui ont adopté une législation : est-ce que les parlementaires étaient totalement irresponsables? Est-ce qu'ils ont voté cette loi de manière légère? Non. Cette loi existe, elle est appliquée, qu'est-ce que ça donne aujourd'hui? Il y a des réflexions épouvantails (dérives, qui ne sont pas de mise quand on traite ce sujet).»

Des arguments «contre»

Le geste

«En tant qu'infirmière, je ne suis pas là pour pousser la seringue, mais pour donner toute mon humanité et mes compétences au patient. À travers chaque personne, on soigne toute l'humanité, si on dégrade les gestes, toute l'humanité est en risque.»

Les effets d'une loi

«Il reste que, par rapport à la loi, si elle admet une exception, elle favorise non pas une juridicisation de l'exception, mais une possibilité de dialogue entre une équipe de soignants qui laisse aussi la parole à la volonté de la personne elle-même telle qu'elle a pu s'exprimer à un moment. Dans les derniers jours de la vie, ce n'est sans doute plus possible. L'exception peut peut-être permettre d'éviter les dérives de la loi belge, qui, autorisant systématiquement, permet de faire tout et n'importe quoi. Moi qui suis juriste, je me méfie énormément des lois, car elles ne peuvent poser que des règles générales et qu'on ne voit pas que la solution n'est jamais générale, elle est toujours particulière, toujours adaptée à un cas précis, qui peut être envisagé dans le cadre de l'exception.»

«Une psychologue partageait sa crainte qu'on parle de l'euthanasie trop tôt : on risque de légiférer sur l'euthanasie par défaut de moyens.»

« J'ai perdu mon frère il y a dix ans, juste après que sa femme lui a dit : "Je t'aime." Je vous laisse peser le poids de cet échange. Je fais confiance aux soignants et je crains que si une loi légalisait l'euthanasie, que cette question soit en perte. »

« Il y a un bouleversement qui serait créé par l'évolution de la loi, notamment pour les soignants pour qui il n'est pas naturel de faire le geste qu'on pourrait leur demander, mais aussi pour les non-soignants (les dérives peuvent faire peur). »

« Il est urgent de ne pas légiférer tout de suite. »

« Aucune loi ne pourra jamais répondre à tous les cas de figure. »

« La jurisprudence de la Cour européenne des droits de l'homme devra être respectée par la législation, peut-être y a-t-il des difficultés de concordance. »

« La loi actuelle peut-elle être améliorée ? Deux positions : la position que la loi, en étant imparfaite, atteint un certain point d'équilibre : écouter la volonté du malade, mais laisser une part au jugement médical et au médecin, au dialogue. La loi permet la codécision, la cogestion. La loi peut être améliorée, mais permet un équilibre. Mais il y a pour certains des positions satisfaisantes aujourd'hui. »

La demande

« On dit que l'individu est libre de prendre une décision, mais la personne vit dans une société, la prise de décision peut dépendre du regard que la société porte sur lui-même. Quand on est dans la solitude, l'isolement, que l'on n'est plus une personne productive, efficace, le regard de la société peut être différent. Il faut regarder les gens de la naissance à la fin comme des êtres humains (pas forcément comme des malades ou des gens avec un handicap) jusqu'à la fin. »

« Quand des soins de confort sont apportés, dans beaucoup de cas, les demandes de mort diminuent (pas dans tous, mais le facteur humain est principal dans l'accompagnement de la personne dans la fin de vie). »

« Je suis un "bébé médecin", j'ai envie de soigner des gens qui veulent vivre, je ne suis pas sûre qu'on soit assez pour répondre aux gens qui veulent mourir. »

« Les situations au cas par cas sont particulières. »

Interrogations/Craintes

Interrogation sur la responsabilité de la médecine ou de celui qui ferait le geste

« On s'est interrogés sur la nécessité d'engager le corps médical dans une décision que certains revendiquent comme personnelle et individuelle. Si c'est ma vie, pourquoi veut-on l'assistance du médecin ? Le médecin a fait le serment d'Hippocrate, il n'est pas évident de dire le contraire. »

« L'accès aux produits létaux doit-il se faire au citoyen ou au médecin ? »

« Qui a le droit de donner la mort ? Personne ne veut prendre le rôle du bourreau, de celui qui est habilité à donner la mort à celui qui la réclame. »

« Nous avons évoqué la question de qui subit les dégâts collatéraux quand on assigne à une autre personne d'exécuter sa volonté quand on ne peut plus le faire. Il faut une garantie juridique (sinon la personne est hors la loi), mais nous donnons à cette personne quelque chose qui est une contrainte morale dont on ne peut mesurer les effets. De plus, la loi ne peut empêcher une personne qui a aidé à la mort d'une autre d'être désarçonnée, ce qui peut la mener jusqu'à sa propre mort. »

« Personnellement, il m'arrive de quitter l'hôpital avec le désir que le patient meure, tout médecin est habité par ces pulsions de mort, qui sont normales, n'ont rien de mal mais dont on ne peut faire fi dans le débat sur l'euthanasie. »

Interrogation sur la demande

« Comment juger qu'une vie vaut la peine d'être vécue ? Il faut prendre du temps, ne pas juger dans la précipitation et au moment de l'accident car la situation peut évoluer, et revoir quelque temps après. »

« Il a été abordé la question de la valeur de la décision individuelle en fonction de l'état de santé, de l'âge de la personne (l'âge peut être de 16 ans à 99 ans : traite-t-on la chose pareillement ?) et de la temporalité : une décision qui était vraie à une époque ne l'est peut-être plus à une autre. On a cité l'exemple d'une dame qui a vu son mari mourir sur six mois, est entrée dans l'association d'assistance médicale suisse, ne l'a pas dit à ses enfants. Tous les ans, elle me rappelait : “J'ai resigné mon papier. » Le jour où elle s'est retrouvée à l'hôpital, elle avait changé d'avis. Elle a dû déranger un officier de police à 1 heure du matin qui a réveillé le directeur de la banque, qui a ramené le coffre-fort, puis elle a déchiré le papier. Dans la valeur de la décision : quelle peut-être l'influence de l'environnement familial, social, économique et du lieu de vie (la personne qui va quitter la maison familiale pour la maison de retraite peut changer d'avis) et du milieu culturel où elle vit. »

« Quelle est la valeur entre le moment où une personne en bon état psychique décide de sa mort future et le moment terminal où elle aboutit à sa mort, est-elle toujours en accord avec ce qu'elle a affirmé précédemment ? »

« La question de l'euthanasie relève d'une vision cartésienne de l'être humain, qui est un être bio-psycho-social, un patient sans désir décède de lui-même : syndrome du glissement. »

« Je suis infirmière en cancérologie, souvent confrontée à l'ambivalence des gens qui passent d'un souhait de mourir puis avancent, réussissent parfois à revoir des proches, ont eu ce temps pour se préparer. Difficulté par rapport aux familles qui pressent d'accélérer les choses car c'est dur pour eux. »

Interrogation sur l'effet sur la société

« Dans la phrase : “Comment peut-on dire que la vie vaut d'être vécue ?”, il y a un “on” impersonnel. Qui peut dire que sa vie vaut d'être vécue, ce qui n'est pas la même chose. »

« Le personnel médical et autres participants voyaient dans le suicide assisté une décision collective qui engage indirectement toute la société. »

« Je voulais vous interroger : que va devenir une société qui demain aura supprimé cet interdit fondamental de tuer son voisin ? »

Interrogation sur le rapport suicide/suicide assisté

« La discussion de notre atelier a d'abord porté sur les définitions, et la difficulté à séparer la notion de suicide classique de celle du suicide avec assistance médicale. »

« On entend beaucoup parler de "c'est ma vie, mon choix". Je travaille dans le secteur des jeunes, le suicide est la première cause de mortalité des jeunes. Dans toutes ces discussions sur "c'est mon choix", quel signal leur donne-t-on ? C'est les champions de dire : "C'est ma vie, je fais ce que je veux." À travers cette discussion, que leur dit-on sur le fait que c'est eux qui peuvent décider. On mobilise des moyens sur les gens qui ratent leur tentative de suicide, mais il y a deux poids, deux mesures : ceux qui pourraient se suicider et qu'il faut assister et ceux qu'il faudrait sauver. Si l'on est sur la liberté individuelle, faut-il aussi respecter le choix des gens qui font des tentatives de suicide et pas mobiliser des moyens pour les sauver ? »

Crainte de la pente glissante/dérives

« Comment le médical et le légal pourraient éviter les dérives ? »

« Sur les dangers de débordement par rapport à l'euthanasie, je travaille en maison de retraite. Un résident est revenu des urgences après cinq minutes, le médecin a eu le culot de m'expliquer que notre résident était "en dehors des ressources thérapeutiques de l'hôpital", je ne sais pas ce que ça veut dire. Est-ce qu'une fois l'euthanasie, le médecin dira qu'il ne prendra pas en charge la souffrance ? Certains médecins n'hésiteront pas à choisir l'euthanasie. Il ne faut pas idéaliser les équipes soignantes : il y en a qui sont bien, mais d'autres qui vous mettront dans une sacrée panade. »

Interrogations sur les critères

« Question de la souffrance physique encadrée par la loi Leonetti, question de la souffrance physique par rapport à la souffrance physique : peuvent-elles être différenciées ? Degrés de souffrance (qui peut dire que sa souffrance est supérieure ou inférieure à celle de quelqu'un d'autre ? que sa souffrance est intolérable ?). »

Soins palliatifs

Accès aux soins palliatifs

« Il y a un manque de soins palliatifs dans tous les domaines : il y a 10 lits de soins palliatifs sur la région, c'est pauvre par rapport aux besoins. Il y a une demande de développement des soins palliatifs qui font un travail remarquable, qui sont bien formés. Il y a un gros besoin d'accompagnement de la fin de vie. »

« On a été d'accord collectivement pour dire qu'il y a un déficit de connaissance des soins palliatifs et des ressources, que les médecins ne sont pas assez formés et que les passerelles vers les soins palliatifs ne sont pas suffisantes. Une personne de l'atelier a expliqué comment la confusion entre la présence d'un médecin traitant avec l'HAD et l'absence des soins palliatifs a pu être mal vécue dans la prise en charge de la fin de vie de son père. »

« Certains ont dit que la réponse spécialisée n'est pas la réponse de fond : les soins palliatifs ne sont peut-être pas la réponse de fond à tous car ils ne sont pas accessibles à tous. »

« Des questions de justice ont été évoquées et surtout l'accès aux soins palliatifs sur le territoire : il semble que ce soit très disparate et si certains peuvent se prévaloir de bons services, d'autres non, puisqu'il n'y en a pas. Il y a une capacité d'origine sociale à accéder aux informations qui n'est pas la même pour tous. »

« Sur l'évolution de la loi, nous voudrions une loi qui irait vers l'extension de la formation de tous les professionnels de santé aux soins palliatifs. Les soins palliatifs semblent être une solution. De nombreux témoignages ont montré qu'ils pouvaient faire disparaître des demandes de mort. »

« La question de l'équité de la disponibilité des ressources est majeure. Il est important de penser aux personnes isolées, sans soutien, pour que l'offre de professionnels venant à domicile puisse être offerte à tous les citoyens où qu'ils soient. »

Vécu positif de soins palliatifs

« Il y a dans les soins palliatifs de nombreux témoignages d'échange. On a réussi à vivre quelque chose d'exceptionnel qu'on n'aurait jamais imaginé vivre. »

Vécu négatif de soins palliatifs

« La loi ne permet pas de créer un espace et une forme de contractualisation où chacun peut dire où il en est. La position dans les soins palliatifs a été vécue comme subie : un témoignage disait que la fin de vie de son proche en soins palliatifs s'est bien passée jusqu'à ce qu'ils demandent des choses qui n'entraient pas dans le cadre des soins palliatifs… Il n'y a pas de prise en compte réciproque des aspirations de chacun. »

« Mon père est mort dans un service de soins palliatifs très apprécié à Rennes. Il a été bien pris en charge, mais quand il a voulu mourir car il considérait que sa vie ne valait plus la peine d'être vécue, on lui a dit : "C'est saint Pierre qui décide, pas vous". »

Soins palliatifs versus soins curatifs

« Je suis médecin dans une équipe mobile de soins palliatifs à La Roche-sur-Yon. J'ai sollicité l'arrivée d'un interne d'oncologie dans mon équipe, on me l'a refusée, je trouve ça dommage car les internes d'oncologie sont concernés par les soins palliatifs. »

La médecine et la fin de vie

Le rôle et l'attitude du médecin en fin de vie

Acharnement thérapeutique

« Des souffrances qui durent sont intolérables, mais un diagnostic posé à un instant t peut se révéler inexact avec le temps. Le problème de l'arrêt de la nutrition a posé question. Tout le monde s'accorde à dire qu'il ne fallait pas d'acharnement thérapeutique. »

L'écoute du patient, l'information du patient

« Il s'agit de mieux prendre en compte l'opinion de la personne, d'ouvrir cet espace qui doit être présent à l'origine des soins palliatifs et que la parole doit être entendue – même la détresse psychique et la demande d'arrêt des soins : il faut mener le combat pour que le patient soit considéré comme un être pensant. »

« Il est important d'être à l'écoute de la personne en fin de vie. »

« Ce que le malade ne veut surtout pas, c'est qu'on se permette de penser ou décider pour lui. »

« Il serait souhaitable que les patients en état de décider – c'est-à-dire qui peuvent dire : "Je veux ceci, je ne veux pas cela" – puissent être mieux entendus par les médecins et qu'il y ait un tracé dans le dossier. Un médecin a cité l'exemple d'un patient qui avait une maladie cardiaque qui conduirait à un plus grand malaise. Quand on lui a expliqué la chose dans sa chambre avec un deuxième patient qui a tout entendu, ce monsieur lui a dit : "Si cela devait survenir, je ne veux pas être réanimé." Deux heures après, ce patient était en réanimation intensive, l'autre patient a dit : "On arrête tout, tout de suite." Cette décision était à la limite de la légalité, cet autre patient a fait preuve de courage. »

La collégialité

« Dans la loi Leonetti, il faut un médecin extérieur pour l'arrêt des traitements, mais parfois la décision est prise en catimini, en tout cas sans la collégialité nécessaire. »

« Il y a eu dans l'atelier beaucoup de témoignages sur l'importance de travailler en collégialité, en pluridisciplinarité et la nécessité de se coordonner entre services. »

La formation des médecins/personnels soignants

« Des formations favorisent les princeps de bien-traitance : un médecin a parlé du "bonheur de bien traiter la personne, de lui apporter des soins de confort". »

« Une jeune soignante a dit qu'elle n'avait eu aucune formation pour l'application de la loi Leonetti et qu'elle a dû se former sur le tas, et cette absence de formation est cause d'une mauvaise prise en charge. Si on améliorait la formation, on éviterait bien des choses. »

La loi Leonetti

«Aucun participant de l'atelier "Nouveau-né en pronostic sombre" n'est favorable à une modification de la loi Leonetti, mais la loi doit impérativement être mieux diffusée dans la population et s'accompagner d'une position sociétale forte pour la situation des personnes en situation de handicap.»

«Il serait souhaitable que la loi Leonetti soit mieux connue du grand public et peut-être mieux appliquée.»

«La loi Leonetti est peu appliquée et peu connue des familles.»

«La loi Leonetti est un progrès dans l'accompagnement de la fin de vie. Depuis cette loi et la loi Kouchner, la formation des équipes et des médecins est plus exigeante dans l'humanisation de la prise en charge, mais cette loi n'est pas suffisamment connue du public, des soignants, des médecins. Il n'y a pas assez de communication autour, ce manque se fait beaucoup sentir dans tous les services.»

«Il faut informer sur la loi Leonetti et développer les soins palliatifs, ce qui évitera des demandes d'euthanasie.»

«Il y a une méconnaissance et un manque d'application de la loi existante, il faut faire des efforts sur la formation, sur le traitement de la douleur, sur la connaissance de la loi.»

«On a tous reconnu que la loi Leonetti n'était pas assez connue. Je propose d'envoyer à chaque citoyen (avec les élections, on a les adresses des citoyens) la loi Leonetti et des explications claires sur comment rédiger ses directives anticipées.»

Les directives anticipées

L'opposabilité

«Les directives anticipées devraient être mieux prises en compte par les médecins, mais les médecins disent que ça pose le problème du patient qui ne peut plus s'exprimer en fin de vie. Comment peut-on juger qu'une vie vaut la peine d'être vécue?»

«Les directives anticipées sont contradictoires avec la liberté de la personne : j'ai entendu dire trois fois qu'il se peut que la personne telle qu'elle était ne serait plus d'accord avec les directives anticipées qu'elle avait données. Comment savoir à quel moment la personne est suffisamment crédible pour être libre?»

«Les directives anticipées posent souci : certains disent que les patients ne sont pas éduqués pour prendre la décision.»

«Le problème est que les directives anticipées sont seulement consultatives.»

«Pour certains, les directives anticipées doivent être opposables et c'est à la personne de décider, et d'autres disent que la situation unique de chaque situation médicale fait que l'opposabilité est difficile.»

Le manque de connaissance

« Les soignés pensent ne pas être assez informés : les directives anticipées ne sont pas connues. »

« Les directives anticipées ne sont pas assez connues. »

Le problème de leur accessibilité

« On a proposé que les directives anticipées puissent être déposées à un endroit et consultées si besoin sur la carte Vitale, par exemple. »

« Il faut envoyer aux citoyens un e-mail avec des explications claires sur comment rédiger des directives anticipées (qu'on peut appeler "testament de fin de vie" pour être plus explicite). Le testament doit être collationné dans un endroit commun à toutes les directives anticipées. On resigne le document, si on a changé d'avis, on dit non à la dernière minute. À ce moment, ce document fait partie de la personne. Sans les envoyer à une association plutôt qu'à une autre, l'État doit collationner ces demandes, et tout le monde sera au courant de la loi Leonetti et qu'il peut écrire son testament. »

Personne de confiance/familles

« Il faut garder des zones où parents et soignants peuvent s'informer, discuter, décider dans une relation de confiance (non régie par une loi : les membres de la société civile insistent sur le besoin de liberté). »

« Il faut laisser la place à l'avis de la famille (même s'il n'est pas prépondérant sur l'avis de la personne elle-même). »

« À l'hôpital se mettent en place des directives pour qu'une personne de confiance soit désignée, mais ça demande une application supérieure car ce n'est pas suffisant pour le moment ».

« Il y a beaucoup de témoignages sur l'importance de communiquer avec la famille, de permettre de communiquer sa souffrance : aider les aidants à domicile ou en institution. »

« On a eu des interventions de personnes qui disent que, dans la fin de vie, la famille est mal placée car les enjeux affectifs avec le proche accompagné sont importants. Il est difficile de prendre la distance nécessaire pour bien accompagner la personne. Une psychologue qui fait l'accompagnement au domicile a dit qu'il rencontrait beaucoup de peur, de culpabilité des familles et des personnes en fin de vie. »

« Importance pour les proches d'exprimer leur difficulté : c'est entendre ces difficultés qui amènent les équipes soignantes à réfléchir sur leur pratique, ça humanise les pratiques des soignants et la prise en charge des personnes en fin de vie. »

Néonatologie

«La loi Leonetti semble assez bien connue des personnels de santé pédiatrique, mais trop peu du public. Les professionnels de santé ont posé l'ampleur du problème : pour eux la loi Leonetti répond à plus de 95 % des cas. Il y aurait une trentaine de cas d'enfants au pronostic très sombre neurologique, non dépendants de respirateur artificiel, etc. ou la question compliquée se pose. Rappel : l'importance d'un pronostic individuel (Il n'est pas que général pour une maladie). Les conditions de décision d'arrêt de soins et de mise en pratique ont été expliquées : les enfants dépendants d'un respirateur et pour lesquels la décision est prise sont dans les bras de parents, la sédation est engagée après extubation. Cela entre dans le cadre de la loi Leonetti. Comparaison avec l'IVG : en France on peut pratiquer une IMG jusqu'à la veille de l'accouchement. Décision prise avec les parents et auprès d'un comité pluridisciplinaire : pour une même maladie, on peut pratiquer une IMG alors qu'après la naissance, il n'en est pas question, à un jour près, on a des modes de décision très différents.»

«Une personne en situation de handicap qui avait été réanimée à la naissance a exprimé son aptitude au bonheur et sa qualité de vie.»

La personne âgée

«Point sur l'état actuel des maisons de retraite : du positif et du négatif. Le négatif : beaucoup de manques par rapport aux demandes des familles et des soignants. Il demeure de grosses inégalités dans l'accompagnement, le respect des volontés des personnes d'une maison de retraite à une autre : dans certaines, il y a un travail exceptionnel et dans d'autres cela frise la maltraitance, en raison d'un défaut de formation ou de l'organisation de la maison de retraite. Solitude des personnes âgées, des soignants, des familles : trois catégories de personnes qui sont en souffrance par rapport à la fin de vie et demande à être accompagnées.»

«On remarque un manque de formation du personnel travaillant avec les personnes âgées par rapport à l'exigence du métier (aide-soignante qui fait des remplacements l'été : formation pauvre par rapport à l'accompagnement qu'on leur demande de faire avec une personne fragile). Conditions d'exercice insuffisantes, frustration pour les soignants qui ne peuvent pas donner autant qu'ils le voudraient. Le dimanche après-midi, dans une maison de retraite, il n'y a quasiment personne pour accompagner les résidents (pas assez de moyens humains). Sur le domicile, témoignage d'une dame avec maman au domicile : c'est bien quand on a un gros portefeuille, sinon c'est compliqué, alors que c'est la demande de beaucoup de personnes âgées.»

Les conditions de fin de vie

«Insatisfaction devant des situations de fin de vie difficiles : personnes mal accompagnées, volonté du malade non prise en compte et souffrance intolérable. Mais il y a des progrès depuis vingt ans sur l'accueil du malade, le traitement de la douleur, la façon d'aborder la mort, des choses positives ont avancé sur ce terrain. Mais ça n'empêche pas des situations difficiles (douleur, même si aucune loi ne permettra d'éviter des situations douloureuses ou difficiles en fin de vie). »

« La réalité : la loi s'occupe aussi de l'égalité entre les citoyens, le problème majeur qui existait avant Leonetti était les inégalités sociales de santé, problème majeur dans l'égalité d'accès au bien mourir : si vous êtes riche avec un bon réseau, vous allez bien mourir. Quand on fréquente le milieu médical de près, on sait que l'on a plus de chance d'avoir accès aux bonnes ressources que quand on est loin du réseau. Il n'y aura pas de bonne loi si elle ne prend pas en compte ces éléments de justice sociale. En France, on est le pays où l'on meurt le plus tôt en fonction de la classe sociale. On meurt plus tôt et moins bien. »

L'accompagnement

« Moi je ne sens pas ça comme un acte courageux, mais comme un acte d'humanité. En tant que bénévole, on est près de la personne quelle que soit son attitude ou sa situation, point final. Je ne fais rien pour la personne, je suis là pour être près d'elle. »

« Beaucoup de témoignages sur l'importance d'être solidaire, devoir de non-abandon de la société, importance du bénévolat, écoute. »

« Accompagner la fin de vie est toujours une question de moyen, accompagner dignement : qu'est-ce que la société est prête à mettre dans les services qui accompagnent les mourants en général ? Rôle important du bénévolat. »

Débat de Lyon du 1er décembre

Les interrogations et arguments relatifs à l'euthanasie et au suicide assisté

Interrogations/Oppositions/Craintes

Interrogation sur le rôle de médecine, sur les conséquences que cela aurait pour la médecine

« Quelle serait la vision du malade si le médecin avait le droit de faire une injection létale ? Le médecin représente la connaissance, la science, et ça permettrait de reporter le problème sur le médecin, on n'assumerait pas en tant que citoyen sa décision de vouloir la mort, est-ce le rôle de la médecine ? »

« Est-ce que l'euthanasie serait acceptable par les médecins ? La vocation des médecins est de guérir. »

« Se pose le rôle du soignant et la question de la confiance si l'euthanasie était légalisée : soigner peut-il devenir tuer pour tuer une souffrance ? Qui est-on pour se donner le droit de dire qu'une personne n'a plus rien à vivre ? »

« Lorsqu'on se retrouve face à la demande “je veux mourir” (dans un moment de souffrance, ces mots peuvent jaillir), c'est une chose de pouvoir l'entendre au moment de mettre en route des traitements qui seraient lourds ou de réfléchir sur une non-obstination à continuer les soins. C'est une autre chose d'avoir l'assurance que l'équipe ne va pas l'exécuter. Cela pose la question de la confiance soigné-soignant. Souvent, ce témoignage “je veux mourir” se transforme en “je ne veux pas souffrir”. Les termes sont ambivalents et peuvent être soumis à la pression de l'entourage. Par exemple, à la suite d'une maladie dégénérative, une personne tétraplégique a exprimé dans la même journée son ras-le-bol des soins et son affolement que les soignants allaient la tuer. Elle avait peur des soins qui lui étaient proposés, mais ne voulait pas mourir. Le fait d'entendre dire que la loi ne permettait en aucun cas de tuer l'a rassurée et l'a remise dans la relation de confiance soigné-soignant. »

« Dans le suicide assisté, pourquoi en appelle-t-on à la médecine ? En quoi cela relève-t-il d'un acte médical ? »

« Sur la réalisation de l'acte, l'atelier a peu avancé : les médecins, personnels soignants voient qu'il y a un problème (passer de médecin soignant à médecin interrupteur de vie). »

« Avec les progrès de la médecine, on peut accompagner la fin de vie tout en acceptant que la mort arrive si elle doit arriver. Si la loi autorise le médecin à euthanasier, dans quelle mesure cela ne va-t-il pas engendrer une cassure entre la famille, le patient et la médecine et installer un climat de peur dans cette relation ? »

Crainte que cela devienne une solution de facilité

« Si la possibilité de mettre fin à la vie était présente chez des personnes âgées, peut-être que ça serait la seule solution envisagée, alors qu'actuellement d'autres issues sont possibles grâce à l'absence de cette possibilité. »

« Il ne faut pas que l'opportunité d'euthanasie ferme la porte à la créativité dont on peut faire preuve, au dynamisme et à la volonté. Un vrai choix ne se fait que si la perspective de ne pas demander la mort n'est pas trop noire, il ne faut pas faire l'économie du développement de ces situations. »

« Notre devise inclut la fraternité : si la loi évolue dans le sens où la mort peut être donnée, comment se développerait cette ressource, la fraternité, l'accompagnement ? Autour d'une personne malade, on se retrouve riche de pleins de choses : de l'affection, de la tendresse… »

Interrogations sur la demande

« Il est important de faire en sorte que la liberté de choix soit une vraie liberté : un ensemble de dispositifs, d'accompagnement doit être mis en place pour que la personne ne soit pas contrainte à un choix de fin de vie parce qu'elle vit des douleurs qu'on pourrait lui dispenser, des difficultés qu'on peut lui éviter. Mais cela ne veut pas dire que ce droit ne doit pas être créé. »

« Les « pro-euthanasie » parlent tous de liberté, on ne peut pas parler de désir de mort sans liberté, mais il faut se demander "qu'est-ce que la liberté ?" Est-ce que la souffrance extrême n'est pas une aliénation, est-on vraiment en état de liberté quand on est dans un état de souffrance ? Il n'y a pas de liberté tant que le patient n'est pas délivré (par une autre aide) de cette souffrance qui fait qu'il ne peut qu'envisager la mort ? La souffrance n'est-elle pas une entrave à la liberté ? Le Livre d'A. Kahn montre cette non-liberté : quand il offre une liberté à ses patients en fin de vie en recréant un lien social, ils ne demandent plus la mort car ils ont la liberté de dire : "Je peux vivre." »

« Les gens veulent en finir à cause de la souffrance, la solitude, la lassitude, la maladie, il faut chercher des réponses à ces causes primaires plutôt que de proposer un suicide assisté. »

« La liberté est l'acte de la volonté. Est-ce que l'on peut vouloir mourir ? Un philosophe, Sartre, disait que la mort est toujours par-dessus le marché, au-delà de mes projets : je ne peux pas m'en faire une idée et donc la désirer. Je veux vivre, mais je ne veux pas vivre comme ça, dans ces conditions. La réponse d'une société est de donner des conditions de vie honorables pour tout le monde. On ne peut pas donner quitus à quelqu'un qui veut mourir. Kant dit : "Je ne peux pas me penser moi comme n'existant pas" (vous ne pouvez pas penser le monde avec vous absent). Vouloir "je ne suis pas" est métaphysiquement impossible. La mort n'est pas un objet intra-mondain, mais la fin du monde, mais je ne pose pas un interdit. »

« Une loi autorisant le suicide assisté n'inciterait-elle pas à quitter la vie trop vite ? »

« Il peut y avoir une ambivalence entre une demande de ne plus vivre et le souhait réel de la personne : un gériatre a expliqué, par exemple, le fait que, parfois, lorsqu'on fait semblant d'accéder à la demande d'une personne qui demande à mourir, la personne diffère ou abandonne ce projet. La question est donc : qu'est-ce qui motive cette volonté ? La volonté d'exécution n'est pas forcément derrière la volonté exprimée. La grande thématique : comment reprendre goût à la vie, quelle solution au niveau de la société ? »

Interrogation sur l'effet sur la société

«Beaucoup de personnes disent : "C'est mon choix, la liberté." Vous devriez définir la liberté dans votre rapport, parce que c'est le cœur du débat. Est-ce faire ce que je veux quand je veux ? La liberté de la devise, ce n'est pas ça, ce n'est pas parce qu'une personne veut ça que c'est bon pour la société. Ne pas confondre la liberté avec la maîtrise et la toute-puissance. La mort est une situation de fragilité, apporter de la maîtrise et de la toute-puissance face à la fragilité est se méprendre sur le réel sens de la liberté.»

«Est-ce que la loi légalisant le suicide assisté serait un progrès dans l'humanisation de la société ou au contraire un retour en arrière qui serait déshumanisant pour la société ? C'est-à-dire : quelle société allons-nous créer avec ou sans la loi ?»

«Le suicide assisté pose la question de la solidarité : est-ce qu'une loi autorisant le suicide assisté serait un acte solidaire ou pas ?»

«Interrogations sur les valeurs que véhiculerait une légalisation du suicide assisté.»

«Il y a peut-être une vision de la vie des personnes qu'il faut modifier : une vision utilitariste. On a tous des idéaux de vie : il faut être en bonne santé, jeune, riche, beau…»

«Un argument pourrait être de dire : "A quoi sert la vie quand la personne est malade, etc. ?", mais peut-être que se demander à quoi ça sert n'est pas la bonne question.»

Interrogation sur le rapport suicide/suicide assisté

«Quelle est la différence entre le suicide et le suicide assisté ?»

Interrogations sur les dérives

«Aujourd'hui, il y a déjà des dérives (on sait que des médecins pratiquent des euthanasies). Si une loi était votée pour le suicide assisté, en quoi cette loi permettrait ou pas d'empêcher les dérives ? Est-ce que ça empêcherait les dérives ou déplacerait le problème ?»

«Il y a le problème des dérives : comment fixer des limites ? Si l'on fixe des limites pour les personnes âgées, qu'est-ce qu'être âgé ? Qu'est-ce que souffrir ? Il y a un danger à faire tomber l'interdit de tuer : quand on fait tomber l'interdit, où se trouve l'interdit, où va-t-on s'arrêter ?»

Interrogation de l'effet sur l'entourage

«Il y a la question du deuil : le fait d'avoir pu vivre les moments de fin de vie (qui sont certes difficiles), ça peut permettre à l'entourage d'avoir un deuil plus facile que si la vie a été arrêtée tout net d'un coup.»

Arguments « pour »

Pour répondre aux demandes

« Si un jour, mon médecin ne peut pas m'apporter une solution thérapeutique, je souhaiterais partir chez moi sans passer par la "case soins palliatifs", que je respecte par ailleurs. Mon idéal, c'est de partir chez moi, avec mon entourage je souhaite une mort douce, rapide, sans souffrance, donnée par quelqu'un (ce sont les médecins qui connaissent les bons produits). Par rapport à ce qui se prépare, la loi Leonetti ne me donne pas satisfaction. Si la prochaine loi n'y répond pas, j'irai chercher cette solution à l'étranger. »

Pour combler le vide juridique/empêcher le risque juridique

« Euthanasie et suicide assisté sont des problèmes de fin de vie volontaire qui doivent faire l'objet d'une loi, qui doit comporter des critères de sécurité, des critères de méticulosité au niveau de l'environnement de la décision. »

« On pourrait envisager une éventuelle dépénalisation du médecin qui accepte une demande du malade. »

Modalités suicide assisté

« Comment accompagner l'entourage face à cette demande ? »

« Le patient doit être au cœur de la décision, ce ne doit pas être à la demande de familles qui en pourraient plus. »

« Un comité d'éthique devrait encadrer ça. »

« Le mot "demande" a donné lieu à des interrogations : on s'est interrogé sur ce que veut dire le mot "demande" et qui est en demande. On a donné plus d'importance à la demande du patient : c'est le patient qui est au cœur de l'interrogation, et la question, c'est sa demande à lui qui est la plus importante. »

« Dans l'éventualité d'une nouvelle loi plus en rapport avec la liberté de chacun, y aurait-il un risque de dérives et est-ce que des malades seraient moralement obligés de demander la fin de vie ? On est d'accord pour rassurer : une loi de liberté doit respecter la liberté de chacun. »

« Si geste il y a, qui doit faire le geste ? Nous n'avons pas de réponses. »

« Pour certains, une loi nouvelle doit être faite. Cette loi devrait comporter des principes de liberté, de volonté, d'autonomie. Interdiction doit être faite qu'un tiers puisse participer à la décision : c'est une décision personnelle. Souci que cette loi ne puisse déboucher sur une pensée unique, qu'une personne ne demandant pas l'euthanasie soit culpabilisée par les considérations économiques. »

« Le problème qui apparaît est la décision de l'acte et le rôle de la médecine. Il y a un problème pour tout médecin classique de réaliser cet acte, ce n'est pas un problème en Hollande et en Belgique, mais en France ça l'est avec le niveau moral des médecins. Et il faut trancher le problème : il faut que quelqu'un le fasse, et l'acte doit être fait de manière médicale (ce qui est désiré, c'est un endormissement bien fait). Comment faire que ce soit un médecin, mais pas la médecine classique ? Pour des gens, c'est un cauchemar que le soignant se transforme et tue. On peut résoudre ce dilemme : la demande est faite non pas au médecin, mais à la justice, de façon rapide, et un comité médical donne son avis sur la pertinence de la demande, si elle est agréée, l'acte peut être fait par des médecins volontaires, associatifs ou spécialistes de la fin de vie, séparément de la médecine classique. »

Opposition à une nouvelle loi

« La loi Leonetti n'est pas connue. Dans la recherche clinique, on a mis 15 ans à digérer la loi Huriet, on commence doucement à faire de la recherche cadrée... On est déjà en train de nous proposer une nouvelle loi, en France, ce n'est pas bien. La loi Leonetti a été votée à l'unanimité, il faut travailler là-dessus. »

« La loi Leonetti est récente. Ne faut-il pas tout exploiter avant d'ajouter une nouveauté qu'on ne saura pas plus utiliser ? »

« Il faut se laisser du temps avant de légiférer. Il est important de faire vivre des espaces de réflexion, cette réflexion doit se poursuivre dans le temps. Nous avons la crainte qu'une loi maintenant coupe la réflexion. »

Soins palliatifs

Nécessité de développer les soins palliatifs

« Au sein des centres palliatifs, qualitativement ça se passe bien, mais quantitativement, nombre insuffisant de centres palliatifs et il y a un gros effort à faire. »

« Il faudrait une continuité des soins palliatifs sur tout le territoire, or il n'y a pas toujours de tels soins en zone rurale. »

« Il y a eu des beaux témoignages d'accompagnateurs ou de familles dans notre groupe qui ont souligné le fait que quand un soin palliatif est bien mené, c'est très beau (mais c'est rarement le cas, avec des gens qui n'ont pas trouvé la prise en charge palliative au départ, à partir du moment où ils le trouvent, ils sont satisfaits). »

Vécu négatif des soins palliatifs

« C'est ma liberté de ne pas avoir recours aux soins palliatifs, et l'image que je reçois des témoignages de personnes qui passent par les soins palliatifs ne me donnent pas envie d'y être. Le ressenti a été confirmé par les témoignages de ce matin. Le malade, à partir d'un point, ne se possède plus, devient la propriété de sa famille (aussi aimante qu'elle soit) et devient la « propriété » – mais le mot est excessif – du personnel soignant. Les infirmières ont leur vision du malade, elles estiment que ce sont elles ou le médecin qui savent ce qu'il faut pour le malade. Mais pour moi, le malade est en premier lieu concerné. Est-ce à une personne, aussi bien intentionnée soit-elle, de décider ce dont j'ai envie ? »

« Je ne veux pas vivre les soins palliatifs, pour moi ce n'est pas la vie que j'entends avoir, pour moi la vie passe par des relations sociales, si mon état de santé me conduit en soins palliatifs, je considère que je ne serais plus en vie, je revendique qu'on me reconnaisse ce droit. »

La médecine et la fin de vie

Le rôle et l'attitude du médecin en fin de vie

L'écoute de la personne malade

« Il faut détechniciser le rôle du médecin, ça ne se réduit pas à "comment se fait techniquement l'acte", mais comment on entretient une relation au patient et à ses proches : les proches méritent d'être accompagnés, ils ont un rôle fondamental dans l'accompagnement. »

« Le problème est que les médecins n'ont pas le temps de parler avec leur malade. »

« Il faudrait améliorer l'écoute du patient par le médecin. »

La capacité à admettre qu'on ne peut plus rien faire

« Il faut avoir une humilité en tant que soignant : il ne faut pas être tout-puissant sur la durée de vie, des choses peuvent ne pas être soignées, les accompagnements ne sont pas maîtres de la vie d'autrui, chacun doit rester acteur de sa propre vie, il est impossible de penser à la place d'autrui. »

« Quand la médecine ne peut plus guérir, il y a encore beaucoup à vivre. »

La prise en charge de la souffrance/douleur

« Il y a un manque de formation des soignants quant aux possibilités de soulager les symptômes (différent de donner une injection létale). »

« La personne souffre sur trois niveaux : douleur physique, souffrance psychologique et souffrance existentielle. Sur la douleur physique : la médecine doit tout faire pour soulager la douleur physique et cela pose la question de formation des médecins. Sur la souffrance psychologique, celle-ci concerne la personne malade, mais aussi l'entourage, la médecine peut proposer un traitement médical par antidépresseur, mais aussi un accompagnement autre par l'écoute et le dialogue. »

La collégialité

« Importance de la collégialité, du travail d'équipe et de la prise de décision en équipe. »

La formation des médecins

L'insuffisance de la formation

« Un médecin a témoigné : "On n'est pas formés pour parler de la mort". »

« Les médecins, même hors loi Leonetti, doivent être plus formés pour la fin de vie, il devrait y avoir une humanisation de la fin de vie par les médecins classiques des hôpitaux qui sont maladroits, insuffisamment formés, et n'ont pas de chapitre spécial dans leurs études sur ce sujet. »

« Il faudrait que la loi Leonetti soit intégrée dans la formation des médecins et du personnel soignant. »

La loi Leonetti

Une bonne loi méconnue

« La loi Leonetti est peu connue, donc peu appliquée, il faut faire une communication sur cette loi et la diffuser dans les hôpitaux. Et si une loi sort de cette commission, il faudrait aussi faire une communication. »

« La loi Leonetti est une très bonne loi, qui couvre un nombre de pratiques intéressantes, mais elle est peu connue du public (en particulier sur les directives anticipées) et des médecins. »

« La loi Leonetti est faite pour aider les personnes à vivre jusqu'au bout. Il faudrait améliorer la connaissance de la loi qui existe tout en réfléchissant à une autre loi. »

« Une grande partie de l'atelier ne connaissait pas la loi Leonetti, mais beaucoup d'inquiétudes exprimées trouvaient une solution dans cette loi. »

« Apporter une grande importance à la notion de soin juste (juste au niveau de l'intensité et au niveau de l'adaptation au malade), cela a été l'apport de la loi Leonetti, qui a été résumée comme "une loi qui enlève l'acharnement thérapeutique en poursuivant les soins, toujours". Elle donne des outils comme la collégialité, la confrontation aux avis de la famille, des outils pour les médicaments (double effet), des outils pour rester humain dans des situations très compliquées. Il faudrait avoir une démarche citoyenne pour vulgariser cette loi méconnue (la loi Kouchner a eu une communication importante, c'est donc possible, et important). »

« Se pose la question de la compassion : faire face au désir de vie qui flanche : ce désir de vie n'est pas inoxydable, se retrouver face à "je ne suis pas digne de vivre". On a ressenti comme sécurisant les limites, les protections, les garde-fous sociétaux de la loi Leonetti face à la fragilisation de chacun. »

Une loi incomplète

« Il y a des manques dans la loi Leonetti : la décision du malade de mettre fin à sa vie : dans cette matière, les principes de liberté de la personne humaine, de sa volonté, de son autonomie, par rapport aux différentes pressions doivent être traités (et ces problèmes ne sont pas traités). »

Les directives anticipées

La non-opposabilité des directives anticipées

« Une personne a parlé des directives anticipées : elle s'inquiète de leur respect. Elles sont à titre indicatif, il n'y a pas d'obligation d'application, chaque cas est unique et tant qu'on n'est pas dans la situation, on ne sait pas comment réagir, c'est une limite à cette anticipation. Quand on pose un état deux ans avant le stade, on peut changer dans l'intervalle. »

Propositions

« Il faut donner toute sa dimension à la loi Leonetti en popularisant les directives anticipées, il faut indiquer où on peut les déposer : on peut les déposer à l'ADMD, chez le notaire, faudrait-il un guichet unique pour les déposer ? »

Rédaction

« L'atelier était assez d'accord pour dire qu'on n'anticipe pas assez la réflexion sur la fin de vie et la rédaction des directives anticipées : c'est quand on est en bonne santé qu'il faut réfléchir à tout ça. »

Néonatologie

Acharnement thérapeutique

« La difficulté en pédiatrie est l'établissement du diagnostic. Il ne faut pas d'acharnement, il ne faut pas exagérer les chances de survie, mais il faut laisser toutes les chances à l'enfant. Il faut souvent du temps, jamais de réponse définitive et sans appel, il y a un aspect subjectif dans le diagnostic et parfois des situations dont on ne connaît pas l'issue. Il est difficile de prendre la décision de donner la mort, la technicité médicale doit rejoindre la réflexion sur le bien de l'enfant. Il ne faut pas donner la toute-puissance au médecin : parfois il faut accepter qu'on ne sait pas. »

« Il y a une vraie question des pédiatres sur l'acharnement thérapeutique au départ : c'est très compliqué. Il faut être préventif, travailler autour de ça. La loi Leonetti dit : "Vous n'avez plus le droit de faire de l'acharnement", tant mieux, des fois on nous reprochait de ne pas "tout faire pour…". Il faut se battre pour ne pas avoir cet acharnement. »

« La société est interpellée : des directeurs d'établissements pour enfants handicapés, en particulier ceux qui s'occupent d'infirmes moteur cérébraux, disent qu'ils sont remués par le fait qu'ils ont des enfants dans un état physique terrible. Ils se demandent comment il a été possible de les laisser vivre quand ils les voyaient au jour le jour dans des situations si terrifiantes. Pourquoi, comment en est-on arrivé à cette situation ? »

« Le "prendre soin" : parfois on continue à prendre soin même en refusant certains traitements thérapeutiques, la loi Leonetti est bien faite, il y a un "ne rien faire" qui prend soin de l'enfant. »

Le temps de la décision

« Dans le cas des enfants qui n'ont pas atteint le seuil de viabilité (il naît avant vingt-six semaines ou pèse moins de 500 g), l'acte d'euthanasie souvent se fait dans l'urgence, s'il est fait. Il y a un manque d'anticipation, anticipation qui pourrait éviter des choix faits dans l'urgence. »

« Il est important d'écouter, de prendre le temps malgré tout. »

« Dans le groupe, on a insisté sur la non-précipitation à intervenir, en néonatologie. Il faut intervenir avec pertinence. Avoir le respect au point de ne pas intervenir et laisser la nature faire dans certains cas. »

« Question suivante : la souffrance de qui on cherche à soulager ? L'enfant ne pourra jamais s'exprimer, parfois c'est la souffrance des parents qui fait exprimer l'acte d'euthanasie. On arrive à soulager les bébés, mais les parents savent que leur bébé est entre la vie et la mort. On a parfois l'impression de devoir plus traiter la souffrance des parents que celle des bébés qui est traitée par les calmants. »

« Interrogation sur les conséquences pour les parents pendant leur vie entière de demander à ce qu'on mette fin à la vie de leur enfant ? »

La personne âgée

« L'allongement de la durée de vie pose des questions inédites à la société : quel est le sens de ces vies ? Les personnes âgées ont un fort ressenti qu'elles n'ont plus rien à apporter, même quand on parle de transmission aux jeunes : elles ont l'idée que les jeunes générations ne sont pas intéressées par ça. »

« Il y a le problème de la peur de la solitude, l'importance de garder des relations (avec les autres ou familial). »

« Il faut avoir la volonté d'anticiper en tant que personne âgée "comment vivre la fin de sa vie". Il est important d'anticiper le choix de son lieu de vie : souvent il y a de longues listes d'attente pour les lieux choisis, le problème financier intervient et, bien souvent, la gestion de ce placement est faite dans l'urgence, il n'est pas suffisamment anticipé, des personnes sont très démunies, n'ont pas les moyens et se demandent comment gérer cette fin de vie. La plupart des personnes âgées veulent rester le plus longtemps possible à domicile, cela les empêche d'anticiper ce choix. »

« Attention à ce que les soins n'infantilisent pas la personne âgée, qu'elle ne soit pas instrumentalisée par le soin. »

« Nous avons la volonté de développer une société pouvant valoriser les personnes âgées ainsi que les accompagnants et les soignants, de sensibiliser les acteurs de la vie citoyenne. »

« Les rapprochements écoles-foyers de personnes âgées sont une école de vie pour les deux, l'éducation civique peut permettre de poser un regard différent sur la personne âgée. »

« Il existe une vraie solidarité dans la société qu'il faut développer envers les personnes âgées. »

« Il est important de revaloriser les métiers du soin, notamment la formation des aides-soignantes qui se perçoivent comme ayant subi un échec, comme n'étant pas dans la voie choisie, avec un manque de valorisation de leurs actes. »

« Les réseaux de soins autour de la personne âgée sont très importants. »

« Il est important de développer l'accueil familial, que ce soit au sein des familles, mais aussi l'accueil des personnes âgées par des familles d'accueil. Il est important de faire connaître les offres, d'avoir une plate-forme... Nécessité de développer les liens entre personnes âgées pour éviter le confinement à domicile. Importance de l'art-thérapie, de la gymnastique... »

« Il y a un fort enjeu de société pour développer la prise en charge de la personne âgée dans sa globalité. »

La vie végétative

« Le ressenti culturel est différent selon les patients : une personne de culture africaine a fait part de la grande ferveur qu'il peut y avoir autour d'un malade, tant que les esprits n'ont pas repris la personne, les vivants n'ont pas à mettre fin à la vie. »

« On est dans le coma pendant trois à six mois avant d'être en état végétatif. Grâce au temps, les soignants peuvent rediscuter une limitation de traitement, admettre qu'ils se sont trompés, ils gardent la capacité de faire évoluer leurs décisions. On est dans une période d'incertitude, on va la traverser ensemble. »

« Il y a une notion de mystère : les enfants sans cerveau peuvent vivre deux jours ou deux ans : on ne comprend pas pourquoi ils vivent, pourquoi ils meurent à ce moment. Ce mystère renvoie à l'impuissance du corps médical. »

« La vie végétative pose la question du "sens à donner à la mort" : le sens pour la personne et le regard de l'autre. »

« On arrive au problème de la relation qui humanise : dans le cadre des états végétatifs, en fonction de son état, on analyse des choses qu'on ne mesure pas bien, on analyse des sentiments. Il n'y a pas de communication physique, le soignant a un retour par des pleurs, des personnes qui se relâchent (les signaux sur le scope s'accélèrent). Les soignants ont un sentiment d'impuissance, d'incompétence. Comment on le gère, comment on interprète le ras-le-bol ? »

« La relation avec la vie végétative humanise : pour les soignants, s'occuper de malade fragile, quelle richesse pour la famille. »

Les conditions de fin de vie

Inégalités socio-économiques du mourir

« Ces questions de fin de vie sont des questions de vie et non pas de mort, c'est un morceau de la vie. Il faudrait élargir la fin de vie en amont : prendre en compte les malades lourds bien avant (six mois, deux ans avant la mort...), ce qui met le doigt sur des situations sociales différentes : les gens aisés peuvent avoir une fin de vie accompagnée de façon correcte et pas ceux qui n'ont pas d'argent. Paradoxalement, pour les gens avec des revenus, des impôts sont dégrevés, ceux qui n'en paient pas n'ont pas de crédit d'impôt. Il y a des problèmes économiques, sociaux, financiers. Problème de l'accompagnement (services sociaux plus serrés, plus diligents) et inégalité des Français devant les fins de vie longues et difficiles.»

«Les conditions matérielles sont essentielles : tout le monde n'est pas dans la même situation sociale face à l'accompagnement de la fin de vie et les problèmes qu'elle pose dans la durée; de l'annonce à la fin.»

L'accompagnement

Accompagnement des proches

«Y a-t-il des formations pour un citoyen ordinaire pour accompagner un proche malade?»

«Les familles doivent être accompagnées dès le début de parcours d'une maladie.»

«Une plateforme de répit et d'accompagnement des aidants serait intéressante, ou un service de guidance familial».

«Il est important d'accompagner les proches, l'entourage, d'écouter. Le choix ou le doute dans le choix doit être aidé et accompagné, personne ne doit rester seul.»

Accompagnement de la personne en fin de vie

«Beaucoup de malades souhaitent une présence à leur côté, ne souhaitent pas mourir seul.»

«L'accompagnement à la fin de vie : ce qu'on a suggéré est qu'il y ait un mouvement de création de lieux particuliers. Puisque la médecine ne peut pas avoir toutes les solutions, donnons la possibilité aux patients, aux soignants, aux familles, aux accompagnateurs, de trouver un lieu où ils pourront être écoutés et entendus, avoir un lien entre la médecine reconnue et la médecine alternative, un lieu où l'on prenne en compte l'intégrité de la personne, en intégrant la partie religieuse ou spirituelle, un lieu qui pourrait ouvrir la personne à une autre proposition sur l'accompagnement, un lieu pour exprimer son émotion, avec des personnes non médicales. Avoir des personnes qui fassent le lien, qui ne prennent pas parti, juste un lieu d'information et de proposition.»

La mort dans la société

«Il faut sensibiliser les jeunes à l'idée de mort : les jeunes voient la mort comme la mort violente, l'idée de la mort doit être abordée plus jeune et pas de manière violente.»

«Il faut parler avant la fin de vie de ce qu'on pourrait faire dans ce cas-là. On met la mort dans la poche, on n'aime pas en parler avant qu'elle soit devant nous. Il faut en parler bien avant d'être malade.»

Débat du Havre du 8 décembre

Les interrogations et arguments relatifs à l'euthanasie et au suicide assisté

Des arguments « pour »

La responsabilité du geste

« Sur les jurés, sur la loi Veil : on n'a jamais demandé à de simples citoyens de faire des avortements, c'est un geste médical, c'est la même problématique ».

« M. Bataille est sociologue. Il a écrit un livre où parlent des palliativistes. Il décrit ce qui se passe dans les services de soins palliatifs. Il a écrit une introduction de 7 pages et M. Bataille, qui est favorable à une loi, utilise 7 fois le verbe "tuer" pour en parler. Ce mot a choqué certains, et même M. Bataille, qui est favorable, l'utilise 7 fois dans une introduction de 7 pages. »

« Le mot "euthanasie" est un mot qui fait peur, il en rappelle d'autres, et pourtant cela veut dire "bonne mort" en grec. »

Le bénéfice d'une loi

« Ma fille de 40 ans est lourdement handicapée, elle m'a demandé plusieurs fois de l'aider à mourir, je n'ai jamais accepté en lui disant : "Tant qu'on aura quelque chose à mettre en œuvre pour que ta vie soit meilleure, jamais je n'accepterai. Le jour où il n'y aura plus cette réflexion sur des choses à tenter pour que ça ne soit pas un désespoir total, alors je t'aiderai, quelles qu'en soient les conséquences." Si je suis condamné, c'est dérisoire par rapport au bonheur de ma fille. Mais s'il n'y a pas de loi me permettant d'être sûr d'être accompagné dans cette décision, je le ferai seul. Si une loi m'accompagne, sans doute je pourrai prendre une décision de façon collégiale. »

Éviter les suicides violents

« Mon frère s'est suicidé à l'hôpital, il s'est pendu, il était en maladie incurable (il avait un cancer), il y a une forme de culpabilité pour la famille. Question : peut-on partir en paix ? »

« Mon père s'est pendu, c'est un geste violent, ça l'a été pour lui j'imagine, pour nous de l'apprendre. Oui, les gens peuvent le faire avec leur moyen, mais ça passe pour la famille et pour eux par des choses violentes. Un suicide assisté serait moins violent pour tout le monde. »

« Dans un suicide assisté, la famille a été préparée. La violence est plus grande dans un suicide inattendu. Et l'image aussi. »

« Ma femme s'est suicidée il y a deux ans à quelques jours de sa déchéance annoncée (tumeur au cerveau), elle l'a fait seule, la nuit, en s'étouffant. Ça reste pour moi quelque chose qui, en dehors de sa mort, ne peut pas ne pas me questionner : n'aurait-on pas pu lui permettre de mourir de façon plus humaine et "digne" ? Elle n'avait pas assez confiance dans l'accompagnement et s'était dit : "Jamais je ne pourrai être sûre qu'on ne me laissera pas dans cette souffrance et déchéance." Je n'ai pas une conviction sur "faut-il une loi ou pas de loi", mais il y a un devoir d'interrogation. Il ne faut pas se prononcer pour un refus d'une loi sans réflexion. »

Les demandes de suicide assisté ou d'euthanasie

« L'euthanasie est certes exceptionnelle, mais c'est une fausse question, vous posez la question dans un contexte qui ne le permet pas. »

La souffrance, la déchéance

« Quelqu'un a parlé de "torture", une personne souffrait beaucoup et on ne pouvait pas la soulager. Est-ce que la souffrance ne peut pas être conjurée totalement ? Arrive-t-on à des moments intolérables ? »

« Il y a une volonté de ne pas être vue en état de déchéance par rapport à la famille, ses enfants, pour avoir vécu des circonstances identiques. »

« Je ne pense pas que les soins palliatifs soient contradictoires avec le suicide assisté : on ne peut pas tout guérir, tout soulager, il faut arriver à l'accepter. Ce que je trouve inquiétant, c'est qu'on essaie dans le débat d'étouffer la parole et le choix des personnes. Parfois, il n'y a pas d'autres perspectives pour elle : soulager physiquement a ses limites, soulager moralement aussi. Des gens font le choix en conscience, pas parce qu'ils sont diminués intellectuellement par la maladie. Oui, il faut développer les soins palliatifs si c'est le souhait des personnes d'avoir une fin de vie douce, mais pourquoi interdirait-on à des gens de finir de façon plus douce ? Doit-on se voir dégrader jour après jour ? Est-on obligé d'ignorer ça ? C'est peut-être un faible pourcentage, mais doit-on le nier parce que l'idée de la mort nous dérange ? »

Les dérives

« Pour la loi, chaque fois qu'elle est votée, il peut y avoir des dérives, si l'on suit cette logique, on ne légifère plus sur rien. »

Les exemples étrangers

« Pourquoi en France on ne s'inspirerait pas des autres pays européens, puisque ça se fait ailleurs pourquoi pas chez nous ? »

« Une étude statistique sur le pourcentage de personnes mourant par euthanasie, ça reste très marginal. 1 400 euthanasies, 1 200 en Flandre et 200 en pays wallon. »

La question des modalités

« On devrait permettre le suicide assisté dans un environnement correct avec des gens qui puissent accompagner. Il faut des groupes de parole… Mais il faut une volonté. Ce sont les ministères qui doivent l'appliquer. Il faut demander au gouvernement de faire appliquer la loi et de mettre en place ce qu'il faut. Le suicide assisté doit être autorisé sous condition. »

Des arguments « contre »

Les effets problématiques d'une loi.

« Est-ce bien le rôle de l'État que de vouloir légiférer sur des situations particulières ? Chaque cas de fin de vie est différent, chaque contexte est différent… On peut imaginer une loi qui va répondre aux 50 000 cas enregistrés, mais le 50 001ème ne rentrera peut-être pas dans les cases. »

« Quand on parle d'injection létale, on est à 0,79 % des cas des personnes en fin de vie, est-ce nécessaire pour 0,8 % de légaliser ? L'euthanasie active reste exceptionnelle. »

« Proposition : si ça reste considéré comme une pratique illégale, pourquoi ne pas réfléchir aux conséquences de la transgression de la loi et appliquer une gradualité des réponses de justice par rapport à la transgression de la loi ? »

« De la part des médecins, il y a la crainte d'entraîner une forme de maîtrise. Il faut accepter la démaîtrise des médecins. S'il y a une loi, une femme de notre atelier manquerait de confiance dans son médecin, ne se sentirait pas "en sécurité" en allant chez le médecin. »

La pente glissante

« Le rapport de l'Ined montre que 47 % des personnes qui décèdent ont un accompagnement avec des mesures pouvant favoriser la mort sans intention. Donc la moitié des personnes mourantes sont accompagnées, mais 0,8 % meurent parce qu'on a fait quelque chose pour les aider à mourir… En effet, il y a très peu d'euthanasies actives, mais c'est dans un contexte où elle n'est pas légale. Je ne suis pas pour légaliser l'euthanasie, mais il faut ramener les chiffres dans la réalité, si une loi permettait l'euthanasie, leur nombre augmentera. Cela risque d'être source de dérives. »

« Il pourrait y avoir des incitations à vouloir en finir pour des raisons économiques, en invoquant l'amour de celui qui partirait, par exemple pour payer les études des petits-enfants : "Si tu étais une bonne personne, tu demanderais à arrêter là par amour pour nous, pour moins peser sur nous." »

« Si l'euthanasie était possible, il y aurait des dérives possibles à l'hôpital : quand il n'y a plus de place en réanimation, on peut se poser la question du coût économique du maintien en vie de quelqu'un. »

« Il y a un risque de dérives. Une personne de l'atelier a évoqué le cas de la loi Veil. À l'origine, la loi Veil était faite pour répondre à des situations de femmes en détresse, aujourd'hui on l'utilise pour d'autres situations, comme moyen de contraception parce que les autres ont échoué. Si l'euthanasie était légalisée, n'y aurait-il pas un risque de dérives ? »

« Une personne a témoigné avoir écrit dans ses directives anticipées : "Je ne veux pas être euthanasiée." Une loi qui autoriserait l'euthanasie aurait sans doute un effet anxiogène sur beaucoup de personnes, qui auraient peur d'être tuées le jour où elles ne pourraient plus s'exprimer. La même personne a parlé de geste vétérinaire. »

« Si une loi autorisant l'euthanasie passait, on ne posera plus les questions primordiales qu'on se pose aujourd'hui en fin de vie, en réunissant la famille, les proches, les soignants : quel est le contexte, que demande la personne, est-ce qu'on arrête là ? On n'est pas loin de l'acharnement, arrête-t-on là ? Quelle est cette demande de "je veux mourir" ? Le lendemain, la personne sourit, puis trois jours après, elle veut mourir. C'est un phénomène cyclique. S'il existait une loi, parce que ce serait plus facile d'arrêter, on risquerait de ne plus se poser ces questions essentielles pour prendre des décisions ajustées, on regarderait de manière automatique si on est dans les critères. La loi décide que l'euthanasie devient une norme. »

« Mon père a été médecin en Roumanie, il a développé un service de toxicologie. Pendant les années 1960-1970, il a soigné des milliers d'intoxications. Mon enfance a été marquée par des témoignages de personnes ayant tenté de se suicider, et ayant été réanimées, et qui, des années après, écrivaient à mon père des lettres dans lesquelles ils remerciaient l'équipe de les avoir sauvés. Deux lettres disaient la même chose : "Merci d'avoir sauvé mon corps et de m'avoir redonné le goût de la vie." Les décisions de suicide assisté ou d'euthanasie sont fluctuantes. Elles ne peuvent pas justifier un acte qui lui n'est pas fluctuant, mais irréversible. »

La souffrance, la déchéance

« La douleur provoque une aliénation du patient. »

« La fin de vie et la mort ont une incidence sur ceux qui vont survivre à la personne lorsqu'elle sera décédée. Le regard qu'on a eu sur la mort de nos proches participe de notre propre équilibre. Quel message envoie-t-on aux personnes âgées et plus jeunes pour construire leur avenir si l'on propose de mettre fin à leur vie de manière brutale ? Les personnes en dépendance recréent du lien si l'on prend le temps de venir les accompagner, cela recrée du lien social qui est d'importance dans notre société aujourd'hui. Il est important de préserver ces possibilités de lien social. »

« L'euthanasie ou le suicide assisté est un échec pour tout le monde, une souffrance pour la famille et les professionnels qui se sentent en échec. »

Le geste

« On a utilisé le mot "tuer" pour parler de l'euthanasie dans l'atelier. Même le mot "euthanasie" est un mot violent, il fait référence à des choses passées, ça rappelle le nazisme. »

« L'euthanasie ouvre au situationnisme qui est une source de violence. »

« Pour une petite minorité de cas où l'on peut se poser la question, on ne peut pas toucher au fondement de notre civilisation : l'interdiction de donner la mort. Notre société a fait un bond en avant en supprimant la peine de mort, ce serait incohérent qu'on déploie une énergie pour dépénaliser l'euthanasie. »

« Quelqu'un a posé la question : comment se souvenir de la personne qu'on aurait tuée, qui nous a précédés et qu'on aurait tuée, que va-t-on garder en mémoire ? C'est la différence de l'accompagnement jusqu'au dernier souffle naturel et de l'arrêt avant ce dernier souffle naturel. »

«Aux États-Unis, dans les prisons américaines, ils font des piqûres avec des barbituriques et du curare. Il y a eu les lois biologiques des nazis, l'eugénisme puis l'euthanasie avec action T4. Le tribunal de Nuremberg a dit que 275 000 personnes avaient été exterminées ainsi. Une certaine pente peut devenir un jour savonneuse.»

Suicide/Suicide assisté

«La personne qui souhaite se suicider en a les moyens sans passer par un suicide assisté.»

«Le suicide est une question de santé publique, en psychiatrie on essaie d'aider les personnes qui veulent se suicider à s'en sortir. Comment peut-on faire une prévention du suicide d'un côté et de l'autre côté permettre le suicide assisté ?»

Interrogations/Craintes

Interrogation sur la responsabilité de la médecine ou de celui qui ferait le geste, sur l'effet que ce geste aurait sur lui

«Même un geste qui n'est pas censé donner la mort est mal vécu, ce sont des gestes qui ont une portée symbolique extrêmement forte. Voici une idée proposée et qui a recueilli une part d'assentiment de la part de notre atelier : pourquoi ne pas mettre en place un système de jurés afin que la société prenne ses responsabilités, pour décider si une euthanasie devait être pratiquée, et pour pratiquer ce geste d'euthanasie ? Cela pose la question de qui va prendre cette responsabilité. C'est un choix de société. Ça ne sera pas un geste médical, c'est hors du champ du soin. Donc on propose un système comme pour les assises : des jurés tirés au sort. En effet, si la société considère que c'est indispensable de légaliser l'euthanasie, il faut se préoccuper de qui va le faire. Il y aurait une prise de responsabilité de la société par le jeu de jurés. Il s'agit moins d'une hypothèse que d'un questionnement. Ça interpelle personnellement. Si l'on sait qu'on est en capacité d'être choisi au sort pour faire l'acte, peut-être qu'on n'aura pas le même questionnement. Cela associe liberté et responsabilité. La société c'est personne, c'est chacun de nous. Qui parmi nous est prêt à assumer l'acte lui-même pour aller au bout de la question et de la démarche ? C'est en lien avec les pourcentages : X % des Français sont favorables à l'euthanasie, mais pour défendre la liberté, il faut l'associer à la responsabilité, on ne peut éviter la question de "qui pratiquerait le geste ?". Le monde médical considère que ce n'est pas sa responsabilité, il faudra que quelqu'un l'assume si c'est une loi.»

Interrogation sur la demande

«Sur l'euthanasie : on s'est interrogé sur la volonté de mourir, de quelle volonté parle-t-on ? Mourir ou arrêter de souffrir (physique ou psychique) ? Quand la souffrance peut être entendue, prise en compte et soulagée, la demande concernant l'euthanasie est fluctuante.»

«On ne s'est pas vraiment posé la question de l'euthanasie, mais de savoir si tout était fait avant. Si on arrive à une telle demande, peut-être avant a-t-on raté quelque chose. La question de l'euthanasie se pose parfois parce qu'on n'a pas les moyens de faire tout ce qu'on pourrait faire. »

« Cette demande d'en finir, on veut en finir avec quoi ? Avec la vie qu'on mène parce qu'elle est faite de solitude, d'enfermement, de dépendance, mais peut-être qu'il y aurait plein de choses pour pallier ça, mais cela coûte de l'argent, des moyens humains et matériels, si on pouvait tout mettre en œuvre, il n'y aurait peut-être pas de demandes d'euthanasie. Toute la souffrance morale qu'il peut y avoir dans la maladie peut influencer la demande : l'incapacité d'assumer son rôle de père de famille, de s'occuper de soi-même, la peur d'être abandonné, la peur d'être une charge. »

« On souhaiterait que le patient n'en arrive pas à se dire : "Je veux l'euthanasie", on voudrait proposer assez de choses pour ne pas en arriver là. »

« La première fois qu'on voit des personnes polyhandicapées, on a un choc et on se demande "Comment peuvent-ils vivre dans une situation aussi terrible", mais, en s'approchant, on voit que la personne a une raison de vivre parfois plus intéressante que la nôtre. Qu'est-ce qu'une vie ? »

Interrogation de l'effet qu'une légalisation d'une aide médicale à mourir aurait sur la société

« Parfois on ne comprend pas le sens de certaines vies : une personne de l'atelier a témoigné qu'elle visitait une dame qui tous les jours faisait du vélo dans sa chambre, c'était sa vie. Est-on dans un monde capable de supporter l'énigme et le mystère de ce genre de vie qui ne semble pas avoir de sens ? »

Interrogation sur le rapport suicide/suicide assisté

« C'est sûr qu'il y a de la violence dans la pendaison, mais la violence est dans la mort par le suicide. Que le suicide soit assisté ou pas, les proches subissent une violence. »

« Si une loi autorisait le suicide assisté ou l'euthanasie, la poésie risque d'en prendre un coup [1], et je ne suis pas sûr qu'il y aurait moins de suicides. »

Interrogations sur les conditions de l'euthanasie ou du suicide assisté

« Au congrès de la SFAP de cette année, il y avait beaucoup de monde et, visiblement, une loi qui modifierait la loi Leonetti provoque un malaise. Dans un pays où les soins palliatifs ne sont pas correctement développés, la loi ne serait-elle pas perverse ? »

« À chaque problème, une solution peut être apportée, mais elle est variable selon le jour, le moment… Quand on prend une décision, il ne faut pas hésiter à la remettre en question le lendemain, les conditions peuvent être différentes… »

1. Supplique pour être enterré à la plage de Sète « La camarade, qui ne m'a jamais pardonné/D'avoir semé des fleurs dans les trous de son nez/Me poursuit d'un zèle imbécile. /Alors, cerné de près par les enterrements, /J'ai cru bon de remettre à jour mon testament, /De me payer un codicile » de Brassens.

« La liberté de conscience : on est dans un état laïc, des médecins peuvent avoir une conscience. On ne peut pas donner un cadre rigide, mais il faut des limites. »

« Concrètement, on a peu été confrontés à des demandes. Tout est du cas par cas. »

Crainte de la pente glissante

« Est-ce vrai que les Belges préfèrent venir terminer leurs jours en France plutôt qu'en Belgique parce qu'ils ont peur de l'euthanasie ? »

Soins palliatifs

Nécessaire développement des soins palliatifs

« Les personnes prises en charge en soins palliatifs ne demandent pas à être tuées, elles sont bien, les familles sont bien et se disent : "C'est là que j'aimerais venir pour terminer ma vie." Il est important au niveau de la société de développer les soins palliatifs dans toutes leurs composantes (médicaux, accompagnement familial, psychologique, écouter, être présent) et de communiquer sur les moyens mis en œuvre dans nos sociétés, de les expliquer, même dans le milieu médical (des soignants ne sont pas conscients de ce que propose la loi aujourd'hui). »

« Est-ce que les Français ont tous accès aux soins palliatifs ? Non, les soins palliatifs ne sont pas partout. »

« Une assistance sociale en soins palliatifs racontait qu'elle suit les formations de soins palliatifs sur son temps personnel : ça montre un manque. »

« Il y a des disparités géographiques des soins palliatifs : dans le fin fond du pays de Bray, il n'y a aucune chance d'avoir une prise en charge à domicile équivalente à celle du Havre, il y a des carences en offre de soins : quand on cherche une infirmière, une aide-soignante, un médecin, on ne les a pas...). »

« Les soins palliatifs ne sont pas efficaces à 100 %, ils ne peuvent pas répondre à tous les cas, ils ne sont pas aussi appliqués qu'ils le devraient (50 % des personnes en relèveraient, mais on n'a pas les moyens). Il n'y a pas d'opposition soins palliatifs/euthanasie, c'est ce qui se passe en Belgique. »

« « Je suis médecin coordinateur en hospitalisation à domicile : il y a une vraie offre de soins permise dans la région (EMSP, soins palliatifs, libéraux), mais parfois les hospitaliers ne pensent pas à cette offre de soins de terrain et les patients se retrouvent isolés à domicile. Des patients ont été hospitalisés parce que l'entourage était épuisé et la seule solution semblait être l'hospitalisation, alors que des patients peuvent avoir un temps de vie à domicile de fin de vie qui nous semble très correct. Aujourd'hui, HAD et réseaux se rassemblent pour travailler ensemble. »

« En soins palliatifs, on n'est pas là que pour la douleur physique, mais aussi pour la douleur sociale, morale, psychologique. C'est une prise en charge globale, une équipe médicale intervient avec un médecin, une infirmière, un psychologue… Mais on n'a pas abordé l'accompagnement par l'assistante sociale : la souffrance morale peut amener à demander le suicide, qu'est-ce qui existe pour aider ou soulager ? Il existe des dispositifs sociaux, dans le cadre des soins palliatifs ou du handicap, mais pour cela il est important de travailler en collège (médecin, infirmière, psychologues, assistante sociale, bénévoles) pour que la clinique soit la plus globale possible, qu'on soigne la personne dans son être entier. On a souvent une souffrance sociale quand on est malade, quand on est diminué (jeune mère de famille : "Qu'est-ce que je peux faire pour mes enfants"). On a toutes un rôle, on veut travailler ensemble pour soutenir une famille (toute la famille souffre et le malade souffre de la souffrance de sa famille). Malheureusement, c'est vrai qu'au niveau de la France, il y a des régions bien soutenues, des équipes mobiles de soins palliatifs très efficaces, des équipes régionales peuvent accueillir dans des meilleures conditions et d'autres endroits sont dépourvus, des réseaux de soins n'ont aucune assistante sociale et aucun psychologue alors que c'est nécessaire. Il faut appliquer la loi Leonetti, que les médecins soient formés (surtout les médecins généralistes qui sont dépassés parce qu'ils ne connaissent pas les soins palliatifs). Pour permettre à une personne de vivre son projet de vie à domicile, il est nécessaire que le généraliste soit impliqué. »

« Il y a une ambivalence : il y a un progrès avec cette loi Leonetti, on développe les soins palliatifs pédiatriques, mais une fois chez elle, les mamans se trouvent démunies, devant le regard que la société porte sur un petit handicapé… »

Palliatif versus curatif

« La limite palliative/curative n'est pas facile à déterminer. »

La médecine et la fin de vie

Le rôle et l'attitude du médecin sur la fin de vie

Acharnement thérapeutique

« Dans notre pays, bien des traitements ne devraient pas être faits en amont, c'est de ça qu'on devrait parler, des personnes âgées en EHPAD qu'on met en ambulance (ce n'est pas l'ambulancier qui demande les DA), des choses ne tournent pas rond, pour un œdème du poumon, on envoie les personnes âgées à l'hôpital. »

La souffrance et la douleur

« Pour la douleur physique, les moyens existent pour la soulager. »

« Je me pose la question de l'efficacité des soins palliatifs : sont-ils toujours efficaces, arrive-t-on à soulager la douleur systématiquement ? »

« Sur la culture et connaissance de la loi : tout le monde ne connaît pas bien la loi et la culture sur la douleur, en 2012, normalement la douleur est soulagée. Mais il y a des endroits où l'on connaît moins les protocoles, les médicaments : selon les villes, on a la trouille d'aller à l'hôpital, des médecins ont peur de la morphine, mais, si elle est bien utilisée (protocole par palier), il n'y a pas de souffrance physique.»

La collégialité

«On a insisté sur la collégialité. Notre proposition : au même titre que le gouvernement, quand il a un problème, crée une commission (pour enterrer ou faire progresser le sujet). On propose que lorsqu'il y a des problèmes spécifiques, une collégialité (enseignant, famille, personne morale – une personne en dehors des problèmes du moment et qui donne son opinion) soit mise en place. Pour la personne morale, il faudrait une personne qui ne va pas décider, mais va ramener les gens qui sont complètement dans les problèmes et "la tête dans le guidon", qui ne peuvent pas penser à tout, une personne dégagée de l'instant. Une personne externe. Un médiateur qui aide à poser les bonnes questions, un tiers extérieur.»

«Il y a des services sans réunion d'équipe, alors qu'en soins palliatifs, les réunions sont institutionnalisées. Quand les parents ne sont pas au courant de la décision prise pour leurs enfants, ça pose de sérieuses questions.»

«Il y a une souffrance des soignants : il y a des décisions prises par-derrière, pas de manière collégiale, ça existe et c'est grave, ce n'est pas permis par la loi Leonetti. Parfois, pour les nouveau-nés, c'est dans le dos des parents, ils n'en savent rien. Il y a de la culpabilité : parfois les parents, parfois l'équipe.»

La formation des médecins

«La formation passe par des stages et on est en retard par rapport aux autres pays pour cela.»

«Sur le constat que la loi Leonetti est mal connue, mal appliquée. Dans les hôpitaux, la formation du personnel soignant est de la responsabilité de la direction de l'hôpital. Certaines formations peuvent être obligatoires. En ce moment, les hôpitaux ont des problèmes budgétaires, des problèmes financiers qui empêchent cette formation nécessaire sur l'accompagnement de la fin de vie, et sur la question : "Que fait-on ? Est-ce qu'on met plus de morphine ou pas ?"»

«Après ce travail, est-ce qu'on pourrait réunir la médecine et les sciences humaines ?»

«Il y a une nécessité de la formation, la formation est très importante : exemple des gasps en fin de vie, quand le mourant cherche son air. Des médecins formés en soins palliatifs disent : "Le gasp est un réflexe, l'enfant ne souffre plus", si on l'explique aux parents, si les parents sont prévenus, c'est plus facile, ils peuvent accompagner l'enfant jusqu'au bout. Dans d'autres équipes on dit : "S'il gaspe, il souffre" et d'autres décisions sont prises. Quelles formations ont eues nos médecins pour avoir des discours divergents sur des choses techniques et médicales ? Il faut élargir la formation aux médecins, aux infirmiers...»

La loi Leonetti

« Il y a des endroits où ça fonctionne bien avec un personnel en nombre et formé. Mais le problème est que la loi Leonetti est peu connue, pas toujours appliquée (normalement : "ni acharnement, ni euthanasie", mais ce n'est pas comme ça que ça se passe). Il y a une inégalité sur le territoire français, pouvant provoquer l'angoisse du citoyen : "S'il y avait une loi autorisant l'euthanasie, je pourrais l'avoir, alors que la loi Leonetti n'est pas appliquée partout." Beaucoup de gens ressentent l'inégalité sur la prise en charge par la loi Leonetti et la possibilité d'avoir accès à ce qu'elle comporte (lutte contre la douleur, etc.). L'euthanasie peut paraître comme une échappatoire : personne n'a envie de souffrir, comme dans certains services où l'on ne sait pas manier les anti-douleurs… »

« La loi Leonetti est très bien, elle a été votée à l'unanimité : pourquoi y toucher ? Il faut la faire connaître, développer les soins palliatifs, harmoniser les pratiques, proposer une aide psychologique aux parents… »

« Que propose la société pour faire connaître et développer l'accompagnement prévu par la loi Leonetti ? Il existe des théories, quelques outils, mais on a l'impression qu'on ne va pas assez loin, qu'on ne déroule pas le plan prévu par la loi. Il est important d'expliquer les termes clés dans la loi : les soins palliatifs, l'acharnement thérapeutique et l'euthanasie, ce sont trois choses distinctes. L'État doit mettre en œuvre des moyens pour expliquer la différence. »

« Sur l'application de la loi Leonetti, il y a eu un manque de volonté politique pour cela. Il faudrait obliger les hôpitaux à former le personnel à la loi Leonetti (et à la suivante). La formation passe par des stages et on est en retard par rapport aux autres pays pour cela. »

« La loi Leonetti fait l'unanimité, mais elle est mal connue, elle serait parfaite si elle était bien appliquée. »

« Démarche citoyenne : la loi Leonetti doit pouvoir être appliquée et il faut pouvoir en faire le bilan : ce qui marche et ne marche pas. »

« La loi Leonetti est mal connue. Il faut faire un bilan de l'application de la loi, une formation obligatoire dans le cursus des médecins et à l'hôpital. Quand cette loi sera bien appliquée, on pourra voir après si on doit légaliser l'euthanasie ou le suicide assisté. »

« Depuis 2005, aucun autre pays n'a légalisé l'euthanasie, mais plusieurs se sont inspirés de la loi Leonetti donc elle n'est sans doute pas mauvaise. On a une responsabilité à la faire connaître. »

« À mon sens, la loi Leonetti paraît suffisante. Quand on dit qu'on peut utiliser les calmants, à une certaine dose, certes cela peut entraîner la mort, mais on veut soulager la souffrance. »

« Si la loi Leonetti était connue et respectée, on n'aurait pas besoin d'aller plus loin. »

Néonatologie

Nouveau-né

« Il y a une contradiction entre la naissance d'un bébé et la mort. »

« Il y a eu une évolution de pratiques soignantes : il y a vingt ans, on cachait la mort. Exemple d'enfants mort-nés : pour protéger les parents, ils ne voyaient pas le bébé mort. »

« Selon les villes, il y a des pratiques très divergentes dans les services. Comment harmoniser les prises en charge ? Dans le cas de la prématurité, les délais de réanimation sont variables (à 24 semaines, à 25 semaines…). Un enfant réanimé à 24 semaines a plus de risque d'hémorragie cérébrale, de séquelles ? Serait-il possible d'harmoniser ces pratiques ? »

« Réseau : faire le lien entre la maternité, la néonatalogie, la maison pour que les gens ne soient pas seuls sans savoir quoi faire. »

« On a cherché des cas qui justifieraient l'euthanasie de nouveau-nés, on n'a pas trouvé de cas : il faut écouter les parents, mais qui va décider et qui va le faire ? On a parlé de l'ambivalence, décisions difficiles. Et l'importance de ne pas être seul. »

« On veut que la personne soit au cœur du dispositif (enfant et parent), privilégier le temps de la relation ».

IMG

« Dans certains cas, certains couples choisissent de garder le bébé, même si on apprend la mauvaise nouvelle dans la grossesse. Les équipes se retrouvent devant des situations non vécues auparavant. Ça peut être une alternative à l'IMG. Autre cas d'une maman qui avait vécu plusieurs IMG : à la énième, elle a eu besoin de voir ce bébé, il est mort dans ses bras. C'est une possibilité, certains choisissent l'IMG mais certains choisissent d'accompagner jusqu'à la naissance. »

« En ce qui concerne les parents, ils se sont sentis non respectés dans le choix : des médecins manquent de délicatesse, ils veulent toujours en savoir plus pour le bébé, une maman disait : "On me parlait toujours d'IMG, mais je ne voulais pas entendre ça." Il faut respecter le choix des parents, leur expliquer les examens, les conséquences, qu'ils puissent être éclairés dans leur choix. Pas d'acharnement thérapeutique. »

« Témoignage d'une maman : "On nous a fait culpabiliser parce qu'on avait refusé l'IMG, on s'est senti isolé, dans une grande technicité, non entendu. »

« Deuil : si courte soit la vie, elle vaut le coup. »

« Les parents voudraient entendre que, quelle que soit leur décision, ils seront accompagnés. »

« Handicap : il faut souligner le fait que la France est pointée pour ce qu'elle fait pour les handicapés, on est "lanterne rouge" et on ne peut pas mettre les choses côte à côte. Chez nous, il y a un mauvais accueil du handicap. Lors du 22e congrès de la société d'accompagnement et des soins palliatifs, un jeune pédiatre anglais a dit : "Maintenant que je suis à la retraite, les cas dont j'aime à me souvenir ne sont pas les enfants que j'ai sauvés, mais les enfants avec des malformations qui allaient entraîner leur décès et dont j'ai accompagné les parents." Les parents ayant choisi l'IMG pouvaient faire leur deuil plus rapidement, mais cela laissait des séquelles. Ceux ayant accepté la naissance avaient un parcours plus difficile, mais ensuite ils avaient intériorisé une richesse. Avoir vu l'enfant peut aider pour le deuil, mais c'est à chaque couple qu'appartient la décision. »

La personne âgée

« Quelqu'un a rappelé que les personnes âgées ont été jeunes et qu'il est important pour les jeunes d'accompagner leurs aînés, de les accompagner pour les remercier de leur avoir montré la voie, de les avoir éduqués et ne pas oublier qu'ils deviendront les aînés, comment veulent-ils être accompagnés quand ils seront les aînés et auront besoin de cet accompagnement ? »

Les conditions de la fin de vie

« On s'est posé la question des pratiques culturelles des différentes familles : quid des vivants, comment vont-ils continuer à vivre ? Question des rites : la famille se retrouve dépossédée, quels rites peuvent être mis en place pour accompagner, l'au-revoir nécessaire ? Est-ce que l'institution permet ces rites, ces pratiques ? On a parlé de l'agonie, du décès : c'est à prendre en compte dans l'information à donner au public. Les pratiques concernant la chambre funéraire : les modalités d'accès pour rendre hommage au défunt. Les modalités d'accès sont compliquées dans des établissements, des familles ne peuvent honorer leur défunt. Le retour du défunt à domicile : est-ce toujours possible ? »

« Lieux de recueillement : avoir un lieu de recueillement pour les familles va devenir un luxe par rapport aux pratiques (crémation…) et au manque de place (concessions dans les cimetières), au coût financier… Et la place dans la société : quid de ce lieu de recueillement, est-il nécessaire ? »

« Témoignage d'un médecin : lors de la dernière heure d'un mourant, il se passe des "choses étonnantes". »

« Je suis infirmière, j'ai choisi ce métier pour la relation. Parfois, la fin de vie paraît longue, difficile, mais il y a un cheminement : déni, surprise, dépression, colère, acceptation. Toutes ces étapes sont importantes pour les proches à vivre avec le malade. Parfois les proches n'en sont pas capables, mais les soignants prennent le relais et rassurent la famille : "Même si vous n'étiez pas présent, votre femme est partie sereinement." Dans la fin de vie, les masques tombent : quand les jours sont comptés, la personne est vraie, c'est une expérience riche à vivre. »

L'accompagnement

« La société est en changement : il y a un siècle, on accompagnait ses parents, sa famille (on n'était pas dans nos rythmes actuels), on s'adapte à ce changement et on ne sait pas comment gérer nos proches handicapés, nos aînés et en même temps mener nos vies à bien. »

« Plus de la moitié des Français n'ont jamais accompagné et n'ont aucune représentation du grand âge. La solidarité de la société apparaît néanmoins indispensable pour les personnes âgées en fin de vie qui ont le droit à la différence. Une personne âgée a un rythme différent, des besoins différents qui ne correspondent pas à ce que les plus jeunes peuvent comprendre s'ils ne côtoient pas les personnes âgées. Quelques témoignages. Premier témoignage : dans l'immeuble d'une personne, les personnes âgées demandent des visites. L'accompagnement n'est pas que l'affaire des soignants, ça commence par le regard et la présence de ceux qui sont proches. Autre témoignage : personne souffrant d'un syndrome démentiel que son enfant visitait : "On a retrouvé maman comme avant" (j'ai retrouvé ma mère en vérité, dans le fond, dans le cœur…). Troisième témoignage : une personne âgée qui s'accroche à la vie parce qu'il y a un conflit familial important et qu'à cause de ça, sa famille ne lui rend pas visite. Elle s'accroche à la vie avec l'espoir de revoir sa famille. "On n'est pas qu'un corps, mais un esprit et une conscience", même quand on est diminué, fatigué, on est toujours une personne, on n'est pas un objet. Quatrième témoignage : à Calmette (un établissement de soins de longue durée), c'est un endroit vieillot, mais qui respire la chaleur humaine : le cœur compte plus que le corps. Ce qu'est vraiment la personne compte plus que son corps diminué et fatigué. L'accompagnement est l'affaire de tous, pas seulement des personnels soignants. Les familles envoient parfois trop vite les personnes en milieu médicalisé. L'accompagnement doit se faire en équipe (membres de la famille, visiteurs, amis, soignants) quand ça devient opportun. Il est souhaitable de mettre de la joie, du bonheur dans l'accompagnement pour diminuer la douleur psychologique. »

« Il faut laisser une place aux associations. »

« Un médecin a expliqué que comme les personnes confrontées à la maladie n'ont pas de lieu d'écoute, d'accueil, la souffrance peut devenir pathologique. Finalement, pour pouvoir parler et vivre la mort, c'est certainement des lieux de rencontre qui manquent : les familles sont démunies, font appel à l'extérieur (d'où l'expression "professionnalisation" de la mort), mais par des professionnels de santé qui dans leur référentiel de formation n'ont rien. ça pose question. On a aussi considéré qu'il y avait la personne en fin de vie, mais aussi les aidants : quels sont les dispositifs prévus institutionnellement ? Apparemment pas grand-chose, ça pose question. Comment vit-on la mort d'un proche ? ça renvoie à la façon dont on vit la perspective de notre propre mort. Des témoignages sur les angoisses de chacun, un monsieur expliquait que plus on vieillit, plus cette angoisse devient sourde, prend de la place et peut être reportée sur l'entourage. Peur de la solitude (confronté à sa propre mort, on est seul). Mot-clé : le soutien, les conseils, avoir la parole… mais dans un lieu qui ne le fasse pas à la place de l'autre, qui ne prenne pas la place de la famille. On s'est interrogé sur les institutions : qu'est-ce qui existe pour permettre le respect de l'intimité (de la personne en fin de vie, de sa famille et ses proches), y a-t-il des lieux d'intimité ? »

« Une jeune fille a accompagné sa grand-mère dans sa maladie, dans sa "déchéance" physique, et elle n'a pas pu lui dire au revoir, n'a pas pu "sceller" l'accompagnement, ce sont des traces difficiles à porter pour ceux qui restent. Il est important pour les enfants de voir la mort, qu'on les accompagne dans l'expression de leur ressenti, qu'ils puissent extérioriser avant, pendant, après. Et qu'est-ce qui existe en France ? »

« Quand il y a une catastrophe aérienne, on met en place une cellule d'aide psychologique, mais la mort est un drame. On ne s'attend plus à la mort de nos proches. »

« Il faut assurer la dignité du patient. Actuellement on parle de solidarité, autrefois de fraternité ou charité. On a ramené le terme grec : *"agapè"* »

« Je suis infirmière de nuit en gériatrie. J'ai eu un patient avec un cancer de la gorge métastasé dans la carotide, je suis venue dans la chambre, j'ai dû faire une injection d'Hypnovel pour le sédater parce que sa carotide allait éclater, je l'ai fait pour éviter l'hémorragie, mais ça a été très dur, je l'ai mal vécu. Pendant quinze jours, j'ai eu du mal à accepter que j'avais sédaté quelqu'un et que ça avait pu entraîner sa mort. »

La mort dans la société

Le tabou, l'absence de la mort dans la société

« Si on ne parle pas de la mort/fin de vie ou que l'on en donne une image négative, on peut ne plus pouvoir vivre. Quelle image la société veut-elle donner de la mort ? »

« Il faut savoir parler de la mort aux familles. Dans nos sociétés, il y a cent ans, cinquante ans, la mort était plus habituelle, maintenant elle est devenue quasiment inconcevable, la loi ne peut pas la réglementer, mais quel échange peut être mis en place, quelle formation, quelle aide psychologique ? »

« J'ai été effarée d'entendre que, statistiquement, dans le système scolaire, un élève est orphelin par classe en France. Ça fait froid dans le dos, cela n'est pas pris en compte dans le système de l'Éducation nationale, aucun dispositif n'invite les adultes et jeunes élèves à parler du deuil. Entre personnes anonymes, il y a des confessions, témoignages intimes qui ont eu lieu nulle part ailleurs. Cette invitation au partage, à l'échange est riche. Le fait de pouvoir parler dans un lieu neutre de ses expériences de vie est source d'enrichissement et certainement d'apaisement. »

« Mort : tabou, mensonge, familles démunies, professionnalisation de la mort… sont les mots qui sont sortis. Peu de personnes sont intéressées parce que la mort fait peur et qu'elle est déniée, c'est beaucoup plus pratique de prendre la fuite plutôt que de se poser les bonnes questions. La superficialité évite la rencontre des peurs, des émotions, des sentiments. Finalement, les valeurs de la société, force, compétitivité, sont contraires à l'expression des faiblesses, craintes, émotions qui ne sont pas encouragées, à n'importe quel stade dans la vie, quelles que soient les épreuves qui surviennent. Finalement, cette mort est dissimulée, cachée. 70 % des personnes meurent à l'hôpital ; ça fait froid dans le dos, puisque 70 % des personnes voudraient mourir chez elle. »

« La mort est méconnue : avant ça faisait partie de la vie, avant la mort était à la maison, avant c'étaient des veillées, des familles qui étaient autour du mourant et s'entraidaient en présence des enfants. Aujourd'hui, avec l'allongement de l'espérance de vie, même des adultes de 50 ans n'ont pas connu la mort et le deuil. Accompagnement par des adultes qui ne sont pas dans la capacité d'accompagner leurs enfants… Cela pose la question de la prise de conscience : est-ce parce qu'on a vécu des accidents de la vie qu'on est là aujourd'hui ? Cela pose la question de la transmission de la conscience de la mortalité. Est-ce que cette prise de conscience va être externalisée ? Est-ce le rôle de l'école de pouvoir sensibiliser les jeunes générations à la vie, à la mort ? Ou est-ce la responsabilité de la famille de vivre l'accompagnement d'un proche ? »

« La mort nous fait moins peur à nous les jeunes : surexposition médiatique (jeux vidéo où l'on a trois vies, la télé…), mais dissimulation des adultes : le fait de vouloir protéger l'enfant – en cachant, en interdisant l'accès au défunt et à la cérémonie – est mal vécu. L'enfant a le droit d'avoir le choix. Cela renvoie à la question du rapport qu'ont les parents à la mort. »

Loi n° 2005-370 du 22 avril 2005 relative aux droits des malades et à la fin de vie, dite « Loi Leonetti »

Article 1

Après le premier alinéa de l'article L.1110-5 du Code de la santé publique, il est inséré un alinéa ainsi rédigé :

« Ces actes ne doivent pas être poursuivis par une obstination déraisonnable. Lorsqu'ils apparaissent inutiles, disproportionnés ou n'ayant d'autre effet que le seul maintien artificiel de la vie, ils peuvent être suspendus ou ne pas être entrepris. Dans ce cas, le médecin sauvegarde la dignité du mourant et assure la qualité de sa vie en dispensant les soins visés à l'article L.1110-10. »

Article 2

Le dernier alinéa de l'article L.1110-5 du Code de la santé publique est complété par deux phrases ainsi rédigées :

« Si le médecin constate qu'il ne peut soulager la souffrance d'une personne, en phase avancée ou terminale d'une affection grave et incurable, quelle qu'en soit la cause, qu'en lui appliquant un traitement qui peut avoir pour effet secondaire d'abréger sa vie, il doit en informer le malade, sans préjudice des dispositions du quatrième alinéa de l'article L.1111-2, la personne de confiance visée à l'article L.1111-6, la famille ou, à défaut, un des proches. La procédure suivie est inscrite dans le dossier médical. »

Article 3

Dans la deuxième phrase du deuxième alinéa de l'article L.1111-4 du Code de la santé publique, les mots : « un traitement » sont remplacés par les mots : « tout traitement ».

Article 4

Le deuxième alinéa de l'article L.1111-4 du Code de la santé publique est complété par quatre phrases ainsi rédigées :

« Il peut faire appel à un autre membre du corps médical. Dans tous les cas, le malade doit réitérer sa décision après un délai raisonnable. Celle-ci est inscrite dans son dossier médical.

« Le médecin sauvegarde la dignité du mourant et assure la qualité de sa fin de vie en dispensant les soins visés à l'article L.1110-10. »

Article 5

Après le quatrième alinéa de l'article L.1111-4 du Code de la santé publique, il est inséré un alinéa ainsi rédigé :

« Lorsque la personne est hors d'état d'exprimer sa volonté, la limitation ou l'arrêt de traitement susceptible de mettre sa vie en danger ne peut être réalisé sans avoir respecté la procédure collégiale définie par le Code de déontologie médicale et sans que la personne de confiance prévue à l'article L.1111-6 ou la famille ou, à défaut, un de ses proches et, le cas échéant, les directives anticipées de la personne, aient été consultés. La décision motivée de limitation ou d'arrêt de traitement est inscrite dans le dossier médical. »

Article 6

Après l'article L.1111-9 du Code de la santé publique, il est inséré un article L.1111-10 ainsi rédigé :

« Art. L.1111-10. – Lorsqu'une personne, en phase avancée ou terminale d'une affection grave et incurable, quelle qu'en soit la cause, décide de limiter ou d'arrêter tout traitement, le médecin respecte sa volonté après l'avoir informée des conséquences de son choix. La décision du malade est inscrite dans son dossier médical.

« Le médecin sauvegarde la dignité du mourant et assure la qualité de sa fin de vie en dispensant les soins visés à l'article L.1110-10. »

Article 7

Après l'article L.1111-9 du Code de la santé publique, il est inséré un article L.1111-11 ainsi rédigé :

« Art. L.1111-11. – Toute personne majeure peut rédiger des directives anticipées pour le cas où elle serait un jour hors d'état d'exprimer sa volonté. Ces directives anticipées indiquent les souhaits de la personne relatifs à sa fin de vie concernant les conditions de la limitation ou l'arrêt de traitement. Elles sont révocables à tout moment.

« À condition qu'elles aient été établies moins de trois ans avant l'état d'inconscience de la personne, le médecin en tient compte pour toute décision d'investigation, d'intervention ou de traitement la concernant.

« Un décret en Conseil d'État définit les conditions de validité, de confidentialité et de conservation des directives anticipées. »

Article 8

Après l'article L.1111-9 du Code de la santé publique, il est inséré un article L.1111-12 ainsi rédigé :

« Art. L.1111-12. – Lorsqu'une personne, en phase avancée ou terminale d'une affection grave et incurable, quelle qu'en soit la cause et hors d'état d'exprimer sa volonté, a désigné une personne de confiance en application de l'article L.1111-6, l'avis de cette dernière, sauf urgence ou impossibilité, prévaut sur tout autre avis non médical, à l'exclusion des directives anticipées, dans les décisions d'investigation, d'intervention ou de traitement prises par le médecin. »

Article 9

Après l'article L.1111-9 du Code de la santé publique, il est inséré un article L.1111-13 ainsi rédigé :

« Art. L.1111-13. – Lorsqu'une personne, en phase avancée ou terminale d'une affection grave et incurable, quelle qu'en soit la cause, est hors d'état d'exprimer sa volonté, le médecin peut décider de limiter ou d'arrêter un traitement inutile, disproportionné ou n'ayant d'autre objet que la seule prolongation artificielle de la vie de cette personne, après avoir respecté la procédure collégiale définie par le Code de déontologie médicale et consulté la personne de confiance visée à l'article L.1111-6, la famille ou, à défaut, un de ses proches et, le cas échéant, les directives anticipées de la personne. Sa décision, motivée, est inscrite dans le dossier médical.

« Le médecin sauvegarde la dignité du mourant et assure la qualité de sa fin de vie en dispensant les soins visés à l'article L.1110-10. »

Article 10

I. – Après l'article L.1111-9 du Code de la santé publique, il est inséré une division ainsi rédigée : « Section 2. – Expression de la volonté des malades en fin de vie ».

II. – Avant l'article L.1111-1 du même Code, il est inséré une division ainsi rédigée : « Section 1. – Principes généraux ».

III. – Dans la première phrase de l'article L.1111-9, les mots : «du présent chapitre» sont remplacés par les mots : «de la présente section».

Article 11

Après le premier alinéa de l'article L.6114-2 du Code de la santé publique, il est inséré un alinéa ainsi rédigé :

«Ils identifient les services au sein desquels sont dispensés des soins palliatifs et définissent, pour chacun d'entre eux, le nombre de référents en soins palliatifs qu'il convient de former ainsi que le nombre de lits qui doivent être identifiés comme des lits de soins palliatifs.»

Article 12

Après l'article L.6143-2-1 du Code de la santé publique, il est inséré un article L.6143-2-2 ainsi rédigé :

«Art. L.6143-2-2. – Le projet médical comprend un volet «activité palliative des services. Celui-ci identifie les services de l'établissement au sein desquels sont dispensés des soins palliatifs. Il précise les mesures qui doivent être prises en application des dispositions du contrat pluriannuel mentionné aux articles L.6114-1 et L.6114-2.

«Les modalités d'application du présent article sont définies par décret.»

Article 13

I. – Après la première phrase de l'article L.311-8 du Code de l'action sociale et des familles, il est inséré une phrase ainsi rédigée :

«Le cas échéant, ce projet identifie les services de l'établissement ou du service social ou médico-social au sein desquels sont dispensés des soins palliatifs et précise les mesures qui doivent être prises en application des dispositions des conventions pluriannuelles visées à l'article L.313-12.»

II. – Les modalités d'application du présent article sont définies par décret.

Article 14

Le I de l'article L.313-12 du Code de l'action sociale et des familles est complété par une phrase ainsi rédigée :

« La convention pluriannuelle identifie, le cas échéant, les services au sein desquels sont dispensés des soins palliatifs et définit, pour chacun d'entre eux, le nombre de référents en soins palliatifs qu'il convient de former ainsi que le nombre de lits qui doivent être identifiés comme des lits de soins palliatifs. »

Article 15

En application du 7° de l'article 51 de la loi organique n° 2001-692 du 1er août 2001 relative aux lois de finances, une annexe générale jointe au projet de loi de finances de l'année présente tous les deux ans la politique suivie en matière de soins palliatifs et d'accompagnement à domicile, dans les établissements de santé et dans les établissements médico-sociaux.

La présente loi sera exécutée comme loi de l'État.

Annexe 4

Fiches de l'Igas

Inspection générale
des affaires sociales
RM2012-157P

Fiches contributives à
la mission de réflexion sur la fin de vie

Établi par

Catherine HESSE

Membre de l'Inspection
générale des affaires sociales

Amélie PUCCINELLI

Stagiaire à l'Inspection générale
des affaires sociales

- Décembre 2012 -

Ces fiches constituent un apport technique qui vise à récapituler différents éléments contribuant à un état des lieux de l'application de la loi du 22 avril 2005.

Elles s'appuient notamment selon les fiches sur différents rapports dont le premier rapport annuel de l'Observatoire national de la fin de vie (ONFV), sur les travaux parlementaires, sur les différents plans de santé publique relatifs aux soins palliatifs ainsi que sur les documents transmis à la mission sur l'état d'avancement des actions prévues dans le cadre de ces plans.

L'Igas ne s'est pas livré à une analyse des positions des différentes sociétés savantes ou des professionnels auditionnés par la mission, ces analyses étant du ressort de la mission. De même, la substance issue des huit débats publics qui figure dans le rapport de la mission n'a pas été intégrée à ces fiches.

Sommaire

Fiche n° 1
L'accès aux soins palliatifs **223**

La définition de l'offre de soins palliatifs **224**

L'estimation de la population susceptible de bénéficier de soins palliatifs **226**

Une montée en charge régulière des équipements en soins palliatifs mais des disparités régionales **227**

Le niveau d'équipement en soins palliatifs augmente régulièrement **227**

L'offre de soins palliatifs est inégale sur le territoire **228**

Un accès encore insuffisant aux soins palliatifs à l'hôpital **229**

Les soins palliatifs dans les EHPAD : un chantier à ouvrir **233**

Fiche n° 2
La formation en soins palliatifs **239**

La formation initiale en soins palliatifs se déploie, tant pour les médecins que pour le personnel soignant **240**

La formation initiale en soins palliatifs s'implante au cours des études médicales **240**

- Les trois cycles de formation initiale des médecins ont intégré des questions relatives aux soins palliatifs et à l'éthique **240**
- La création d'une filière universitaire de soins palliatifs est en bonne voie **242**

La formation initiale en soins palliatifs s'implante au cours des études d'infirmiers **243**

Les aides-soignantes bénéficient d'une courte formation en soins palliatifs **243**

Le développement de la formation continue en soins palliatifs est à poursuivre **244**

La formation continue en soins palliatifs est mal mesurée **244**

La formation continue à l'éthique se développe **246**

Les besoins de formation pour les soignants restent très importants **247**

Une formation spécifique existe pour les bénévoles **247**

Vers de nouvelles perspectives **248**

Fiches n° 3
Les directives anticipées **249**

Un dispositif permettant à la personne et au médecin de préparer la fin de vie de la personne **249**

Un dispositif méconnu **250**

Des directives difficiles d'accès pour les médecins, en particulier urgentistes **251**

Des directives critiquées pour leur non-opposabilité **251**

Des directives difficiles à rédiger pour la population **252**

Fiche n° 4
Le droit à l'information des malades en fin de vie 255

L'affirmation progressive, mais continue du droit des malades à l'information **255**

Les conditions particulières de l'exercice du droit à l'information des malades en fin de vie **258**

Un droit reconnu par les lois successives **258**

Les droits des malades en fin de vie en établissements de santé **259**

L'application du principe pourtant réaffirmé du droit à l'information des malades en fin de vie reste incertaine...... **261**

Fiche n° 5
Obstination déraisonnable, limitation et arrêt des traitements **263**

L'obstination déraisonnable semble persister malgré son interdiction **264**

L'obstination déraisonnable est interdite, mais l'ancienneté de ce phénomène provoque une angoisse des Français quant à sa possible persistance **264**

Une obstination déraisonnable difficile à quantifier **265**

La persistance de pratiques d'obstination déraisonnable **266**

- Obstination déraisonnable et réanimation d'urgences **266**
- Obstination déraisonnable dans les services de réanimation **267**
- Une possible persistance de l'obstination déraisonnable dans les services autres que la réanimation **267**

Une obstination déraisonnable souvent encouragée par les familles **267**

La procédure d'arrêt de limitation et d'arrêt des traitements ne semble pas toujours bien appliquée **268**

L'arrêt des traitements pour le malade hors état d'exprimer sa volonté **269**

- La procédure collégiale **270**
- La recherche de la volonté du patient **271**
- La motivation des avis **272**
- L'information des proches **272**

L'arrêt des traitements pour le malade en mesure de s'exprimer **272**

Fiche n° 6
La personne de confiance **275**

Un dispositif qui répond à une demande des citoyens et du corps médical **276**

Un rôle difficile à jouer pour la personne choisie **277**

La personne de confiance est souvent remplacée par le « protecteur naturel » **277**

Un dispositif méconnu, incompris, appliqué différemment selon les établissements **278**

Fiche n° 1

L'accès aux soins palliatifs

Toute personne atteinte d'une maladie grave, évolutive et potentiellement mortelle doit pouvoir bénéficier d'une démarche de soins qui – sans nécessairement avoir pour objectif la guérison – cherche à préserver la meilleure qualité de vie possible. C'est ce que permettent les soins dits « palliatifs », inscrits depuis la loi hospitalière de 1991 [(1)] en tant que mission du service public hospitalier.

La loi Leonetti revient dans trois de ses articles (art 4, 6, 9) sur l'accès aux soins palliatifs et dans les mêmes termes : *« Le médecin sauvegarde la dignité du mourant et assure la qualité de sa fin de vie en dispensant les soins visés à l'article L.110-10. »*

Les soins palliatifs font désormais partie du vocabulaire médical et leur développement est continu depuis vingt ans. L'Igas dans un rapport récent sur « La mort à l'hôpital » note que « *le développement des soins palliatifs, initié en France dans les années 80 à l'imitation des pays anglo-saxons a été marqué par plusieurs textes qui ont progressivement renforcé leur place et leur rôle dans les établissements… Les moyens affectés aux soins palliatifs ont augmenté dans une forte proportion ces dernières années* [(2)] ».

L'Observatoire national de la fin de vie (ONFV) a été créé en 2010 [(3)] avec pour mission d'établir un état des connaissances sur les conditions de la fin de vie et les pratiques de soins qui y sont liées, de produire des données objectives et fiables quant à la réalité des situations de fin de vie en France. Son premier rapport annuel, ainsi que le rapport du Comité national de suivi du développement des soins palliatifs [(4)] fournissent des indications précieuses sur l'accès de la population aux différents modes de soins palliatifs.

1. Loi n° 91-748 du 31 juillet 1991 portant réforme hospitalière.

2. Dans le rapport « la mort à l'hôpital », 2009, l'Igas retrace la montée en charge régulière des moyens affectés aux soins palliatifs (p. 58, 59).

3. Suite aux recommandations formulées par la mission d'évaluation de la loi du 22 avril 2005 relative aux droits des malades et à la fin de vie, présidée par le député Jean Leonetti.

4. Le Comité national de suivi des soins palliatifs a été créé en 2002 pour suivre les plans successifs de développement des soins palliatifs.

La définition de l'offre de soins palliatifs

Pour répondre au mieux aux besoins des patients, la délivrance de soins palliatifs peut se faire soit dans des lits identifiés à l'hôpital, soit dans des lits d'autres services ou établissements notamment médico-sociaux (EHPAD par exemple) avec l'aide d'équipes mobiles de soins palliatifs. Ces équipes peuvent également intervenir à domicile dans le cadre de l'hospitalisation à domicile. Le tableau suivant utilise les définitions du PMSI[1] : unités de soins palliatifs, lits identifiés en soins palliatifs, équipes mobiles de soins palliatifs.

Les soins palliatifs dans le système d'information hospitalier

Séjour « soins palliatifs » : *du point de vue de l'assurance maladie, pour que le codage « soins palliatifs » soit légitime, il faut : (1) que la maladie soit à un stade avancé (pronostic vital engagé) ; (2) que la prise en charge soit multidisciplinaire (médecin et infirmier plus, au moins, une autre profession : psychologue, psychiatre, diététicien, travailleur social, kinésithérapeute, ergothérapeute) et (3) qu'elle associe au moins trois « soins de support » (soulagement de la douleur, accompagnement de la souffrance psychique, soins de nursing, traitement des autres symptômes, prise en charge nutritionnelle, prise en charge de kinésithérapie, prise en charge sociale).*

L'unité de soins palliatifs (USP) *est un service spécialisé constitué de lits totalement dédiés à la pratique des soins palliatifs et de l'accompagnement. Reconnue par contrat entre l'établissement de santé et l'agence régionale de santé, elle bénéficie d'une équipe spécifiquement formée et exclusivement dédiée à cet exercice. Elle réserve sa capacité d'admission aux situations les plus complexes et/ou les plus difficiles. Elle assure une triple mission de soins, de formation et de recherche.*

Les lits identifiés en soins palliatifs (LISP) *sont eux aussi reconnus par contrat entre l'établissement de santé et l'agence régionale de santé. Ils sont situés dans des services accueillant de nombreux patients en fin de vie, qui les ont inclus dans leur projet de service. Ils n'ont pas vocation à remplacer les unités de soins palliatifs : les services qui en comportent ne disposent pas de moyens spécialisés. Ils ont pour fonction principale d'assurer la continuité de la prise*

1. Le programme de médicalisation des systèmes d'information (PMSI) est un système déclaratif, qui décrit les séjours des patients dans des établissements hospitaliers (publics comme privés). Il permet d'identifier les séjours qui ont été déclarés comme ayant donné lieu à une prise en charge « soins palliatifs » spécifique.

en charge des patients (ils permettent d'accueillir des personnes habituellement suivies dans le service et/ou l'établissement) tout en valorisant de façon spécifique l'activité des services hospitaliers dans le champ de la fin de vie. Ils peuvent également répondre à des demandes extérieures au service et/ou à l'établissement pour des cas complexes, émanant du domicile ou d'autres structures (y compris d'HAD), dans le cadre d'une activité de proximité, permettant ainsi d'éviter ou de raccourcir le passage systématique dans différents services (et notamment le passage par les urgences).

Dans les deux cas, il peut s'agir alors d'un accueil temporaire (prise en charge de personnes dans un contexte de crise où la nécessité de répit temporaire est imposée par une prise en charge devenue trop lourde).

Source : rapport 2011 de l'ONFV

Toutefois si l'offre spécialisée que représentent ces unités de soins spécialisés doit permettre de répondre aux situations les plus complexes, elle n'a pas vocation à prendre en charge l'ensemble des patients atteints d'une maladie chronique à un stade avancé. C'est pourquoi les autres services hospitaliers doivent adopter une démarche palliative dans leurs pratiques de soins. Au-delà du champ préalablement décrit, la démarche palliative s'applique également aux personnes souffrant d'une aggravation progressive et possiblement irrémédiable de leur handicap.

De plus, *« compte tenu du parcours des patients entre différents modes de prise en charge qu'il s'agisse d'établissements sanitaires ou médico-sociaux ou de professionnels libéraux, l'organisation des prises en charge en réseaux est apparue incontournable* [1] *»*. Ces réseaux sont chargés d'assurer la coordination des prises en charge entre les services hospitaliers, l'hospitalisation à domicile, la médecine de ville et entre les acteurs concernés (médecins, infirmiers, psychologues, assistantes sociales, bénévoles d'accompagnement…).

Le programme de développement des soins palliatifs 2008-2012 prévoit donc de financer 50 réseaux supplémentaires (110 existants en 2008) pour parvenir à l'objectif de 50 000 patients pris en charge en 2012.

1. 3e programme de développement des soins palliatifs 2008-2012, axe 1.

L'estimation de la population susceptible de bénéficier de soins palliatifs

L'ONFV a élaboré une méthode d'estimation des besoins [1] en soins palliatifs, en soulignant les difficultés méthodologiques liées au recueil des données. Selon cette estimation, en 2008 la population requérante en soins palliatifs s'élèverait à 322 158 personnes, dont la moitié à la suite d'*« une maladie à évolution progressive, comportant une phase terminale relativement claire (cancers) »*.

Graphique 1 : **Population adulte visée par les soins palliatifs en 2008 (France entière)**

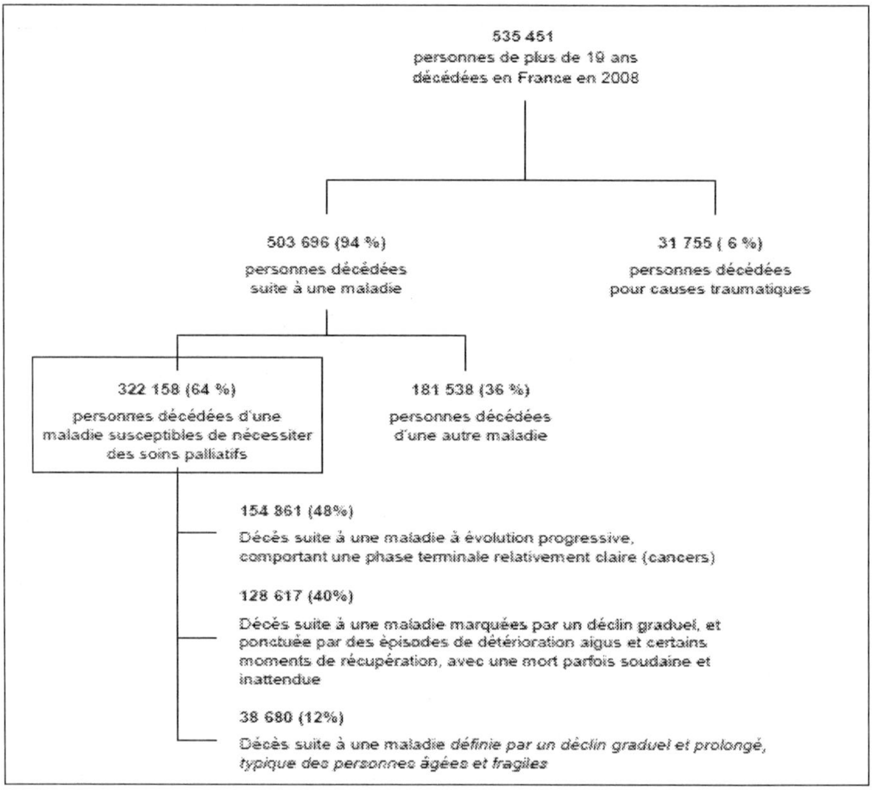

Source : CépiDc Inserm – Exploitation : Observatoire national de la fin de vie (rapport annuel 2011 p. 95).

Parmi cette population, la proportion de personnes susceptibles de relever de soins palliatifs varie selon le lieu de décès. Elle est respectivement de 67 % à l'hôpital, soit 238 150 personnes, de 59 % en EHPAD et de 51 % à domicile.

1. Méthode par « trajectoire de vie », voir rapport 2011 de l'ONFV p. 94.

Graphique 2 : **Population adulte susceptible de bénéficier de soins palliatifs selon les lieux de décès, sur l'ensemble des décès en 2008**

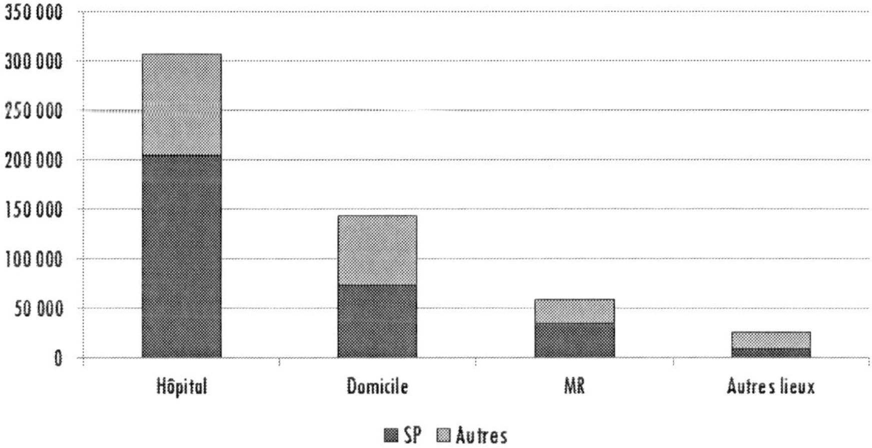

Source : ONFV Rapport annuel 2011, p. 96.

Une montée en charge régulière des équipements en soins palliatifs mais des disparités régionales

Le niveau d'équipement en soins palliatifs augmente régulièrement

Le développement des soins palliatifs constitue une politique constante depuis la loi du 9 juin 1999 qui en garantit l'accès, au sein des institutions sanitaires ou médico-sociales, comme à domicile [1]. Depuis cette date, trois plans triennaux de développement des SP ont été lancés (1999-2002, 2002-2005, 2008-2012). Ils ont permis un important développement de l'offre en soins palliatifs. Entre 2007 et 2011 le nombre d'unités de soins palliatifs a augmenté d'environ un tiers et le nombre de lits identifiés en soins palliatifs d'environ deux tiers. Cette politique devrait se poursuivre compte tenu des besoins qui restent à couvrir.

Ainsi que le constate le Comité national de suivi du développement des soins palliatifs : *« globalement on constate que l'offre de soins palliatifs est en constant développement depuis 2007 bien qu'elle reste en deçà de la demande ».*

1. En fait, la première circulaire relative à l'organisation des soins et à l'accompagnement des malades en phase terminale date de 1986. La loi n° 91-748 du 31 juillet 1991 portant réforme hospitalière les inscrit au rang des missions du service public hospitalier.

Evolution de l'offre de soins en court et moyen séjour (données SAE exploitation DGOS)

		2007	2008	2009	2010	2011	Création depuis 2007
USP	Unités	90	95	101	104 (84 MCO, 20 SSR) (dt APHP : 1)	117 (102 MCO, 15 SSR) (dt APHP : 8)	27
	Lits	942	1010	1181	1265 (1007 MCO, 258 SSR)	1314 (1147 MCO, 170 SSR)	372
LISP	Etbts	551	649	749	789 (dt APHP : 1)	837 (dt APHP : 16)	
	Lits	3060	3943	4547	4913 (3379 MCO, 1534 SSR)	5057 (3668 MCO, 1389 SSR)	1997
EMSP		337	344	359 (APHP : 1)	362 (APHP : 1)	418 (APHP : 29)	53

Source : Comité national de suivi du développement des soins palliatifs 2012.

L'offre de soins palliatifs est inégale sur le territoire

Toutefois la poursuite du développement de l'offre de soins palliatifs ne peut résoudre seule la question de l'accès aux soins palliatifs fortement dépendant de leur répartition territoriale. Celle-ci est loin d'être équilibrée.

Le tableau ci-dessous montre en effet que le Nord-Pas-de-Calais disposait en 2011 d'un équipement de 5,45 lits d'unités de SP pour 100000 habitants contre 0,36 en Pays-de-Loire, soit un écart de 15, la moyenne nationale se situant à 2,2.

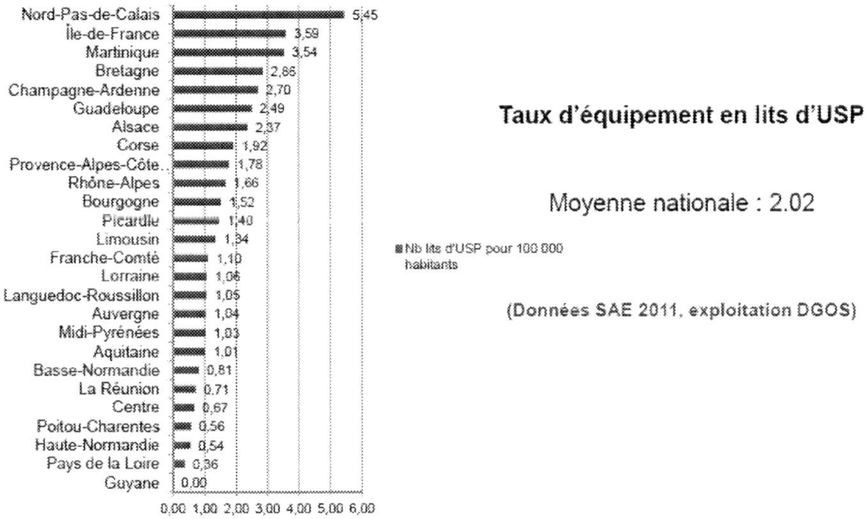

Source : Comité national de suivi du développement des soins palliatifs 2012.

Il appartient aux agences régionales de santé (ARS) de mettre en œuvre les objectifs de déploiement qui sont assignés par la Direction générale de l'offre de soins (DGOS) afin de corriger ces inégalités régionales. L'analyse des schémas régionaux d'organisation sanitaire (SROS) déjà validés montre que les régions déclinent effectivement les objectifs nationaux du programme national : les 12 SROS actuellement disponibles prévoient la création de 18 USP dans les 12 régions concernées et considérées comme moins bien dotées.

Un accès encore insuffisant aux soins palliatifs à l'hôpital

En France, 60 % des personnes qui décèdent sont susceptibles de relever d'une prise en charge incluant des soins palliatifs plus ou moins complexes, soit environ 320000 personnes chaque année. Or ces personnes décèdent le plus souvent à l'hôpital (64 %), et dans une proportion plus élevée que la population générale (58 %).

Codage des séjours des patients décédés à l'hôpital et susceptibles de relever de soins palliatifs, du point de vue des « soins palliatifs » en France (PMSI MCO Adultes 2009)

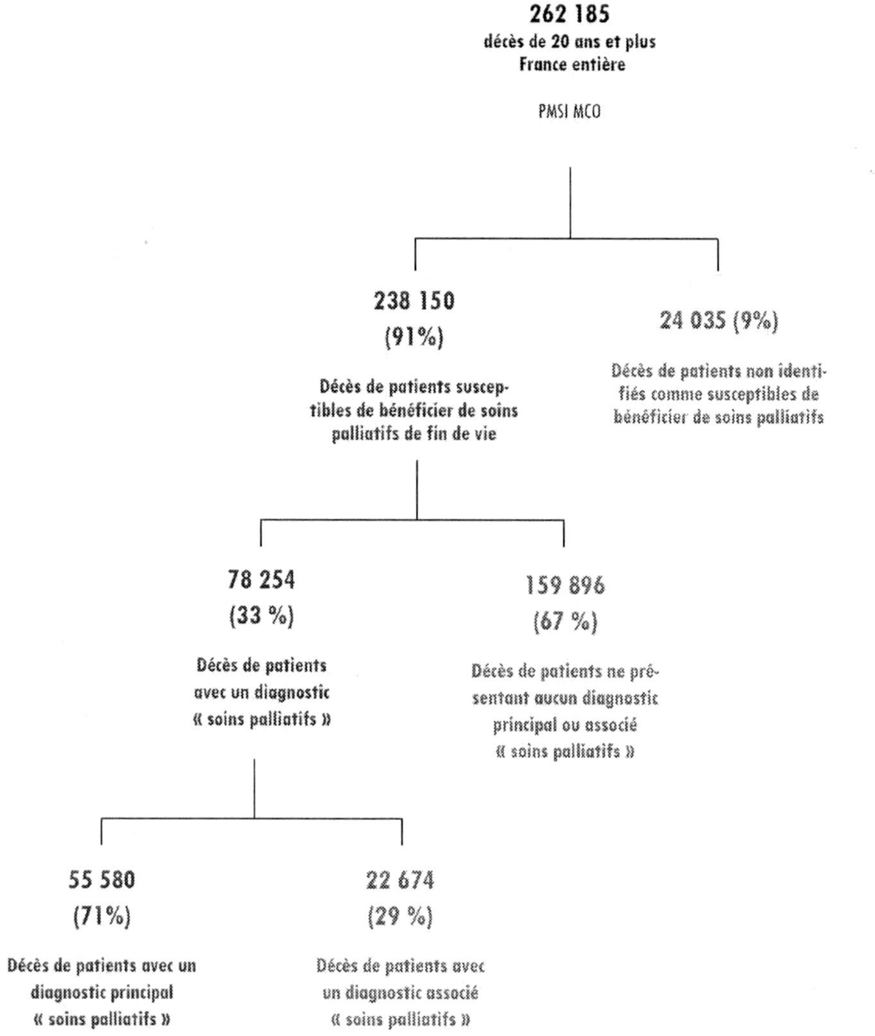

Source: ATIH PMSI (MCO 2009), Exploitation : DREES/ONFV

Source : ONFV, rapport annuel 2011, p. 96.

Si on estime qu'en 2009, sur 262 185 patients décédés en **court séjour,** 91 % étaient susceptibles de nécessiter des soins palliatifs, les chiffres présentés par l'ONFV montrent un recours encore très insuffisant à ces soins.

En effet, à l'hôpital, seul un tiers des patients susceptibles de relever de ces soins, soit 78 264, ont effectué un séjour identifié, dans le système d'information, comme comportant des soins palliatifs.

L'Igas notait également en 2009 un recours insuffisant aux soins palliatifs : « *Aujourd'hui seuls 2,5 % des personnes qui meurent à l'hôpital ont reçu un GHS*[1] *correspondant à une prise en charge dans une USP. Pour près de 20 % des morts, une prise en charge de soins palliatifs sur lits identifiés ou sur lit non identifié est mentionnée, mais il est impossible de savoir s'ils ont réellement bénéficié de soins palliatifs complexes. Le développement des soins palliatifs pourrait bien n'avoir modifié que marginalement la situation de la grande masse des patients qui meurent à l'hôpital*[2]. »

Un constat comparable peut être fait concernant les décès dans les services d'urgence. Le nombre de décès survenant aux **urgences** est en 2010 de 14 742[3]. L'ONFV estime que près des deux tiers des patients (64 %) y sont hospitalisés pour une pathologie dont l'évolution prévisible et les symptômes auraient nécessité vraisemblablement des soins palliatifs. Or seulement 7,5 % d'entre eux ont été identifiés comme comportant des soins palliatifs dans le système d'information.

Par ailleurs, en 2009, 21 000 patients ont eu au moins une prise en charge en soins palliatifs dans le cadre d'une hospitalisation à domicile (HAD).

Selon des éléments fournis à la mission par l'Agence technique de l'information sur l'hospitalisation (ATIH), en 2011, 22 804 patients ont été pris en charge en HAD pour soins palliatifs. Parmi ces 22 804 patients, 14 767 sont décédés en 2011 (soit 65 %). 74 % des décès des patients hospitalisés en HAD (10 949 personnes) ont eu lieu à domicile dans le cadre de cette prise en charge. Ces chiffres montrent que l'HAD contribue largement à répondre au souhait majoritaire des Français de mourir à domicile.

1. Le programme de médicalisation des systèmes d'information (PMSI) a pour objet de classer les hospitalisations de court séjour, dans des groupes homogènes de séjour (GHS) réunissant chacun des pathologies de même nature.
Les données médicales de chaque passage dans un service hospitalier sont consignées à cet effet dans un résumé d'unité médicale (RUM) qui alimente le résumé de sortie standardisé (RSS) à partir duquel un algorithme « groupeur », établit le GHS correspondant.
Si un seul service est concerné par l'hospitalisation, le RSS s'identifie au RUM. Si plusieurs le sont, il représente la synthèse des RUM qui en sont issus.
La typologie des GHS médicaux est déterminée par l'affection au premier plan de la prise en charge hospitalière ou « diagnostic principal » et celle des GHS chirurgicaux, par l'acte opératoire effectué, sous réserve qu'il soit défini, *a priori,* comme « classant ».

2. Rapport « La mort à l'hôpital », *op. cit.*

3. Ces chiffres sont sujets à caution : seuls sont comptabilisés les décès survenus le jour de l'admission aux urgences ou le lendemain.

Toutefois, 26 % des décès ont eu lieu dans un établissement MCO (3818 personnes). Ces patients ont été hospitalisés en MCO très rapidement après la prise en charge en HAD : 87 % le jour même ou le lendemain, pour une durée moyenne de 6,2 jours entre la fin du séjour en HAD et cette ré-hospitalisation. Ce séjour en MCO a duré en moyenne 8,9 jours et a été classé pour 39 % dans un séjour correspondant à des soins palliatifs.

Outre les patients pris en charge en HAD ou en court séjour, il faut aussi prendre en compte les 32200 patients qui, en 2009, ont fait au moins un séjour comportant des soins palliatifs en **soins de suite et de réadaptation** (SSR). Il est difficile de déterminer si ces chiffres couvrent les besoins existants et si les soins dispensés au titre des soins palliatifs correspondent à une réelle prise en charge qui peut être qualifiée de « soins palliatifs complexes ».

Toutefois le déploiement des moyens se poursuit grâce au 3e programme de développement des soins palliatifs que les ARS sont chargées de mettre en œuvre. Le contrat pluriannuel d'objectifs et de moyens (CPOM) conclu par chaque établissement avec l'ARS identifie les unités au sein desquelles sont dispensés des soins palliatifs et définit, pour chacune d'entre elles, le nombre de référents en soins palliatifs qu'il convient de former ainsi que le nombre de lits qui doivent être identifiés comme des lits en soins palliatifs (L.6114-2 CSP).

Complétant ces services, il convient de promouvoir au sein des établissements de santé une **« démarche palliative »,** véritable « acculturation à la démarche palliative » par l'ensemble des professionnels de santé amenés à prendre en charge des patients dont l'état de santé nécessite des soins qui, malgré l'évolution de la maladie ou l'aggravation du handicap, cherchent à préserver la meilleure qualité de vie possible.

Depuis la loi HPST et le lancement de la démarche de certification de la Haute Autorité de santé (HAS), celle-ci invite, dans le critère 13a, les établissements de santé à mettre en œuvre une organisation et des politiques de service dans ce sens, par le développement des compétences professionnelles dans le domaine des soins de confort, de la prise en charge de la douleur, de l'accompagnement et de la réflexion éthique ainsi que de l'information des patients.

Les soins palliatifs dans les EHPAD : un chantier à ouvrir

Les droits des personnes âgées sont seulement actuellement en cours de reconnaissance au niveau international. La convention relative aux droits des personnes âgées[1] en cours de discussion sous l'égide de l'ONU constituera une base pour l'amélioration de leur prise en charge, notamment en établissements d'hébergement de personnes âgées dépendantes (EHPAD). En fin de vie, les soins palliatifs en EHPAD sont organisés par des équipes mobiles de soins palliatifs rattachées à des établissements hospitaliers ou par l'HAD, mais le personnel de l'établissement continue à assurer la prise en charge des résidents au quotidien.

Il n'existe pas d'évaluation nationale des **besoins en soins palliatifs** des résidents en EHPAD. Toutefois la DREES a réalisé une exploitation de certaines données issues de l'enquête EHPAD 2007 (pourcentage de résidents ayant été hospitalisés[2] dans le courant de l'année 2007, durée moyenne d'hospitalisation, critères croisés avec la présence d'infirmier de nuit). Au total, 41 % des résidents des EHPAD ont été hospitalisés au moins une fois en 2007. On ignore s'il s'agit de séjours nécessitant ou non des soins palliatifs. Il est toutefois observé que la variation en termes d'hospitalisation n'est pas très significative selon l'existence d'une convention EHPAD – équipe mobile ou unité de soins palliatifs 41 % sans convention, 42 % avec une convention. Il en va de même pour la durée moyenne d'hospitalisation, sur laquelle ce critère a peu d'incidence.

Concernant l'**accompagnement en soins palliatifs** dans ces établissements, la seule source actuellement disponible est une étude réalisée par la Caisse nationale de solidarité pour l'autonomie (CNSA) en 2010 auprès des 740 EHPAD des régions Midi-Pyrénées et Languedoc-Roussillon[3]. Il ressort de cette étude, non généralisable en France entière, une reconnaissance réelle des

1. La dernière version est celle du 6 octobre 2012. L'article 14 reconnaît le « droit à une mort digne » :
« 1. Les États-parties reconnaissent aux personnes âgées qui sont en phase terminale et face à la mort imminente et inévitable le droit de mourir dans la dignité, dans des circonstances qui concordent avec leurs souhaits.
2. Les États-parties veillent à ce que les personnes âgées qui sont les bénéficiaires du droit de mourir dans la dignité peuvent exercer ce droit de manière indépendante par un consentement éclairé et libre de toute influence indue.
3. Les États-parties prennent dans tous les domaines, en particulier dans les exercices, économiques, juridiques, domaines médicaux et sociaux, toutes les mesures appropriées et raisonnables pour caractériser, de garantir et de protéger le droit à mourir dans la dignité.
4. Les États-parties prennent toutes les mesures appropriées pour mettre en place des procédures garantissant aux personnes âgées atteintes de maladies incurables des conditions susceptibles de préparer des directives anticipées, les testaments de vie et d'autres documents juridiquement contraignants qui énoncent leur volonté et les préférences autour d'interventions de soins de santé à la fin de la vie, ainsi que prendre d'autres décisions légales pertinentes. »

2. L'hospitalisation est ici entendue à temps complet, à l'exclusion de l'hospitalisation à domicile (HAD).

3. 277 questionnaires ont été exploitables, ce qui représente un socle d'étude très représentatif, et atteste d'une forte mobilisation des établissements sur ce sujet.

soins palliatifs dans les projets de soins des EHPAD, une bonne identification des ressources disponibles, une formation professionnelle inégale selon la taille des établissements, une prise en charge nocturne des soins palliatifs très dépendante de la présence (rare) d'une infirmière de nuit conduisant ainsi à une insuffisance de prise en charge en soins palliatifs significative.

Tableau 1 : **Pratiques de soins palliatifs en EHPAD Midi-Pyrénées et Languedoc-Roussillon - 2010**

→ ***Projets de soins et protocoles***

Dans l'ensemble, plus de 60 % des EHPAD disposent, dans leur projet de soins :
- d'un volet de soins palliatifs ;
- de protocoles liés à la fin de vie ;
- de protocoles liés à la prise en charge de la douleur ;
- de protocoles de soins de confort ou de nursing.

Excepté pour le protocole lié aux soins de confort ou de nursing, les établissements de grande taille (plus de 100 lits) sont les mieux dotés sur ces types de documents.

A contrario, seuls 34 % des EHPAD indiquent la présence d'un volet « soins palliatifs » dans la convention tripartite qui les lie à l'État et au Conseil général.

→ ***Ressources externes disponibles en soins palliatifs sur le territoire de santé***

55 % des EHPAD identifient une unité de soins palliatifs hospitalière, 81 % une équipe mobile, 80 % un réseau de soins palliatifs, comme ressources disponibles sur leur territoire de santé. Les ressources du territoire sont donc bien connues des acteurs des EHPAD.

Le rapport fait état d'un recours aux services externes à l'établissement très fréquent pour l'accompagnement en soins palliatifs. Au total, il s'élève à 93 % des structures soit par le biais de structures spécifiques, soit professionnels extérieurs mais intervenant dans l'EHPAD : il s'agit des médecins traitants (74 %), des équipes mobiles de soins palliatifs (68 % de ceux en disposant sur leur territoire, le recours étant de 86 % pour les structures de plus de 100 lits, et de 53 % pour les moins de 40 places), de l'hospitalisation à domicile (19 %, sans différenciation liée à la taille) et des infirmiers libéraux (7 %), notamment les petites structures.

Il convient de noter que la plupart (81 %) des établissements déclarent formaliser ces interventions de structures externes par le biais de conventions.

→ ***Formation des professionnels***

La formation du personnel permet d'identifier une véritable césure selon la taille des établissements. Si, au total, 50 % des structures déclarent disposer de personnels formés aux soins palliatifs, ce chiffre n'est que de 38 % dans celles disposant de moins de 40 lits.

A contrario, dans les établissements de petite taille, une formation spécifique bénéficie plus fréquemment à l'ensemble du personnel (41 %) que dans les structures de grande taille (29 %).

Quant au DU soins palliatifs, il est acquis par un membre du personnel pour 52 % des structures de plus de 100 lits, contre 9,5 % pour les EHPAD de moins de 10 lits.

➜ ***Prise en charge nocturne des soins palliatifs***

Les besoins les plus fréquemment identifiés la nuit sont les soins de nursing et de confort, 70 % de ces soins étant identifiés comme « habituels » et, dans une moindre mesure l'accompagnement psychologique des résidents (43 %). La prise en charge de la douleur est notée comme fréquente pour près de la moitié des résidents (49 %), et habituelle pour près d'un tiers (32 %) d'entre eux.

Le questionnaire identifiait pour chaque domaine d'intervention la fréquence d'intervention des catégories de personnel AS, AMP, IDE, médecin traitant et IDE libérales. La prise en charge de la douleur est particulièrement identifiée comme étant assurée par les AS et AMP. Si cela est logique au regard de leur présence la nuit dans les EHPAD, cela l'est moins au regard des partages des rôles entre catégories de professionnels.

L'absence d'IDE de nuit est indiquée dans 82 % comme raison principale de non-réalisation de ces soins de fin de vie la nuit.

Les principaux besoins identifiés

➜ ***Population visée***

En moyenne, près de 5 résidents par EHPAD sont décédés en 2009 en ayant bénéficié d'une prise en charge en soins palliatifs, soit environ le tiers des décès.

Il est intéressant de souligner que parmi les personnes décédées en dehors de l'EHPAD, la moitié des personnes (2,6 en moyenne) auraient justifié d'une prise en charge en soins palliatifs dans l'établissement. Cet élément va dans le sens d'une insuffisance de prise en charge en soins palliatifs significative au sein des structures étudiées.

➜ ***Évolutions exprimées par les EHPAD***

70 % des EHPAD indiquent envisager une évolution des modalités de prise en charge des soins palliatifs, sans différence significative selon la taille des établissements.

L'évolution doit concerner tant la formation du personnel (51 % des cas), que la mise en place d'une convention avec un intervenant extérieur (21 %), ou l'élaboration de protocoles internes (11 %), avec le recours plus fréquent à un réseau de soins palliatifs ou une équipe mobile spécialisée (11 %) ou à une HAD (6 %).

Source : étude réalisée par Cemka Eval pour la CNSA publiée en juillet 2010

Cette enquête ne s'est pas intéressée au contenu des **conventions tripartites** que signe chaque EHPAD avec ses tarificateurs (Conseil général et État). Sur ce thème la Direction générale de la cohésion sociale (DGCS) ne dispose que de peu d'éléments, mais a transmis à la mission un retour d'informations régionales.

En région **Franche-Comté**, selon l'ARS, la situation est variable selon les départements. Elle est bien structurée dans le Territoire de Belfort : les conventions tripartites signées comportent toutes un article intitulé « coopération et réseau gérontologique », qui prévoit les projets de partenariat des EHPAD avec différents services extérieurs, dont un service de soins palliatifs. Concrètement, cela permet l'intervention de l'équipe mobile de soins palliatifs (EMSP) au sein des établissements. Sur le reste de la région, les soins palliatifs figurent dans les conventions du Jura et du Doubs, mais, selon l'ARS, ces clauses relèvent plutôt de « déclaration d'intention ».

L'ARS du **Nord-Pas-de-Calais**, souligne qu'il n'y a pas de moyens du médico-social spécifiques pour réaliser des soins palliatifs : pas assez de budget sur les EHPAD et aussi pas de personnels formés. L'absence d'infirmière de nuit est également pointée comme un frein à un bon accompagnement de fin de vie.

Les soins palliatifs sont un objectif régional inscrit aux deux schémas (SROS et SROMS) de la région. L'ARS incite les HAD et EHPAD à signer des conventions (actuellement seuls 50 % des EHPAD ont signé la convention nationale [1], sans celle-ci les HAD ne peuvent pas y intervenir) pour que les soins palliatifs plus lourds puissent être dispensés. Le Nord-Pas-de-Calais va expérimenter en 2013 des consultations de soins palliatifs par télémédecine sur un territoire à partir d'une EMSP.

En région **Ile-de-France**, l'accompagnement de la fin de vie est pris en compte dans les conventions tripartites signées par les EHPAD de certains départements, avec des formations proposées aux soignants, mais sans que cela soit systématique.

Dans la majorité des cas, la question des soins palliatifs est citée dans les conventions tripartites dans le cadre de l'ouverture de l'établissement vers l'extérieur et de ses partenariats interinstitutionnels : on constate à cette occasion qu'une convention *ad hoc* est formalisée qui traduit l'inscription de la pratique du travail en réseau de l'EHPAD.

L'ARS souhaite harmoniser le contenu des conventions tripartites, mais cela suppose une négociation avec les huit conseils généraux de la région. Elle souligne aussi que la prise en compte de la fin de vie pose la question de l'articulation entre le sanitaire au sens large et le médico-social (équipes mobiles, réseaux, etc.) et de la bonne répartition des ressources sur les territoires et est donc à construire dans le programme régional de santé.

* * *

1. Circulaire WDHOS/03/DGAS/2C/2007/365 du 5 octobre 2007 relative aux modalités d'intervention des structures d'hospitalisation à domicile dans les établissements d'hébergement pour personnes âgées, comprenant en annexe une convention type de partenariat entre l'HAD et un EHPAD.

Le développement des structures dispensant des soins palliatifs est continu depuis 2000. Il constitue un progrès indéniable, mais ne permet pas encore de couvrir les besoins recensés parmi les malades hospitalisés et vivant à leur domicile. La possibilité d'une prise en charge en EHPAD a constitué une avancée majeure. Sa réalité reste néanmoins mal connue sur le plan national et nécessiterait sans doute une réflexion particulière ainsi qu'une évaluation de certaines expérimentations régionales.

Fiche n° 2

La formation en soins palliatifs

La formation des soignants à l'accompagnement de la fin de vie, cruciale pour améliorer la qualité de la fin de vie des citoyens, est une réalité et se développe.

La loi du 9 juin 1999 visant à garantir le droit à l'accès aux soins palliatifs a donné aux établissements de soins la mission d'assurer la formation initiale et continue de leurs personnels (articles L.710-3-1 Code de la santé publique). La loi du 22 avril 2005 relative aux droits des malades et à la fin de vie a en outre imposé la « démarche palliative » comme une composante de la prise en charge de la fin de vie. De même, Marie de Hennezel, dans son rapport remis en 2009 [(1)] constatait déjà que *« beaucoup trop de médecins ne connaissent pas les bonnes pratiques de fin de vie »*. Elle préconisait donc *« un plan de formation obligatoire de tous les professionnels de santé de tous les établissements aux bonnes pratiques de fin de vie »*. L'objectif était que tous les professionnels aient bénéficié de cette formation dans les deux ans suivant la remise du rapport. Le programme national de développement des soins palliatifs 2008-2012 revient également sur la question de la formation. Il consacre les mesures XI, XII et XIII à l'adaptation de la formation médicale initiale et continue, de la formation paramédicale initiale et de la formation des personnels intervenant dans les structures médico-sociales et service de soins à domicile pour y inclure les soins palliatifs [(2)]. Un mouvement est donc enclenché, même si l'objectif d'une formation de tous les professionnels concernés ne semble pas pouvoir être atteint à très court terme [(3)].

L'observatoire national de la fin de vie (ONFV), dans son premier rapport annuel [(4)], en 2011, rappelle que *« la formation est un vecteur essentiel de la diffusion de la culture palliative »* et passe en revue les formations initiales des médecins, infirmière et aides-soignants. Il se penche aussi sur la formation continue des professionnels de santé.

1. « La France palliative », mission : diffusion de la culture palliative, confiée à Marie de Hennezel,
janvier 2009.

2. Ces mesures sont incluses dans l'axe 2 de ce programme : « Elaborer une politique de formation et de recherche ».

3. Dans le rapport sur le « Contrôle du centre hospitalier de la Côte basque à Bayonne » (Anne-Carole Bensadon et Christine de Masson d'Autume), en 2011, l'Igas notait encore que *« la prise en charge des patients en fin de vie se situe dans un contexte législatif relativement récent. La mission recommande que des formations puissent être réalisées en ce domaine »*.

4. ONFV : rapport 2011 – « Fin de vie : un premier état des lieux », remis en février 2012.

Le développement de cette formation est ainsi une recommandation renouvelée des différents rapports et une revendication constante du Collège national des enseignants pour la formation universitaire en soins palliatifs (CNEFUSP), créé par la Société française de soins palliatifs (SFAP).

La formation initiale en soins palliatifs se déploie, tant pour les médecins que pour le personnel soignant

La formation initiale en soins palliatifs s'implante au cours des études médicales

Les trois cycles de formation initiale des médecins ont intégré des questions relatives aux soins palliatifs et à l'éthique

Les soins palliatifs sont progressivement introduits tout au long des trois cycles de la formation initiale des médecins.

Ainsi, en **1er cycle** la réforme des études médicales a d'ores et déjà introduit la question de la mort et de la fin de vie dans l'enseignement au niveau licence. En effet, depuis la rentrée 2010-2011, l'unité d'enseignement (UE) nº 7 « santé, société, humanité », permet d'aborder des questions comme le traitement de la douleur, les soins palliatifs et à l'éthique au cours de la première année commune aux études de santé (arrêté du 28 octobre 2009), cet enseignement continuant jusqu'au niveau licence pour le diplôme de formation générale en sciences médicales. Cependant, on peut noter que ces questions sont incluses dans un programme beaucoup plus large et le temps consacré à ces questions peut donc être très variable.

Les soins palliatifs sont également présents au cours du **2e cycle**. En effet, le module « douleur, soins palliatifs, anesthésie » est devenu obligatoire au cours du 2e cycle depuis 2000 [(1)] dans le module transdisciplinaire nº 6 et a contribué à diffuser, parmi les étudiants en médecine, la culture palliative. Cet enseignement figure au programme de l'examen classant national. Toutefois, il se déroule sur un nombre d'heures variant de 2 à 35 selon les facultés et la partie consacrée aux soins palliatifs est variable.

La réforme des études médicales pourrait permettre de mieux introduire la démarche palliative au cours du 2e cycle. Le comité de suivi du programme national de développement des soins palliatifs a ainsi fait les propositions sui-

1. L'arrêté du 10 octobre 2000 modifiant l'arrêté du 4 mars 1997 relatif à la deuxième partie du deuxième cycle des études médicales, instituant la mise en place du module obligatoire 6 « douleur, soins palliatifs et accompagnement ».

vantes à la commission de la réforme des études médicales au niveau du master[1], pour une mise en œuvre à la rentrée 2013-2014 :

– la création d'une unité d'enseignement (UE) « prescriptions en soins palliatifs, maladie grave et prise de décision » comprenant des cours magistraux, des enseignements dirigés et des séances d'apprentissage sur les lieux de stage. Les compétences à acquérir seraient d'ordre clinique, relationnel, éthique et interdisciplinaire ;

– l'introduction d'items relatifs aux soins palliatifs dans les UE spécifiques de certaines disciplines : onco-hématologie, neurologie, gériatrie, pédiatrie, médecine interne, réanimation ;

– la création d'une UE optionnelle et interdisciplinaire regroupant de futurs professionnels de santé ou du champ médico-social autour des thèmes d'approche globale d'une situation complexe, de communication, d'élaboration collective et de coopération que les universités seront incitées à proposer aux étudiants.

Enfin, le **3e cycle** intègre également la question des soins palliatifs. En effet, un enseignement complémentaire peut avoir lieu en 3e cycle, sous deux formes :

– spécifique, par un diplôme d'études spécialisées complémentaires (DECS), tel le DECS « médecine de la douleur et médecine palliative », sur deux ans, créé en 2008 et ouvert à toutes les spécialités médicales. Il forme 30 à 35 assistants spécialistes par an ;

– intégrée dans le cadre d'un diplôme d'études spécialisées (DES) tel le DES de médecine générale. Toutefois il est regrettable que la majorité des unités de soins palliatifs ne soit pas habilitées comme lieux de stage validant pour le DES de médecine générale, voire des DES de cancérologie[2].

La **formation à l'éthique** est reconnue indispensable dans le rapport présenté par M. Leonetti à l'Assemblée nationale en 2008[3]. Il cite des déclarations publiques de six professeurs de médecine : « *le médecin de demain va devoir acquérir une véritable compétence en éthique pour aborder la complexité que la médecine moderne implique.* » Ce rapport poursuit : « A fortiori, *le domaine de la fin de vie et des soins palliatifs nécessite, de la part de l'ensemble de l'équipe soignante, une réelle réflexion dans le domaine de l'éthique* ».

L'enseignement de l'éthique figure depuis 1992 dans les arrêtés fixant les programmes des études de médecine, dans les trois cycles[4], chaque faculté disposant depuis 2011 d'une autonomie pour la mise en application. Ainsi, selon

1. Propositions concernant le référentiel de formation médicale initiale en soins palliatifs en deuxième cycle des études médicales dans le cadre du projet d'arrêté créant le diplôme de formation approfondie en sciences médicales correspondant au niveau master (ce texte doit entrer en application à la rentrée universitaire 2013-2014).

2. Lors du dernier comité plénier de suivi du développement de soins palliatifs de septembre 2012, a été lancé aussi un rapprochement entre ce programme national et le plan cancer prévoyant notamment un stage optionnel pour les internes du DES d'oncologie dans une unité de SP.

3. Rapport d'information fait au nom de la mission d'évaluation de la loi du 2 avril 2005, présenté par Jean Leonetti, 2008, p. 198.

4. Arrêté du 18 mars 1992 modifié pour le premier cycle, arrêté du 4 mars 1997 pour le deuxième. Dans le troisième cycle l'éthique appliquée à une spécialité médicale figure dans de nombreux DES ou DESC

le rapport d'information présenté par M. Leonetti en 2008 [1], l'Université Paris VI proposait un enseignement d'éthique obligatoire en deuxième année, la faculté de Dijon le dispensait à titre optionnel, celle de Lyon ne le proposant pas. Ces disparités permettaient à ce rapport de parler de *« carences de la formation initiale des médecins à l'éthique* [2] *»*, surtout comparé à l'enseignement dispensé en Angleterre et en Allemagne. En outre, il était estimé que dans ce cadre, moins de 5 % de ces enseignements abordaient les questions de fin de vie.

Plus généralement, car cette observation dépasse les seuls soins palliatifs, le rapport sur l'état des lieux du développement des soins palliatifs en France en 2010 [3] souligne que la formation initiale des médecins ne valorise pas suffisamment deux types de compétence : la compétence éthique *« qui consiste notamment à savoir interroger les limites des savoirs, à construire avec rigueur un questionnement, et à argumenter en collégialité »* et *« une aptitude à travailler en équipe pluridisciplinaire et à coopérer avec des acteurs aux cultures professionnelles différentes* [4] *»*.

La création d'une filière universitaire de soins palliatifs est en bonne voie

La création d'une filière universitaire est nécessaire pour permettre le développement effectif de la formation et de la recherche dans des champs pour l'instant non investis. Le Conseil d'État estimait, en 2009 dans son étude « La révision des lois de la bioéthique », que la création d'une filière universitaire était *« la condition pour que la pratique des soins palliatifs ne soit par le parent pauvre de la médecine, mais soit au contraire assurée par des professionnels qualifiés* [5] *»*.

Le principe d'une telle création a été validé par le bureau de la conférence des doyens le 1er février 2011, puis par le bureau de la conférence du Conseil national des universités (CNU) le 21 avril 2011 [6]. Le ministère de l'Enseignement supérieur et de la Recherche (MESR) devrait prochainement confirmer cette perspective. Ainsi, la création d'une intersection ou sous-section de CNU pourrait à terme contribuer à la nomination d'un professeur des universités (PU) dans chaque interrégion afin de coordonner les activités universitaires, en particulier les activités de recherche.

Des signes tangibles allant dans le sens d'une filière universitaire de soins palliatifs ont été donnés. Tout d'abord, six postes de professeurs associés en médecine palliative et pour la douleur ont été créés depuis 2010 pour préparer la filière universitaire. Des postes de chefs de cliniques peuvent dorénavant être créés ; ils doivent être anticipés et discutés avec chaque doyen lors de la prospective des

1. Précité, p. 108 s.
2. Rapport précité, p. 108.
3. État des lieux du développement des soins palliatifs en France en 2010 – rapport à M le président de la république, M le premier Ministre, par Régis Aubry –Avril 2011.
4. Cette remarque vaut d'ailleurs aussi pour la formation continue.
5. Conseil d'État, « La révision des lois de bioéthique », étude de 2009, p. 94.
6. La création d'une intersection a été actée en février 2012 rattachée aux sous-sections de Médecine interne (53 01) et Thérapeutique (48 04), avec deux options Médecine palliative – Médecine de la douleur.

emplois médico-hospitalo-universitaires dans le cadre du pool de postes de chefs de clinique de chaque faculté. Enfin, un dossier d'habilitation pour la création d'un master national « Soins palliatifs, éthique et maladies graves » est déposé à Paris V (élaboré en lien avec le collège national des enseignements universitaires de soins palliatifs) avec le soutien du MESR, et comprenant :

- un Master 1 destiné à former les professionnels dont l'activité est totalement dédiée aux soins palliatifs ;
- un Master 2 avec deux options (approfondissement clinique et recherche).

La formation initiale en soins palliatifs s'implante au cours des études d'infirmiers

Dans le cadre de la réforme des études d'infirmier, afin que le diplôme d'état d'infirmier donne le grade d'une licence, la nouvelle maquette de formation a intégré en 2009 l'éthique et les soins palliatifs. Ainsi, au cours du premier semestre, l'unité d'enseignement « Législation, éthique, déontologie » doit permettre aux étudiants d'appréhender des concepts de philosophie et d'éthique, d'apprendre à distinguer ce qui relève du droit et de la morale et de comprendre les différents systèmes de valeurs en fonction des références utilisées. Au cours du 4e semestre, l'enseignement « Législation, éthique, déontologie » doit apprendre à appliquer les principes éthiques dans des situations de soins posant un dilemme et à utiliser un raisonnement et une démarche de questionnement éthique dans le contexte professionnel. Enfin, au cours du semestre 5, l'unité d'enseignement « Soins palliatifs et de fin de vie » vise à permettre aux futurs infirmiers d'identifier les besoins spécifiques d'une personne et de son entourage en situation de fin de vie, de deuil, de déni, de refus, de conduire une démarche de communication adaptée ces situations et de développer des connaissances et des habiletés visant à la réalisation de soins de confort et de soins palliatifs en situation de fin de vie. Cette unité d'enseignement comprend 30 heures de cours et 20 heures de travaux personnels.

Les infirmiers disposent donc d'une réelle formation sur les soins palliatifs et la fin de vie, ce qui permet à l'ONFV d'observer qu'« *il existe un décalage important entre les études médicales et infirmières dans l'enseignement des thématiques relatives à la fin de vie* » puisque « *le champ de la fin de vie est encore très peu investi par les études médicales* » et de déplorer « *les conséquences d'un tel décalage (qui) peuvent se traduire par des pratiques très divergentes au sein de l'activité clinique, mettant à mal la qualité de prise en charge des personnes en fin de vie et la cohérence du travail d'équipe* [1] ».

Les aides-soignantes bénéficient d'une courte formation en soins palliatifs

La formation d'aide-soignante comporte depuis 1994 un enseignement spécifique sur la fin de vie. Sur un module d'une semaine, des connaissances

1. ONFV, rapport 2011, p. 219.

pratiques sont abordées quant au vécu du patient face à sa mort prochaine, en tenant compte du contexte culturel, religieux, et environnemental. Cependant, pour l'ONFV, «*cet enseignement, très court, ne permet à l'évidence pas d'offrir à ces professionnels les repères cliniques et éthiques suffisants pour faire face aux situations de fin de vie*[1]».

Le développement de la formation continue en soins palliatifs est à poursuivre

Si les nouveaux professionnels de santé sont beaucoup mieux formés à l'éthique et aux soins palliatifs, un effort de formation continue important est nécessaire afin que tous les professionnels de santé déjà en exercice acquièrent ces compétences nécessaires pour bien accompagner la fin de vie.

La formation continue en soins palliatifs est mal mesurée

La loi du 21 juillet 2009 portant réforme de l'hôpital et relative aux patients, à la santé et aux territoires (loi HPST) instaure une obligation de formation continue des professionnels de santé à travers le dispositif de développement professionnel continu (DPC). Deux parcours universitaires sont ouverts dans ce cadre aux professionnels de santé[2] :
– le diplôme universitaire de soins palliatifs (DUSP), en un an, délivré par neuf facultés et qui est également ouvert aux étudiants de 3e cycle et aux professions paramédicales. Selon l'ONFV[3] les médecins représentent 28 % des participants, 63 % des participants étant des professionnels paramédicaux;
– les diplômes interuniversitaires de soins palliatifs et d'accompagnement (DIUSP) qui prolongent d'une année ce cursus. Ils se sont créés progressivement depuis 1995 sur la base d'un référentiel commun établi par la Société française de soins palliatifs (SFAP). Ces diplômes étaient délivrés en 2000 dans 30 universités. Les médecins représentent 38 % des participants et les professionnels paramédicaux 55 %.

Ces formations continues rencontrent un intérêt croissant de la part des professionnels médicaux et paramédicaux. Alors qu'en 2005, 500 personnes (médecins, infirmiers, psychologues) avaient suivi ces formations universitaires[4],

1. OFNV, rapport 2011, p. 220.
2. Ainsi qu'aux assistants sociaux et aux bénévoles.
3. ONFV, rapport 2011 p. 225.
4. Chiffres cités par le rapport d'information de l'Assemblée nationale fait au nom de la mission d'évaluation de la loi du 22 mars 2005 présenté par M Jean Leonetti (p. 104 s).

ce nombre est estimé à 12000 en 2010 dans le rapport sur l'état des lieux du développement des soins palliatifs [1].

Des formations courtes peuvent par ailleurs être suivies, à la demande, par des médecins ou des soignants, notamment celles financées par les organismes paritaires collecteurs agréés (OPCA) [2]. Pour celles-ci il n'existe aucun recensement des actions réalisées.

Enfin, en ce qui concerne les personnels des **services non dédiés**, une action de formation nationale sera proposée sur le thème « Comment initier une démarche palliative dans les services » via l'Association nationale de formation du personnel hospitalier (ANFH). L'appel d'offres est en cours.

Des actions ont été menées pour encourager la diffusion de la démarche palliative au sein des **établissements de santé** via la formation continue institutionnelle au plan des établissements de santé. La diffusion de la démarche palliative a fait l'objet d'un axe de formation prioritaire en 2009, et cette démarche sera renouvelée en 2012 grâce à la lettre-circulaire DGOS/RH4/2011/210 du 22 mai 2012 relative aux axes et actions de formation nationales prioritaires à caractère pluriannuel, concernant [...] la fonction publique hospitalière. Trois axes ont été retenus :

1) la formation à la démarche palliative et à l'accompagnement des personnes en fin de vie des personnels des unités de soins palliatifs, en équipes mobiles ou dans les services disposant de LISP ;

2) la formation à la démarche palliative et à l'accompagnement des personnes en fin de vie des personnels confrontés à des situations de fin de vie en dehors des services spécialisés ;

3) le développement d'une approche éthique de la prise de décision en soins palliatifs dans le cadre d'un programme de DPC.

Des actions ont également été menées pour encourager la diffusion de la démarche palliative au sein des établissements et services médicosociaux (ESMS) dans lesquels les besoins sont importants. Ainsi, le rapport de l'Agence nationale de l'évaluation et de la qualité des établissements et services sociaux et médico-sociaux (ANESM) sur l'enquête nationale des pratiques professionnelles concourant à la bientraitance des résidents en établissement d'hébergement pour personnes âgées dépendantes en 2009 met en évidence que 61 % des établissements répondants déclarent que moins de 60 % de leur personnel ont bénéficié d'une formation sur la douleur ou la fin de vie.

La principale action lancée en direction des ESMS est le programme Mobiqual, dont l'objectif est de soutenir l'amélioration de la qualité des pratiques professionnelles – qualité des soins et du prendre soin – en EHPAD, établissements de santé et à domicile, au bénéfice des personnes âgées et handicapées.

1. État des lieux du développement des soins palliatifs en France en 2010 – rapport à M. le président de la République, M. le Premier Ministre, par Régis Aubry – avril 2011 (p. 31).

2. L'ONFV cite dans son rapport d'activité 2011 (p. 228) les principaux : l'Association nationale pour la formation permanente du personnel hospitalier (ANFH), OPCA PL, l'Organisme gestionnaire conventionnel (OGC), l'organisme collecteur de l'AP-HP, l'Union des fonds d'assurance formation (Unifaf).

Ce programme a notamment mis en place un « outil douleur », c'est-à-dire un support de diffusion de bonnes pratiques de repérage, d'évaluation et de prise en charge de la douleur chez la personne âgée, à destination des professionnels. Un outil de formation aux soins palliatifs a également été élaboré par un intergroupe.

Une évaluation de Mobiqual a été réalisée à l'initiative de la Société française de gériatrie et de gérontologie (SFGG). Cette évaluation a montré que l'organisation de sessions de sensibilisation avec l'outil Mobiqual a eu de vrais impacts, et notamment la mise en place d'un volet « soins palliatifs » dans le projet d'établissements pour 92 % des établissements et la mise en œuvre de plans de formations pour les personnels soignants, pour 90 % des établissements et pour les médecins pour 32 % des établissements. À la suite de ces sessions de formation, 60 % des infirmiers et 35 % des médecins coordonnateurs disent connaître la loi Leonetti. Cependant, l'OFNV relève les limites actuelles de l'outil Mobiqual : « *Le turnover important du personnel ne facilite pas l'intégration de la formation au sein des services et des difficultés organisationnelles et financières sont évoquées comme des obstacles majeurs. Enfin, il existe une véritable difficulté à toucher les médecins et en particulier les médecins généralistes* [1]. » Mobiqual doit donc être accompagné d'autres initiatives de formation pour acculturer un établissement.

La formation continue à l'éthique se développe

L'éthique fait l'objet, en tant que telle, de formation continue dans le cadre de DU mais peut être aussi abordée à l'occasion de différentes formations.

Il faut noter cependant une expérimentation d'une formation « Approche éthique de la prise de décision en soins palliatifs » menée dans deux régions (Pays-de-Loire et Bretagne), dont les objectifs sont de développer et renforcer l'approche interdisciplinaire des questions complexes d'ordre éthique dans le domaine de la fin de vie. La formation intéresse les acteurs d'un même territoire de proximité : médecins hospitaliers, médecins libéraux, spécialistes ou généralistes, infirmières libérales ou hospitalières, aides-soignantes, acteurs des services de soins infirmiers à domicile (SSIAD), pharmaciens d'officines, auxiliaires de vie sociale, psychologues, assistantes sociales…

Deux approches sont utilisées :
– un apport de connaissances théoriques favorisant le questionnement des pratiques professionnelles en interdisciplinarité ;
– une analyse des pratiques professionnelles à partir de situations vécues collectivement. Les situations présentées sont discutées de façon interdisciplinaire : questions concernant la pertinence de la poursuite ou de la mise en œuvre de certains traitements jugés déraisonnables, avis contradictoires entre soignants ou entre soignants et proches, demande d'euthanasie ou de suicide assisté émanant d'un patient ou de proches…

1. Rapport précité, p. 234.

Le formateur veille à faire circuler la parole, à faire émerger dans la discussion les grands principes de réflexion éthique, les éléments pratiques de la loi relative aux droits des malades et à la fin de vie, par le regard croisé des différents participants. À l'issue de la discussion, une décision ou des orientations sont prises afin de pouvoir être « assumées » par le médecin en charge du malade réel ou fictif. Ce type de formation interdisciplinaire pourrait à l'avenir faire partie intégrante des programmes de DPC avec la méthodologie validée par la HAS.

Les besoins de formation pour les soignants restent très importants

Aucune estimation claire des besoins de formation continue en soins palliatifs n'existe car le nombre de personnels des services dispensant des soins palliatifs ou recevant des personnes en fin de vie (ceux-ci étant d'ailleurs difficilement identifiés) est mal connu. Des estimations anciennes citent le chiffre d'environ 2500 équivalents temps plein (ETP), médicaux et non médicaux.

Les quelques éléments dont on dispose montrent toutefois de grandes carences. On estime que 80 % des médecins n'auraient pas reçu de formation à la prise en charge de la douleur [1]. À titre d'exemple, seuls trois cancérologues en Ile-de-France (sur 150) étaient formés aux soins palliatifs en 2008 [2]. Une enquête présentée au congrès de la Société française d'anesthésie et de réanimation (SFAR) de 2010 et citée par l'Igas [3], réalisée dans 13 services d'urgences de la région PACA, 63 % des médecins déclarent n'avoir jamais reçu de formation sur les limitations de traitement [4].

Une formation spécifique existe pour les bénévoles

Ainsi que l'exprime le Comité national de suivi du développement des soins palliatifs, *« l'accompagnement bénévole des personnes en fin de vie est une composante importante de la politique de développement des soins palliatifs* [5] ». Ces accompagnants, dont le nombre est estimé entre 5000 et 70000

1. Chiffres cités par le Rapport d'information de l'assemblée nationale fait au nom de la mission d'évaluation de la loi du 22 mars 2005 présenté par M Jean Leonetti, p. 104 (audition Stéphane Donnnadieu).

2. *Ibid.*, p. 15 (audition du Pr Goldwasser).

3. Rapport RM2011-154P Contrôle du centre hospitalier de la Côte basque à Bayonne, Igas 2011, Anne-Carole Bensadon et Christine d'Autume.

4. B. Eon, Enquête sur les pratiques de limitations d'arrêt des thérapeutiques dans les services d'urgence.

5. CNSDPU – État des lieux du développement des soins palliatifs en France en 2010 – p. 28 s.

en 2010 selon la même source, font véritablement partie des équipes de soins palliatifs, ce qui justifie pleinement qu'elles bénéficient d'une formation.

Ce rapport précise aussi qu'à ce titre la Caisse nationale d'assurance maladie des travailleurs salariés (CNAMTS) attribue près de 1,4 million d'euros, dans le fonds national d'action sanitaire et social (FNASS), à la SFAP pour la formation de ces bénévoles. En effet, la loi du 9 juin 1999 [1] a donné aux associations, très nombreuses, qui les regroupent un statut et des obligations particulières en matière d'encadrement et de formation.

S'agissant des membres de la famille, plutôt que de formation, on parlera plutôt d'un accompagnement, nécessaire pour les aider à traverser l'épreuve de la mort annoncée de leurs proches. Celui-ci peut être réalisé par les équipes de soins palliatifs qui, selon la loi du 9 juin 1999 visant à garantir le droit à l'accès aux soins palliatifs [2], doivent *« soutenir l'entourage »* de la personne malade (art. 1er). Dans les faits, cet accompagnement dépend essentiellement de la qualité des équipes rencontrées par les familles.

Vers de nouvelles perspectives

Il convient de signaler la réflexion lancée par le CNEFUSP, qui ouvre des perspectives intéressantes. *« Il s'agirait, au sein des facultés de médecine, d'intégrer la formation initiale en soins palliatifs à une formation beaucoup plus large aux sciences humaines, à partir du vécu des stages hospitaliers. Au cours de leur cursus en 2e cycle, les étudiants seraient amenés à vivre, puis à analyser avec l'aide d'un "guideur", un certain nombre de situations relationnelles, éthiques, éducationnelles (analyse en temps réel, commentaires sur portfolio, mise à disposition informatique de documents...)* [3]*. »*

Cette approche a l'avantage d'ouvrir une réflexion interdisciplinaire et ancrée dans la pratique. Encore expérimentale, elle existe déjà dans quelques facultés, dont celle de Brest.

* * *

La formation à l'accompagnement de la fin de vie s'implante au cours de la formation initiale et continue des médecins et de la formation initiale des personnels paramédicaux. La création d'une filière universitaire en soins palliatifs est en cours. La formation continue se développe également pour les soignants comme pour les bénévoles. La prise en compte de ces thématiques dans les formations contribuera à l'amélioration des pratiques. Plus largement, elle devrait permettre la diffusion d'une culture palliative parmi les équipes recevant des malades en fin de vie.

1. Loi no 99-477 du 9 juin 1999 visant à garantir le droit à l'accès aux soins palliatifs.
2. *Idem.*
3. Voir le site de la SFAP : http ://www.sfap.org/content/enseignement-universitaire.

Fiches n° 3

Les directives anticipées

Un des dispositifs clés pour mieux prendre en compte la volonté des patients en fin de vie a été l'introduction par la loi Leonetti des directives anticipées (article 7 de la loi, précisée par le décret n° 2006-119 du 6 février 2006). Selon les termes de la loi, ces directives anticipées permettent à toute personne majeure d'indiquer ses souhaits relatifs à sa fin de vie «*concernant les conditions de la limitation ou l'arrêt de traitement*», pour le cas où cette personne «*serait un jour hors d'état d'exprimer sa volonté*».

Le médecin doit alors en «*tenir compte*» si elles datent de moins de trois ans. Ces directives sont réversibles à tout moment. Le principe des directives anticipées s'inscrit donc dans le mouvement de reconnaissance du patient en tant que sujet et répond à l'inquiétude des citoyens de ne pas voir leur volonté être prise en compte par les médecins au moment de la fin de leur vie.

Un dispositif permettant à la personne et au médecin de préparer la fin de vie de la personne

Le rapport Leonetti de 2004 explique que les directives anticipées présentent pour le patient et pour le médecin plusieurs avantages :

• *« Elles permettent au malade de préparer et de maîtriser sa fin de vie. Elles pourraient en effet correspondre à une véritable planification des soins, établie après une discussion approfondie avec le médecin traitant, lorsqu'une maladie grave et incurable a été diagnostiquée : en définissant, en fonction des phases de la maladie ou de ses complications, les traitements qui peuvent être mis en œuvre et ceux qui ne doivent pas être tentés (réanimation, alimentation artificielle...) ou qui doivent être interrompus, les directives anticipées, assimilées à un contrat moral passé avec le médecin, rassureraient leur auteur sur la façon dont ses derniers instants seraient susceptibles de se dérouler ;*

• *Pour le médecin, les directives anticipées peuvent être :*
– une source utile de renseignements, puisque leur consultation lui permet de prendre en compte les choix thérapeutiques qu'avait exprimés la personne, aujourd'hui inconsciente et en fin de vie. Ce rôle d'information se révélera extrêmement important si, à la suite d'une hospitalisation, le médecin traitant ayant reçu le malade ne connaît pas son parcours personnel et ne peut rien en apprendre, en raison de son état d'inconscience, sauf à recueillir l'avis de la famille ou de proches,

– *une justification des traitements qu'il entreprend ou qu'il abandonne, lorsqu'il se trouve confronté à un entourage, qui soit conteste ses choix thérapeutiques, soit se déchire sur les décisions à prendre pour leur proche, mourant* [1]. »

Cependant, ce dispositif rencontre plusieurs difficultés d'application.

Un dispositif méconnu

Ce dispositif est tout d'abord méconnu des médecins. Ce constat a été fait par Marie de Hennezel en 2008 : « *Les articles de la loi Leonetti concernant le dispositif de la personne de confiance et les directives anticipées ne sont pas connus dans les établissements* [2]. » La méconnaissance par les médecins de ce dispositif de directives anticipées au cours des auditions.

Or, le médecin a « *pour obligation de s'enquérir de l'existence de ces directives, d'en vérifier la validité, d'en prendre connaissance et d'inclure les souhaits qui y sont exprimés parmi les éléments sur lesquels va s'appuyer sa décision médicale* [3] ».

Ce dispositif est également méconnu des citoyens. Jean Leonetti l'affirmait dans son rapport en 2008 [4] et trois ans plus tard le constat semble toujours valable. Ainsi, l'étude réalisée entre 2009 et 2010 par le Centre d'éthique clinique de l'hôpital Cochin de Paris sur 186 personnes âgées de plus de 75 ans, a mis en lumière le fait que 90 % des personnes enquêtées – hormis les membres de l'Association pour le droit à mourir dans la dignité (ADMD) [5] – ne connaissaient pas le concept de directives anticipées. Le nombre de personnes qui ont rédigé des directives anticipées n'est pas connu. Les réanimateurs des Samu auditionnés par la commission ont précisé qu'ils n'ont jamais connaissance des directives anticipées lorsqu'ils sont appelés en intervention, même dans le cas où les personnes sont suivies en soins palliatifs ou viennent d'un EHPAD. Cette non-connaissance des directives anticipées s'explique soit parce qu'elles n'existent pas car le dispositif est méconnu des citoyens (c'est l'objet de ce paragraphe), soit parce qu'ils n'y ont pas accès, comme précisé dans le paragraphe ci-dessous.

1. Rapport (n° 1929) fait au nom de la commission spéciale chargée d'examiner la proposition de loi de M. Jean Leonetti et plusieurs de ses collègues relative aux droits des malades et à la fin de vie, par M. Jean Leonetti.

2. Marie de Hennezel, « La France palliative », p. 15.

3. M. Jean Leonetti, « Rapport d'information fait au nom de la mission d'évaluation de la loi n° 2005-370 du 22 avril 2005 relative aux droits des malades et à la fin de vie », 28/11/2008, p. 25.

4. M. Jean Leonetti, « Rapport d'information fait au nom de la mission d'évaluation de la loi n° 2005-370 du 22 avril 2005 relative aux droits des malades et à la fin de vie », 28/11/2008, p. 25.

5. L'association pour le droit de mourir dans la dignité (ADMD), créé en 1980, milite pour le droit de chacun d'avoir une fin de vie conforme à ses conceptions personnelles de dignité et de liberté. Elle aide notamment ses adhérents à rédiger des directives anticipées. Elle revendique 48 000 adhérents.

Des directives difficiles d'accès pour les médecins, en particulier urgentistes

Ce dispositif est non seulement méconnu, mais **même lorsque des directives anticipées sont rédigées, les médecins font état de difficultés pour y avoir accès**. Le décret susmentionné précise que les directives sont «*conservées dans le dossier de la personne constitué par un médecin de ville ou, en cas d'hospitalisation, dans le dossier médical. [...] Toutefois, les directives anticipées peuvent être conservées par leur auteur ou confiées par celui-ci à la personne de confiance, ou à défaut à un proche. Leur auteur doit alors indiquer aux médecins les coordonnées de la personne détentrices pour que cette information figure dans son dossier médical*». Comme relevé par l'Igas dans son rapport «La mort à l'hôpital» [1], l'absence d'un registre national empêche donc toute consultation systématique, et surtout en cas d'urgence [2].

Les médecins traitants sont souvent au courant de l'existence des directives anticipées par leur patient, mais ils sont rarement contactés à temps en cas d'hospitalisation de leur patient pour faire connaître ces directives. Une thèse pour le doctorat en médecine de Mélodie Juin et Alice Travassac soutenue le 13 novembre 2012 à l'université de Clermont-Ferrand, mais non publiée à ce jour [3], se fondant sur 15 entretiens qualitatifs avec des médecins généralistes, a montré que pour, certains médecins généralistes, le manque de communication avec les hôpitaux amenés à prendre en charge leurs patients rendait peu utiles des directives anticipées recueillies par le médecin généraliste. Cette difficulté énoncée renvoie à la question souvent posée des relations entre médecins de ville et médecins hospitaliers.

Des directives critiquées pour leur non-opposabilité

Une autre critique récurrente adressée aux directives anticipées est leur **non-opposabilité** aux médecins. Le rapport de la mission d'information menée par Jean Leonetti en 2004 notait que dans un quart des États membres du Conseil de l'Europe, les directives anticipées, ou les instruments équivalents, ont une force juridique contraignante [4]. Conscient de ces critiques, Jean Leonetti a

1. Igas, Rapport RM2009-124P «La mort à l'hôpital», 2009, Dr Françoise Lalande et Olivier Veber, p. 75.

2. Un tel registre a été jugé nécessaire par exemple pour le don d'organe.

3. Juin Mélodie et Travassac Alice, regards croisés sur les directives anticipées : Les représentations des patients et des médecins généralistes concernant les directives anticipées. Thèse soutenue le 13 novembre 2012 à l'université de Clermont-Ferrand.

4. Rapport n° 1708 (AN) – Mission d'information sur l'accompagnement de la fin de vie, «Respecter la vie, accepter la mort» (juillet 2004) – Jean Leonetti, rapporteur.

déclaré dans une interview récente au journal *La Croix* : « *On pourrait imaginer un système plus contraignant. Ainsi, par exemple, un malade ayant fait part de sa volonté de ne pas être réanimé après telle ou telle complication grave pourrait bénéficier de directives opposables "sauf si" ; autrement dit, le médecin serait tenu de les respecter, à moins de justifier de conditions tout à fait particulières (la vulnérabilité, etc.).* »

Cependant, l'opposabilité des directives anticipées poserait également certains problèmes. Ainsi que noté dans le rapport préparatoire du Sénat à la loi Leonetti, les fluctuations de la volonté des personnes en fin de vie font obstacle à leur opposabilité [1]. Le rapport Leonetti de 2004 soulignait ainsi que la non-opposabilité permettait de prendre en compte « *la fragilité [...] d'une opinion, exprimée dans l'idéal et dans l'abstrait par une personne en bonne santé et qui ne reflète plus son état d'esprit, lorsqu'elle est en phase avancée d'une maladie grave et* a fortiori *lorsqu'elle a conscience de sa finitude, l'être humain évoluant en fonction de son âge et de sa maladie* [2] ».

Des directives difficiles à rédiger pour la population

Une dernière critique récurrente adressée aux directives anticipées porte sur leur **difficulté de rédaction.** Comme expliqué par Jean Leonetti dans un rapport d'information présenté à l'Assemblée nationale en 2008, « *la rédaction des directives anticipées exige un degré de précision suffisant pour les rendre applicables à l'état futur de la personne. Lorsque celle-ci est bien portante, il lui est difficile d'anticiper toutes les situations et les actes médicaux qui lui sembleraient inacceptables. L'expression de souhaits précis est réservée aux cas des personnes atteintes d'une maladie chronique dont le médecin est capable de décrire l'évolution* [3] ».

Et en effet, il semble difficile pour les résidents des EHPAD d'envisager la rédaction de directives anticipées. La rédaction de telles directives semble peu fréquente s'agissant de personnes résidant en EHPAD. D'après les contrats de séjour consultés par la mission, même si l'échantillon n'est pas représentatif, la possibilité de rédiger des directives anticipées n'y est pas toujours mentionnée. Il est pourtant préconisé que le contrat de séjour souscrit à l'entrée à l'établissement fasse état de la possibilité de faire connaître ses directives anticipées, dans la continuité de l'article R.1111-20 du CSP.

1. Rapport n° 281 (2004-2005) de M. Gérard Dériot, fait au nom de la commission des affaires sociales, déposé le 6 avril 2005.

2. Rapport (n° 1929) fait au nom de la commission spéciale chargée d'examiner la proposition de loi de M. Jean Leonetti et plusieurs de ses collègues relative aux droits des malades et à la fin de vie, par M. Jean Leonetti.

3. Jean Leonetti, « Rapport d'information fait au nom de la mission d'évaluation de la loi n° 2005-370 du 22 avril 2005 relative aux droits des malades et à la fin de vie », 28/11/2008, p. 25.

Rien dans les textes ne précise la teneur des directives anticipées il n'y a donc pas de modèle type officiel car selon les mots de Jean Leonetti en 2004 : « *Il sera d'autant plus facile à un médecin d'en tenir compte, si leur intitulé n'est ni standardisé ni général. Ainsi, des invitations à "ne pas réanimer", à "ne pas mettre en place des appareils de survie artificielle", formulées par crainte d'une survie longue, douloureuse et inutile, peuvent s'avérer contraires à l'intérêt d'un patient qui pourrait voir ses souffrances soulagées* » [(1)]. L'Ordre national des médecins n'a pas non plus réalisé de modèle de directives anticipées à l'image de ce qu'a réalisé l'Ordre national des médecins suisse. Cependant, des hôpitaux ou institutions ont fait un réel travail sur des modèles de directives anticipées, comme le CHU de Brest. Il reste que, dans la plupart des cas, la rédaction de directives anticipées opérantes ne peut être faite sans l'aide d'un professionnel médical ou paramédical ou encore l'aide d'une association de malades.

C'est ce qui ressort également de l'enquête menée par le Centre d'éthique clinique de Cochin [(2)]. Une fois que les membres du centre d'éthique clinique ont expliqué aux personnes interrogées la nature du dispositif, 83 % des personnes ont déclaré qu'ils n'étaient pas intéressés et qu'ils ne s'en saisiraient pas. Les raisons avancées par 42 % de ces personnes étaient que ce dispositif n'était pas une mauvaise idée, mais qu'il ne les concernait pas parce que « *c'était trop tôt* », « *trop compliqué* » ou qu'ils avaient déjà quelqu'un qui pourrait se charger d'exprimer leur volonté. Pour 36 % de ces personnes, c'était une mauvaise idée, « *soit parce qu'inutile (les choses ne se présenteront pas comme prévu), soit parce que dangereuse (ce serait donner un blanc-seing aux médecins pour arrêter de traiter)* ». Enfin, le Centre d'éthique clinique notait que « *22 % ne rentraient pas dans la discussion soit qu'ils n'aient pas envie d'anticiper, soit qu'ils refusent de parler plus avant de ce sujet précisément* ».

Cependant, près de 20 % des personnes s'étaient déclarées intéressées et avaient écrit ou voulaient écrire des directives anticipées. De plus, parmi les personnes se déclarant non intéressés, certaines étaient prêtes à « *exprimer des choses importantes concernant leur fin de vie, dont elles pensaient qu'elles ne relevaient pas de directives anticipées, mais qui pourraient tout à fait en relever comme par exemple « je veux de l'acharnement thérapeutique », « Je veux donner des directives de vie : surtout jamais de maison de retraite* », etc. [(3)].

* * *

1. Rapport (n° 1929) fait au nom de la commission spéciale chargée d'examiner la proposition de loi de M. Jean Leonetti et plusieurs de ses collègues relative aux droits des malades et à la fin de vie, par M. Jean Leonetti.

2. Cité par http://www.capgeris.com/sante-1731/les-directives-anticipees-vues-par-les-personnes-agees-a18871.htm

3. Le Centre d'éthique clinique de Cochin conclut que « *que de façon générale la plupart sont intéressés par l'occasion d'une discussion libre sur ce sujet de la fin de vie. En effet, c'est à l'évidence un sujet qui habite les pensées des personnes de cet âge et elles n'ont pas tant que cela l'occasion d'en parler avec leur entourage* », et propose « *que soit systématiquement proposé un entretien aux personnes âgées avec un tiers à un moment-clé de leur histoire de vie : entrée en maladie chronique, ou entrée en maison de retraite par exemple, la discussion portant sur le sens du temps qu'il reste à vivre* ».

Les difficultés rencontrées concernant les directives anticipées reflètent un défait de connaissance de la loi Leonetti dans le monde médical et paramédical. La prise en compte de la volonté du patient en fin de vie ne semble pas passer nécessairement par les directives anticipées, même quand elles existent. Elles existent d'ailleurs rarement, témoignant ainsi de la méconnaissance de la loi par les citoyens. Les directives anticipées, si elles répondent à une préoccupation majeure des citoyens, s'avèrent donc difficiles à mettre en œuvre dans le contexte actuel.

Le droit à l'information des malades en fin de vie

La question du droit des malades en fin de vie, que traite notamment la loi bioéthique [1] du 6 août 2004, se situe au confluent du progrès scientifique et du droit des malades. Le progrès scientifique a en effet bouleversé la médecine au cours des vingt dernières années et lui a permis de prolonger la vie dans des circonstances où la mort était jusqu'alors la seule issue. Dès lors, la question du droit des malades en fin de vie a pris une importance toute particulière.

L'affirmation progressive, mais continue du droit des malades à l'information

Le devoir d'information du médecin vis-à-vis de son patient a toujours été au cœur de sa déontologie, ainsi que le disent expressément les articles 35 et 41 du Code de déontologie médicale [2]. Ils enjoignent au médecin de donner au malade une *« information loyale, claire et appropriée sur son état, les investigations et les soins qu'il propose »* et rappelle qu'*« aucune intervention mutilante ne doit être pratiquée sans motif médical très sérieux et, sauf urgence ou impossibilité, sans information de l'intéressé et sans son consentement »*.

1. Loi n° 2204-800 du 6 août 2004 relative à la bioéthique.

2. Le Code de déontologie a été codifié en 2008 dans le Code de la santé publique. Sur les devoirs généraux du médecin par rapport à son patient, voir principalement les articles R 4127-35 à 4127-38 CSP.
Article 35 (article R.4127-35 CSP) :
Le médecin doit à la personne qu'il examine, qu'il soigne ou qu'il conseille une information loyale, claire et appropriée sur son état, les investigations et les soins qu'il lui propose. Tout au long de la maladie, il tient compte de la personnalité du patient dans ses explications et veille à leur compréhension. Toutefois, lorsqu'une personne demande à être tenue dans l'ignorance d'un diagnostic ou d'un pronostic, sa volonté doit être respectée, sauf si des tiers sont exposés à un risque de contamination.
Un pronostic fatal ne doit être révélé qu'avec circonspection, mais les proches doivent en être prévenus, sauf exception ou si le malade a préalablement interdit cette révélation ou désigné les tiers auxquels elle doit être faite.
Article 41 (article R.4127-41 CSP) :
Aucune intervention mutilante ne peut être pratiquée sans motif médical très sérieux et, sauf urgence ou impossibilité, sans information de l'intéressé et sans son consentement.

L'obligation du médecin d'informer son patient a fait d'abord l'objet d'une interprétation jurisprudentielle. La Cour de cassation, tout en s'appuyant sur le principe du devoir de loyauté du médecin par rapport à son malade et en garantissant à celui-ci son droit de s'opposer à toute atteinte à son intégrité corporelle, n'exigeait pas jusqu'en 1997 une totale transparence sur tous les risques éventuels liés à une intervention ou à des traitements. Ainsi que l'écrit M. Jean-François Burgelin, procureur général près la Cour de cassation : *« On estimait sur ce point devoir s'en remettre à la délicatesse du soignant qui pouvait penser qu'il était inutile d'alarmer, sans raison évidente, le malade* [1]. »

Des arrêts de la chambre civile de 1997 et 1998 [2] ont constitué un revirement jurisprudentiel, pas toujours bien reçu par le monde médical. Ces décisions ont conduit à demander aux médecins de rapporter la preuve qu'ils avaient rempli leur obligation contractuelle d'information [3] afin que le patient puisse donner un consentement éclairé aux soins qui allaient lui être prodigués.

Une série de textes sont venus ancrer ce droit dans la réalité du processus de soin :

– la loi n° 91-748 du 31 juillet 1991 portant réforme hospitalière. Elle consacre le droit à l'information pour les personnes hospitalisées et précise : *« Les établissements de santé, publics ou privés, sont tenus de communiquer aux personnes recevant ou ayant reçu des soins, sur leur demande et par l'intermédiaire du praticien qu'elles désignent, les informations médicales contenues dans leur dossier médical » ;*

– le Code civil : *« Il ne peut être porté atteinte à l'intégrité du corps humain qu'en cas de nécessité thérapeutique pour la personne. Le consentement de l'intéressé doit être recueilli préalablement, hors le cas où son état rend nécessaire une intervention thérapeutique à laquelle il n'est pas à même de consentir » (art. 16-3 modifié par loi 6 août 2004) ;*

– l'article L 1111-7 nouveau du Code de la santé publique prévoit le droit à l'accès direct au dossier médical. Introduit par la loi du 4 mars 2002, ce droit était revendiqué de façon constante par les malades et leurs familles. L'accompagnement par une tierce personne est recommandé. L'établissement doit accéder à la demande sous huit jours, délai porté à deux mois pour des informations remontant à plus de cinq ans. Le décret 2002-637 du 29 avril 2002 facilite l'exercice du droit d'accès, assure la sécurité de la communication des informations. Il précise aussi les procédures dans les cas où la loi, pour tenir compte de l'impact de la révélation abrupte d'informations, a prévu la présence recommandée (mais non obligatoire) d'une tierce personne ou, de façon exceptionnelle, la présence d'un médecin.

1. « L'obligation d'informer le patient, expliquée aux médecins », étude de M. J.-F. Burgelin, procureur général près la cour de cassation, in http://www.courdecassation.fr/publications-cour-26/rapport

2. Arrêts pris le 25 février 1997, 14 octobre 1997 et 7 octobre 1998.

3. Ce qui s'inscrit dans une jurisprudence plus générale qui tend à imposer aux professionnels (avocats, notaires…) qui sont tenus contractuellement à une obligation d'information et de conseil à rapporter la preuve qu'ils l'ont respecté.

Enfin la **charte de la personne hospitalisée** dans sa dernière version[1] insiste largement sur le droit à l'information : « *Toute personne a le droit d'être informée sur son état de santé et le secret médical n'est pas opposable au patient. Toutefois, la volonté d'une personne de ne pas être informée du diagnostic ou du pronostic la concernant doit être respectée, sauf si son état de santé présente des risques de transmission à des tiers. Le médecin doit, au cours d'un entretien individuel, donner à la personne une information accessible, intelligible et loyale. Cette information doit être renouvelée si nécessaire. Le médecin répond avec tact et de façon adaptée aux questions qui lui sont posées. L'information porte sur les investigations, traitements ou actions de prévention proposés ainsi que sur leurs alternatives éventuelles.* »

Ainsi que la note M Jean-François Burgelin, il convient, à travers ces textes, « *de tenir compte d'une évolution générale de notre société qui tend à abolir les distances traditionnelles entre la supériorité de ceux qui savent et l'infériorité des ignorants* [2] ». Le patient souhaite désormais devenir davantage acteur de sa santé. Les personnes atteintes du sida ont joué un rôle majeur dans ce domaine. Elles ont également été parmi les premières dans les années 1990, alors que les traitements ne laissaient guère espérer de guérison, à se saisir du réseau internet pour s'informer sur les avancées de la science. L'éducation thérapeutique consacre en quelque sorte ce rôle, en communiquant au malade les informations qui lui permettront d'être acteur de sa prise en charge et d'adopter notamment des habitudes de vie favorisant une amélioration ou une non-dégradation de son état de santé.

Depuis quelques années, la Toile diffuse une multitude d'informations, autrefois réservées aux soignants, qui devraient permettre au malade ou à son entourage d'avoir un avis plus éclairé sur les traitements ou les soins décidés par les médecins. Cette amélioration de l'information pose toutefois la question de la fiabilité des informations diffusées par les sites santé. La certification des sites internet santé par la HAS contribue à l'amélioration de la qualité des sites.

Pour les malades en fin de vie, la question du droit à l'information se pose avec encore plus d'acuité.

1. La charte dans sa version de 2006 constitue une actualisation de la charte du patient hospitalisé de 1995, rendue nécessaire par l'évolution des textes législatifs, notamment les lois du 4 mars 2002 relative aux droits des malades et à la qualité du système de santé, du 6 août 2004 relative à la bioéthique, du 9 août 2004 relative à la politique de santé publique et du 22 avril 2005 relative aux droits des malades et à la fin de vie. Elle figure dans la circulaire DHOS/E1/DGS/SD1B/SD1C/SD4A/2006/90 du 2 mars 2006.

2. « L'obligation d'informer le patient, expliquée aux médecins », étude de M. J.-F. Burgelin, procureur général près la Cour de cassation.

Les conditions particulières de l'exercice du droit à l'information des malades en fin de vie

Le « patient » est donc désormais un sujet avec lequel la médecine doit compter et cette nouvelle posture pose des problèmes particulièrement délicats aujourd'hui. En effet les immenses progrès techniques, mis à disposition de la médecine depuis une vingtaine d'années, permettent la prolongation de la vie dans des conditions qui n'auraient jamais été possibles auparavant. Parfois aussi, elles posent la question des limites du maintien de la vie quand elle s'accompagne de trop de souffrance ou de ce que le malade peut ressentir comme une vie qui a perdu tout sens. C'est dans ces circonstances que le malade peut être amené à souhaiter parler des conditions de sa mort.

Un droit reconnu par les lois successives

Plusieurs lois ont précisé les droits des patients et les devoirs des médecins. Les conditions de l'exercice médical sont en effet particulièrement sensibles lors de cette période de la fin de vie. Dans le même temps, les soins palliatifs se sont développés.

La **loi du 9 juin 1999** (1) visant à garantir le droit à l'accès aux soins palliatifs pose deux principes nouveaux :
- le droit aux soins palliatifs et à un accompagnement pour toute personne dont l'état le requiert (2) ;
- le droit pour le malade de refuser un traitement.

La **loi du 4 mars 2002** (3) relative aux droits des malades et à la qualité du système de santé renforce le droit du malade à ne pas subir un traitement contre son gré, puisque le patient peut désormais s'opposer à un traitement même lorsque ce refus peut abréger sa vie. Toutefois, le médecin doit d'abord « *tout mettre en œuvre pour convaincre [la personne] d'accepter les soins indispensables* », avant de s'incliner si le patient persiste dans son refus. Cette loi consolide également le droit aux soins palliatifs, en précisant que « *la douleur doit être en toute circonstance prévenue, évaluée, prise en compte et traitée* ».

1. Loi n° 99-477 du 9 juin 1999 visant à garantir le droit à l'accès aux soins palliatifs.

2. Cette loi précise les responsabilités qui incombent aux établissements de santé, publics ou privés et aux établissements médico-sociaux en ce qui concerne la prise en charge de la douleur et le développement d'une politique palliative. En ce qui concerne l'accompagnement, cette loi stipule la place des bénévoles qui, via des conventions, peuvent effectuer cette mission et elle fixe les conditions d'un congé d'accompagnement d'une personne en fin de vie pour une durée maximale de trois mois.

3. Loi n° 2002-303 du 4 mars 2002 relative aux droits des malades et à la qualité du système de santé.

La **loi du 22 avril 2005** [1] relative aux droits des malades et à la fin de vie connue sous le nom de « loi Leonetti » est la première qui, en France, donne au patient au terme de son existence, et à ses proches, toute la place qu'il doit prendre.

Cette loi permet de mieux prendre en compte la volonté du patient, qu'il soit conscient ou inconscient. Toute personne a la possibilité de rédiger des directives anticipées sur les conditions de limitation ou d'arrêt de traitement et de désigner une personne de confiance, de manière à ce que ses souhaits soient pris en compte par le médecin si elle était un jour hors d'état d'exprimer sa volonté. La loi exige de s'assurer de la constance de la volonté de la personne souhaitant arrêter un traitement en prévoyant qu'elle doit réitérer sa demande «*dans un délai raisonnable*», sauf si cette personne est en phase avancée ou terminale d'une affection grave et incurable.

Lorsque le malade est inconscient, le médecin peut prendre lui-même une décision d'arrêt de traitement. Mais il ne s'agit plus d'une décision solitaire puisqu'il doit respecter une procédure collégiale et consulter la personne de confiance, la famille ou à défaut les proches, ainsi que, le cas échéant, les directives anticipées. La loi exclut explicitement l'obstination déraisonnable, qui s'exerce parfois dans le non-respect de la volonté de la personne concernée.

Toutefois ainsi que le souligne l'Igas *« Les droits que le CSP confère au malade en fin de vie* [2] *ne peuvent s'exercer que si le malade est clairement identifié comme entré dans cette phase ; en outre celui-ci n'est en mesure de faire valoir ses droits que s'il a été informé de son état* [3] *»*. L'information du patient est donc une condition d'exercice de sa liberté de refuser ou de limiter les soins.

Les droits des malades en fin de vie en établissements de santé

L'application réelle des principes législatifs repose notamment sur la procédure de certification des établissements de santé. L'ordonnance nº 96-346 du 24 avril 1996 portant réforme hospitalière introduit la certification au sein du système de santé français. La certification est une procédure d'évaluation externe d'un établissement de santé, indépendante de l'établissement et de ses organismes de tutelle. Des professionnels de santé mandatés par la HAS réalisent les visites de certification sur la base d'un référentiel qui permet d'évaluer le fonctionnement global de l'établissement de santé. Mise en œuvre par la haute autorité de santé (HAS), la procédure de certification s'effectue tous les quatre ans.

Depuis 2010, les droits des malades en fin de vie figurent dans le manuel de certification de la HAS parmi les «pratiques éligibles prioritaires». Il s'agit de pratiques considérées comme incontournables dont l'évaluation est systématique.

1. Loi nº 2005-370 du 22 avril 2005 relative aux droits des malades et à la fin de vie.
2. La notion de «fin de vie» n'est pas clairement définie, ainsi que le relève notamment l'Igas, dans le rapport «La mort à l'hôpital» Igas novembre 2009 – Dr Françoise Lalande Olivier Weber.
3. Igas, Rapport précité, p. 68.

Le critère 13a « prise en charge et respect des droits des patients en fin de vie » doit contribuer à l'appropriation, par l'ensemble des professionnels de santé, des repères qui fondent la démarche palliative, bien au-delà des seuls services spécialisés en soins palliatifs. La démarche de certification, à travers le critère 13a, doit contribuer à *« l'appropriation par l'ensemble des professionnels de santé, des repères organisationnels cliniques et éthiques qui fondent la démarche palliative, bien au-delà des seuls services spécialisés en soins palliatifs »*. Les établissements de santé sont donc notamment invités à mettre en œuvre une organisation qui garantit une qualité d'information, de communication et de relation de soins nécessaires à l'anticipation des prises de décisions en matière de poursuite ou de limitation des traitements. Dans le cadre du programme « Qualité et fin de vie », l'ONFV et la HAS ont décidé de mettre en place un cycle de séminaires. Ainsi, entre 2012 et 2013, dix séminaires ont été programmés pour la mise en œuvre du critère 13a. La HAS s'est donc véritablement emparée de ce thème. Avec l'appui de l'ONFV, les chefs de projets et les experts visiteurs de la HAS ont été formés et une démarche d'accompagnement des établissements a été lancée. Les certificateurs devaient également se rapprocher des commissions des relations avec les usagers et de la qualité de la prise en charge (CRUQPC) [(1)] afin de mieux cerner la réalité de l'application de ce critère.

Les premiers résultats concernant le critère 13a peuvent aujourd'hui être communiqués : au 1er novembre 2012 : sur 1 160 établissements certifiés, ce critère totalise 157 décisions sur 6930). Le critère 13a est placé en 17e position avec 2,27 % des décisions (13 % des établissements de santé). Ces décisions se répartissent en : 128 recommandations, 27 réserves, 2 réserves majeures.

La HAS et l'observatoire de fin de vie ont prévu d'accentuer l'action de la certification dans ce domaine essentiel en réalisant un document destiné à expliciter les exigences qu'elle impose et à mieux accompagner les établissements et les experts visiteurs.

1. La principale mission de la Commission des relations avec les usagers et de la qualité de la prise en charge (CRUQPC) est de veiller au respect des droits des usagers et de faciliter leurs démarches. Ainsi, lorsqu'une plainte ou une réclamation est adressée à l'établissement, les réponses apportées par les responsables de l'hôpital doivent être mises à la disposition des membres de la commission.
Elle examine aussi les plaintes et réclamations ne présentant pas le caractère d'un recours gracieux ou juridictionnel Pour cela, la commission peut rencontrer le plaignant si elle le juge utile. Au vu du dossier, elle formule des recommandations pour apporter une solution au litige ou pour que l'intéressé soit informé des voies de conciliation ou de recours dont il dispose. Elle contribue à l'amélioration de la politique d'accueil et de prise en charge des personnes malades et de leurs proches. La commission rédige chaque année un rapport sur son activité et sur le respect des droits des usagers au sein de l'établissement.

L'application du principe pourtant réaffirmé du droit à l'information des malades en fin de vie reste incertaine

L'application de ces différentes dispositions, qui devraient permettre que le malade en fin de vie soit informé autant qu'il le souhaite, reste toutefois peu satisfaisante.

Le principe de cette communication entre le médecin et son patient est cependant plus facile à réaffirmer qu'à mettre en pratique, tant le lien qui les unit, entre confiance-peur-protection, est complexe et cela particulièrement en fin de vie.

Ainsi, une thèse soutenue en 2009 a souligné le malaise des médecins généralistes face à la fin de vie et leurs difficultés de communication avec leurs patients en fin de vie, ce qui entraîne une mauvaise prise en compte de leur volonté : «*L'étude du ressenti des médecins traitants a révélé la complexité du vécu des soins palliatifs. La principale difficulté est la communication avec le patient et la famille. Les deux tiers des médecins avouent avoir des difficultés à aborder la question de l'avancée de la maladie et la majorité d'entre eux estiment plus informer la famille que le patient. Mais les non-dits entre le patient et ses proches les gênent. De plus, un médecin sur deux aborde rarement le désir des patients quant à leur condition de fin de vie et considère donner la priorité à l'avis de la famille par rapport à celui du patient*[1]».

Dans les faits, le plus souvent, le malade n'a d'autre choix, dans cette épreuve finale, que de s'en remettre à son médecin, ou du moins s'autorise difficilement une position critique face aux décisions médicales.

Parfois aussi, la personne refuse implicitement une information complète sur son état de santé. Le Code de déontologie médicale (repris à l'article R.4127-35 du CSP) indique clairement que, «*dans l'intérêt du malade et pour des raisons légitimes que le praticien apprécie en conscience, un malade peut être tenu dans l'ignorance d'un diagnostic ou d'un pronostic grave*». Aussi le malade qui ne pose donc pas de questions volontairement ou involontairement (peur, difficulté d'expression, incompréhension ?) peut-il rester dans l'ignorance de son état.

Toutefois, ce qui est revenu le plus souvent dans les débats publics de la mission Sicard sur la fin de vie, c'est l'affirmation selon laquelle le droit à l'information, préalable à toute expression du malade sur ses volontés, n'était pas vraiment respecté : «*L'information éclairée du patient est insuffisante à l'heure actuelle*», il faut «*remettre en lumière le droit à l'information du patient.*»

1. Bouteville C., «opinion et attitudes des médecins généralistes concernant l'hospitalisation en urgence de leurs patients en fin de vie, pratique de la loi Leonetti», Thèse médecine, directeur : Basset P., Grenoble, 2009.

Dans un rapport récent, l'Igas constate que l'annonce de la gravité du diagnostic n'est pas systématique : «*Ainsi le centre Jeanne-Garnier*[1]*, unité de soins palliatifs, a indiqué à la mission que 60 à 70 % des personnes accueillies en son sein à la suite d'un transfert ignoraient qu'elles étaient hospitalisées dans une unité de soins palliatifs... avec même l'exemple de malades à qui l'on avait indiqué qu'ils se rendaient en balnéothérapie* [2] *!*»

On peut comprendre que l'information du patient sur «*le traitement qui peut avoir pour effet secondaire d'abréger sa vie*» – ce qu'il est convenu d'appeler le «double effet» –, prévu par l'article 2 de la loi Leonetti (art. L.1110-5 CSP), soit si délicate qu'elle ne soit pas davantage systématique, d'après les témoignages reçus et bien qu'aucune étude ne puisse le confirmer. C'est une des raisons pour lesquelles la formation des équipes médicales et paramédicales sur la prise en charge de la fin de vie est indispensable.

De même les pratiques médicales de sédation profonde et prolongée, qui de fait peuvent accélérer l'issue fatale, resteraient, d'après les témoignages entendus par la mission, mais en l'absence d'autres sources, très peu explicites.

Sur cette question de la sédation profonde, on ne dispose pas d'ailleurs de textes précis. Le seul cas prévu explicitement par le CSP est celui de la sédation appliquée dans le cadre d'un arrêt de traitement pour un patient cérébrolésé : l'article R.4127-37 du CSP prévoit que «*le médecin, même si la souffrance du patient ne peut être évaluée du fait de son état cérébral, met en œuvre les traitements, notamment antalgiques et sédatif, permettant d'accompagner la personne selon les principes et dans les conditions énoncés à l'article R.4127-38. Il veille également à ce que l'entourage du patient soit informé de la situation et reçoive le soutien nécessaire*». Pour les autres cas, le seul texte pouvant s'appliquer est celui concernant le «*traitement qui peut avoir pour effet secondaire d'abréger la vie*» du patient (art. L.110-5 CSP).

* * *

Le droit pour les personnes malades d'être informées par leur médecin sur leur état de santé se pose dans des conditions particulières en fin de vie. Le droit posé par la loi Leonetti de refuser ou de limiter des soins ou des traitements suppose que le patient soit informé de son état et des perspectives de soin. Le respect de son droit à l'information n'est pas actuellement garanti, mais s'affirme comme une priorité au cours des soins palliatifs.

1. La maison médicale Jeanne-Garnier est un établissement participant au service public hospitalier qui accueille des personnes en phase avancée ou terminale de leur maladie.

2. Igas, Rapport précité, p. 68.

Fiche n° 5

Obstination déraisonnable, limitation et arrêt des traitements

L'obstination déraisonnable, c'est-à-dire, selon les termes de l'article 1er de la loi du 22 avril 2005 relative aux droits des malades et à la fin de vie [1], des « *actes qui apparaissent inutiles, disproportionnés ou n'ayant d'autre effet que le seul maintien artificiel de la vie* » [2], est interdite par la loi depuis plusieurs années.

Cependant, l'obstination déraisonnable est une notion difficile à appréhender et il peut être difficile de tracer la frontière entre ce qui relève de l'obstination déraisonnable et ce qui n'en relève pas. Comme le dit le rapport préparatoire de l'Assemblée nationale, l'obstination déraisonnable est une notion qui « *ne peut être appréhendée précisément, tant elle est affaire d'espèce, de frontière aux fondements fragiles et instables et d'appréciation individuelle* [3] ». Le rapport préparatoire du Sénat relève ainsi que « *cette notion juridique, dont les contours restent flous, est assortie de certains critères aidant à identifier l'impasse thérapeutique éventuelle : le texte mentionne les actes "inutiles", ce qui paraît aller de soi, ceux "disproportionnés", dont la définition est particulièrement complexe, et ceux n'ayant "d'autre effet que le seul maintien artificiel de la vie", ce qui peut être bien vaste* [4] ». Le rapport préparatoire à la discussion parlementaire, illustrait la notion d'acte inutile en expliquant que « *sont par exemple inutiles des examens tels que des prélèvements sanguins ou des thérapeutiques comme ces chimiothérapies renouvelées, alors que l'on sait pertinemment qu'aucun traitement n'améliorera l'état de santé du malade* [5] ». Cependant, Jean Leonetti, rapporteur de la commission spéciale, a reconnu lors de la 2e séance de débats sur la proposition de loi à l'Assemblée nationale, que le caractère disproportionné d'un traitement était plus difficile à apprécier : « *Qu'est-ce qu'un traitement disproportionné ?*

1. Loi no 2005-370 du 22 avril 2005.

2. L'exposé des motifs de la loi Leonetti explique que « *les actes médicaux ne doivent pas être poursuivis par une obstination déraisonnable, lorsqu'il n'existe aucun espoir réel d'obtenir une amélioration de l'état de la personne et que ces actes entraînent une prolongation artificielle de la vie* ».

3. Rapport (no 1929) fait au nom de la commission spéciale chargée d'examiner la proposition de loi de M. Jean Leonetti et plusieurs de ses collègues relative aux droits des malades et à la fin de vie, par M. Jean Leonetti.

4. Rapport no 281 (2004-2005) de M. Gérard Dériot, fait au nom de la commission des affaires sociales, déposé le 6 avril 2005.

5. Rapport (no 1929) fait au nom de la commission spéciale chargée d'examiner la proposition de loi de M. Jean Leonetti et plusieurs de ses collègues relative aux droits des malades et à la fin de vie, par M. Jean Leonetti.

Une chimiothérapie administrée à un malade du cancer à qui l'on donne quatre jours de vie est-elle un traitement disproportionné ? À partir de quand le devient-elle ? » Cette difficulté est revendiquée par Jean Leonetti qui a ainsi expliqué que « *le terme même de disproportionné incite au doute, donc à la concertation* ». Le Sénat en concluait dans son rapport préparatoire que « *définir la notion d'obstination déraisonnable se révèle donc un exercice complexe, que seul le médecin peut résoudre en déterminant, en conscience, s'il arrête ses soins en deçà de ce que sa mission lui impose ou s'il va au-delà de ses obligations* [1] ».

L'observatoire national de la fin de vie pour sa part définit l'obstination déraisonnable non seulement par le « *non-respect de la proportionnalité des soins prodigués, la pratique de soins inutiles ou n'ayant d'autre finalité que le maintien artificiel de la vie* », mais également par le « *non-respect de la volonté de la personne concernée* [2] ».

L'interdiction de l'obstination déraisonnable a été rendue effective notamment par la reconnaissance du droit du patient de demander la limitation ou l'arrêt de tout traitement, et la possibilité pour un médecin d'arrêter ou de limiter les traitements prescrits à un patient hors d'état d'exprimer sa volonté.

L'obstination déraisonnable semble persister malgré son interdiction

L'obstination déraisonnable est interdite, mais l'ancienneté de ce phénomène provoque une angoisse des Français quant à sa possible persistance

Plusieurs modifications du décret portant Code de déontologie médicale ont été effectuées pour interdire l'obstination déraisonnable. Ainsi, les articles 37 et 38 du décret nº 95 1000 du 6 septembre 1995 indiquent : « *En toutes circonstances, le médecin doit s'efforcer de soulager les souffrances de son malade, l'assister moralement et éviter toute obstination déraisonnable dans les investigations ou la thérapeutique.* » Le décret 2006-120 du 6 février 2006 insère au CSP l'article R.4127-37 suivant : « *[le médecin] doit s'abstenir de toute obstination déraisonnable [...] et peut renoncer à entreprendre ou poursuivre des traitements qui apparaissent inutiles, disproportionnés ou qui n'ont d'autre objet que le maintien artificiel de la vie.* »

La loi du 22 avril 2005 relative aux droits des malades et à la fin de vie [3], dite « loi Leonetti » stipule que les actes (interventions, soins, thérapeutiques) « *ne doivent pas être poursuivis par une obstination déraisonnable* ». Cependant,

1. Rapport nº 281 (2004-2005) de M. Gérard Dériot, précité.

2. Observatoire national de la fin de vie, Rapport 2011 : « Fin de vie : un premier état des lieux », p. 135.

3. Loi nº 2005-370.

l'interdiction de l'obstination déraisonnable dans la loi Leonetti n'a pas été de pair avec l'introduction d'un «droit» à ne pas subir d'obstination déraisonnable. En effet, le deuxième alinéa de l'article L.1110-5 du Code de la santé publique énonce que *« lorsqu'ils (les actes de soins) apparaissent inutiles, disproportionnés ou n'ayant d'autre effet que le seul maintien artificiel de la vie, ils peuvent être suspendus, ou ne pas être entrepris»*. L'emploi du verbe «*pouvoir*» empêche toute poursuite judiciaire sur le fondement d'une obstination déraisonnable[1].

L'obstination déraisonnable est un phénomène aux racines profondes. D'après l'ONFV, à partir des années 1950, les formidables progrès de la chirurgie et de la pharmacologie ont permis aux sciences médicales d'espérer triompher de la maladie voire de la mort. Or, selon l'ONFV, dans cet élan, la médecine *« en est venue à privilégier de manière parfois déraisonnable la recherche de la guérison au détriment du soulagement des douleurs et du respect de la volonté du patient. Au risque bien souvent d'une forme d'acharnement thérapeutique*[2]». Sylvain Pourchet, praticien hospitalier responsable de l'unité soins palliatifs à l'hôpital Paul-Brousse, note également que «*la médecine contemporaine, forte de ses succès, envisage la personne malade du point de vue de sa curabilité. Appréhender la maladie sous l'angle de la guérison, c'est, à défaut d'autres référentiels, enfermer la personne malade dans l'inéluctabilité de sa mort lorsque la médecine ne sait pas ou ne peut pas guérir*[3]». Cette appréhension par la médecine contemporaine du malade sous le seul angle de sa guérison explique sans doute la difficulté de certains médecins d'arrêter les traitements curatifs, même lorsqu'il n'y a plus rien à faire.

Il existe donc une profonde crainte de la part des Français d'être victimes d'obstination déraisonnable de la part des médecins, mesurée par les sondages d'opinion. Selon le sondage Ifop sur «Les Français et la fin de vie» mené pour *Pèlerin* en septembre 2012[4], 59 % des Français estiment qu'en France, la loi actuelle sur la fin de vie ne permet pas suffisamment d'éviter toute forme d'acharnement thérapeutique.

Une obstination déraisonnable difficile à quantifier

Face à ces opinions exprimées, l'ONFV a mené un travail pour tenter d'évaluer la réalité de l'observation déraisonnable[5]. Il a conclu qu'il n'existe pas d'approche quantitative fiable qui puisse être menée en ce qui concerne l'obstination déraisonnable. En effet, on ne peut appréhender la réalité quotidienne de l'acharnement thérapeutique à travers les affaires médiatisées ou judiciarisées.

1. Ce choix a sans doute été fait pour laisser une marge d'appréciation au médecin, en particulier quand c'est le malade qui réclame le maintien de soins inutiles.
2. OFNV, supra, p. 19.
3. Sylvain Pourchet, «Laisser mourir : une option du soin», in *Ethique, médecine, et société* sous la direction de Emmanuel Hirsch.
4. Sondage Ifop pour *Pèlerin*, «Les Français et la fin de vie», septembre 2012.
5. OFNV, supra, p. 134-149.

De plus, les dispositifs existants qui peuvent être saisis pour favoriser la résolution de conflits (défenseur des droits [1], CRUQPC [2], dispositifs de discussion éthique…) quant à une situation d'obstination déraisonnable ne recueillent pas spécifiquement cette information. Enfin, aucun indicateur ne permet d'approcher la réalité chiffrée de l'« obstination déraisonnable ordinaire ».

La persistance de pratiques d'obstination déraisonnable

Obstination déraisonnable et réanimation d'urgences

Le manque d'informations sur le patient auquel est souvent confronté le Samu en situation d'urgence, peu propice à une évaluation éclairée constitue une cause majeure d'obstination déraisonnable. La famille n'est pas toujours en état de donner des informations fiables sur l'état de la personne et le médecin traitant est informé et/ou arrive parfois trop tard pour donner ces informations. Il arrive donc que le Samu réanime des personnes pour lesquelles une connaissance plus complète relative à leur état de santé aurait plutôt conduit à ce qu'on ne les réanime pas. Le rapport Leonetti cite ainsi le docteur Ferrand : « *Une étude sur les fins de vie dans les Samu montre que, par manque d'informations, les équipes réaniment des malades en soins palliatifs, mais pour lesquels aucune traçabilité n'existe, ou bien dont elles pensent à tort qu'ils sont en soins palliatifs* [3]. »

Les autres causes majeures d'obstination déraisonnable en réanimation d'urgence pourraient être la pression familiale et sociétale, la pression existant au sein des équipes ainsi que les risques judiciaires.

Enfin, il convient de souligner que les situations d'urgence complexifient les réflexions sur la conduite à tenir en termes de réanimation. Jean Leonetti, dans son rapport de 2008, expliquait que « *les gestes techniques sur lesquels se concentrent les réanimateurs et chirurgiens laissent peu de place à la réflexion éthique* » [4]. Raymonde Courtas, sociologue, va jusqu'à dire qu'« *en l'absence d'une réflexion éthique sur son usage, la technique peut devenir une fin en soi et l'homme un objet de son utilisation* [5]. ».

1. Le défenseur des droits est une autorité constitutionnelle indépendante. Dans le domaine de la santé, le défenseur des droits est chargé de défendre les droits et les libertés des particuliers ou professionnels de santé dans le cadre de leurs relations avec les services publics.

2. La loi du 4 mars 2002 et le décret n° 2005-213 du 2 mars 2005 ont instauré la création, dans chaque établissement de santé public ou privé, d'une commission des relations avec les usagers et de la qualité de la prise en charge. L'ensemble des réclamations adressées à l'établissement de santé par les usagers ou les proches ainsi que les réponses apportées par les responsables de l'établissement doivent être à la disposition des membres de la commission.

3. Rapport d'information fait au nom de la mission d'évaluation de la loi n° 2005-370 du 22 avril 2005 relative aux droits des malades et à la fin de vie et présenté par M. Jean Leonetti, 28/11/2008, p. 36.

4. *Ibid.*, p. 37.

5. Raymond Courtade, « L'intervention de l'individu dans la fin de sa vie », p. 317.

Obstination déraisonnable dans les services de réanimation

Selon le rapport Leonetti de 2008 [1], si la loi Leonetti a permis de faire modestement baisser l'obstination déraisonnable dans les services de réanimation, la proportionnalité des traitements n'est pas encore optimale dans biens des cas. Pour arriver à cette conclusion, le rapport Leonetti comparait les études Latarea [2] 1 et Laterea 2 sur les arrêts de thérapeutiques actives en réanimation. Cette comparaison avait mis en lumière le fait que le nombre de limitations et d'arrêt des thérapeutiques actives en réanimation avait connu une évolution modeste, passant de 53 % des patients décédés en 2001 à 55,7 % en 2007. Selon le Docteur Édouard Ferrand à l'origine de ces études, *« cela signifie, a expliqué que la moitié des malades n'ont pas vu leur projet thérapeutique évoluer vers une stratégie palliative – c'est un signe indirect d'acharnement thérapeutique [...]. Dans le reste de l'Europe et les pays anglo-saxons, de 80 à 90 % des décès sont prévus et accompagnés* [3] *».*

L'obstination déraisonnable dans les services de réanimation se pose de manière particulière pour une certaine catégorie de patients : les patients cérébro-lésés, car leur pronostic est très incertain et rend donc les arrêts de traitements particulièrement difficiles à décider.

Une possible persistance de l'obstination déraisonnable dans les services autres que la réanimation

On constate un manque de données statistiques sur les décisions de limitation ou d'arrêt de traitement dans les autres spécialités médicales, notamment les services d'oncologie [4]. Or, en 2008, Jean Leonetti notait qu'*« il conviendrait de mieux cerner la fréquence de ces décisions dans les services de cancérologie où, selon le témoignage du Professeur François Goldwasser, l'obstination déraisonnable serait "le mode de fonctionnement habituel"* [5] *».*

Une obstination déraisonnable souvent encouragée par les familles

L'ONFV a tenté de mieux cerner les causes des obstinations raisonnables qui font l'objet d'un conflit. Pour cela, elle a demandé au Dr Bernard

1. Rapport d'information fait au nom de la mission d'évaluation de la loi n° 2005-370 du 22 avril 2005 relative aux droits des malades et à la fin de vie et présenté par M. Jean Leonetti, 28/11/2008, p. 38.

2. Limitation des arrêt et des thérapeutiques actives en réanimation adulte.

3. Audition du Docteur Édouard Ferrand praticien hospitalier au service de réanimation chirurgicale à l'hôpital Henri Mondor, le 25 juin 2008 par Jean Leonetti, cité dans le Rapport d'information de M. Jean Leonetti de 2008 p35.

4. Rapport d'information fait au nom de la mission d'évaluation de la loi n° 2005-370 du 22 avril 2005 relative aux droits des malades et à la fin de vie et présenté par M. Jean Leonetti, 28/11/2008, p. 35.

5. *Idem.*

Devalois, médecin de soins palliatifs, ancien président de la SFAP, d'organiser des rencontres de réflexion avec des interlocuteurs concernés par le sujet[1].

Le travail mené par le Dr Devalois a permis de mettre en lumière l'existence de conflits autour de l'obstination déraisonnable, en particulier deux types de conflit entre les médecins et les familles :
– le premier type de conflits apparaît lorsque le médecin est favorable à la poursuite de traitement alors que l'entourage perçoit ces traitements comme une obstination à maintenir la vie à tout prix ;
– le second type de conflit apparaît lorsque c'est la famille qui pousse au maintien du traitement alors que l'équipe soignante considère qu'il est raisonnable d'arrêter ou de limiter les traitements actifs.

Selon les interlocuteurs rencontrés par le Pr Devalois, pour 100 conflits entre les équipes médicales et les familles à propos d'une possible obstination déraisonnable, 80 sont des situations où ce sont les familles qui plaident pour la poursuite des traitements actifs. Or, dans une situation conflictuelle de ce type, le point de vue des familles est celui qui l'emporte. Le non-respect du droit du patient à ne pas être victime d'obstination déraisonnable est donc ici lié à la volonté des familles.

Le constat d'une obstination déraisonnable souhaitée par les familles et prise en compte par le corps médical est partagé par l'Igas dans son rapport « La mort à l'hôpital » de 2009[2]. L'Igas avait ainsi constaté que « *tous les médecins amenés à prendre des décisions de limitation et d'arrêt de traitement consultaient systématiquement la famille (indépendamment de la consultation de la personne de confiance) et qu'ils se conformaient aux volontés familiales* ». Dans les cas où les familles s'opposent à une limitation ou un arrêt de traitement que le corps médical juge nécessaire, ce dernier essaye de convaincre les proches, et ne prend aucune décision dans la plupart des cas sans l'accord familial. L'Igas explique cette pratique par « *l'usage, autant que la peur d'éventuels contentieux* ».

La procédure d'arrêt de limitation et d'arrêt des traitements ne semble pas toujours bien appliquée

Il existe deux cas de figure d'arrêt des traitements selon que le patient est ou non en état d'exprimer sa volonté, comme l'explique le Conseil d'État[3] :

– « *Dans le cas où le patient est en état d'exprimer sa volonté, le primat est donné au libre choix du patient, qui s'exerce y compris en dehors du refus de l'obstination déraisonnable. Ce primat trouve son origine dans la loi du*

1. OFNV, supra, p. 134.
2. Rapport RM2009-124P « La mort à l'hôpital », Igas 2009, Dr Françoise Lalande et Olivier Veber, p. 71.
3. Conseil d'état – Etude « La révision des lois de bioéthique », 2009, p. 105.

4 mars 2002, la loi du 22 avril 2005 n'ayant sur ce point fait que préciser l'obligation pour le médecin de respecter la volonté du patient. Ce faisant, le législateur a confirmé la possibilité pour le patient de s'opposer non seulement à un traitement inutile et disproportionné, mais aussi à un traitement qu'il refuserait pour toute raison qui lui serait personnelle. Cette disposition vise les situations dans lesquelles le patient a exprimé sa volonté de façon libre et éclairée dans le cadre du colloque singulier avec le médecin ;

– Dans le cas où le patient est hors d'état d'exprimer sa volonté, l'arrêt des soins ne pouvant plus être subordonné au libre choix du patient, il faut rechercher ailleurs dans la loi à quelle condition il peut être effectué ; le seul cas dans lequel la loi l'autorise est le refus d'obstination déraisonnable mentionné à l'article L.1110-5. Cet article cite les cas où les traitements apparaissent comme « inutiles, disproportionnés ou n'ayant pas d'autre effet que le seul maintien artificiel de la vie. »

L'arrêt des traitements pour le malade hors état d'exprimer sa volonté

La loi Leonetti subordonne l'arrêt des traitements pour les malades hors d'état d'exprimer leur volonté à la circonstance que leur poursuite serait constitutive d'une situation d'obstination déraisonnable [(1)]. Le Conseil d'État, dans son étude « La révision des lois de bioéthique », explique que « *ces dispositions visent donc les situations caractérisées par la nature irréversible des lésions, qui fait que le traitement n'a d'autre effet que le "seul maintien artificiel de la vie". La situation "d'incapacité d'exprimer sa volonté" ainsi visée n'inclut donc pas les cas dans lesquels cette incapacité est le résultat d'une perte du raisonnement, comme dans le cas d'une personne connaissant une maladie dégénérative. La situation de ces personnes ne relève des dispositions relatives à l'arrêt de tout traitement que si la maladie a atteint sa phase terminale* [(2)] ».

La loi Leonetti impose également une procédure stricte pour la décision de limitation ou arrêt de traitement (LAT) pour les personnes hors d'état d'exprimer leur volonté. Le rapport fait au nom de la commission spéciale chargée d'examiner la proposition de loi relative aux droits des malades et à la fin de vie explique que cette procédure stricte fait écho à « *la crainte de nos concitoyens de pouvoir être l'objet d'une décision clandestine, prise à leur insu dans le cas où ils seraient inconscients. Dans ces situations où l'autonomie du malade ne peut s'exercer, le strict encadrement des décisions concernant le malade est donc un impératif absolu* [(3)] ». Cependant, cette procédure semble souffrir encore de lacunes importantes.

1. Alors que comme le note le Conseil d'État dans son rapport… « *pour les autres cas-patients qui ne sont pas en fin de vie et patients en état d'exprimer leur volonté et en fin de vie – la loi permet l'arrêt des traitements sans se référer expressément à cette condition (art. L.1111-4, article L.1111-10)* ».
2. Conseil d'État, précité, p. 88.
3. Rapport (n° 1929) fait au nom de la commission spéciale chargée d'examiner la proposition de loi de M. Jean Leonetti et plusieurs de ses collègues relative aux droits des malades et à la fin de vie, par M. Jean Leonetti.

La procédure collégiale

La loi Leonetti complétée par le décret nº 2006-120 du 6 février 2006[1] a créé une procédure collégiale qui doit être impérativement suivie avant toute décision de limitation ou d'arrêt de traitement pour un patient inconscient, qu'il soit en fin de vie ou non. Cette procédure collégiale répond selon le rapport Leonetti de 2004 à « *une revendication de transparence exprimée tant par les malades que par les professionnels de santé* ». Le médecin peut « *engager la procédure collégiale de sa propre initiative*[2] ». Il est obligé depuis 2010 de déclencher la procédure collégiale si cela est la volonté du patient telle qu'inscrite dans ses directives anticipées, ou si cela est demandé par la personne de confiance ou un proche[3]. Le déclenchement de la procédure collégiale doit être notifié à la personne de confiance et aux proches du malade. Les médecins doivent nécessairement être deux (le médecin qui prend en charge le patient et un médecin sans lien hiérarchique avec le premier) et si la décision est prise au sein de l'établissement de santé, le médecin qui prend en charge le patient doit se concerter avec l'équipe de soins (autres médecins, infirmières, aides-soignantes). La décision finale est prise par le médecin qui prend en charge le patient après avoir convoqué la procédure collégiale, «*pour éviter une dilution des responsabilités, respecter l'exigence de transparence qu'une pluralité de décideurs ne permettrait pas et ne pas faire peser sur la famille du malade la responsabilité écrasante d'avoir à faire le choix*[4] ».

Le rapport Igas « La mort à l'hôpital » notait en 2009 que « *cette procédure n'est pas systématiquement et intégralement respectée, non seulement parce qu'elle est mal connue, mais également parce que la venue d'un médecin extérieur au service se heurte aux contraintes de disponibilité des médecins dans les hôpitaux. Il est sans doute plus dommageable que les demandes d'avis au sein de l'équipe de soins soient parfois réservées au seul corps médical*[5] ».

Dans le rapport Igas réalisé en octobre 2011 sur le contrôle du CH de Bayonne, sur les 19 dossiers étudiés, dans 13 cas la décision de limitation des traitements avait été prise avec un autre médecin, sans lien hiérarchique avec le premier, soit dans 68 % des cas.

Une étude réalisée en 2011 dans le service d'urgences du CHU de Toulouse pour évaluer la conformité des pratiques de LAT au cadre posé par le législateur montre également que la collégialité connaît de fréquentes exceptions. Au cours de l'étude, l'avis d'un autre médecin n'était recueilli que dans 52 % des cas, et la consultation de l'équipe des soins avant la décision n'était effective que

1. Décret relatif à la procédure collégiale prévue par la loi nº 2005-370 du 22 avril 2005 relative aux droits des malades et à la fin de vie et modifiant le Code de la santé publique, *Journal officiel*, 7 février 2006, p. 1974.

2. Article R.4127-37 II, alinéa 1er du CSP.

3. Décret Nº 2010-107 du 29 janvier 2010.

4. Rapport (nº 1929) fait au nom de la commission spéciale chargée d'examiner la proposition de loi de M. Jean Leonetti et plusieurs de ses collègues relative aux droits des malades et à la fin de vie, par M. Jean Leonetti.

5. Igas, « La mort à l'hôpital », p. 75.

dans 37 % des cas[1]. Dans une autre étude menée en 2010, 20 % des décisions de LAT étaient prises par le médecin seul[2].

Certaines situations font obstacle à la collégialité et peuvent expliquer le trop faible recours à la celle-ci. Le rapport Leonetti de 2008 expliquait ainsi que «*la discussion collégiale exige du temps, ce dont, dans certaines situations, ne dispose pas le médecin. Ainsi, lorsque des soins de réanimation d'urgence sont entrepris, l'appréciation du juste soin est faite par un seul médecin*[3]». Le rapport Leonetti pointait que «*des défaillances dans l'organisation de la chaîne de soins*» peuvent également faire obstacle à la mise en œuvre d'une décision collégiale : «*Si tout est écrit dans le dossier, encore faut-il l'ouvrir. L'information peut être déformée lors de sa transmission à l'équipe de nuit* [4]». Enfin, le dernier obstacle cité par le rapport Leonetti est que «*le maintien du patient à domicile, en particulier dans les zones à démographie médicale de faible densité rend également plus complexe l'organisation d'une collégialité de la décision*[5]».

La recherche de la volonté du patient

Les médecins doivent prendre en compte non seulement les éléments médicaux, mais aussi les éléments non médicaux (sans hiérarchie entre eux) que constituent les directives anticipées, l'avis de la personne de confiance ainsi que l'avis de la famille ou des proches. Or, si l'on se réfère à l'étude précitée du CHU de Toulouse, la volonté du patient n'a été recherchée que dans 15 % des situations (5 % auprès du patient, et 10 % auprès de la famille).

Pourtant, le rapport Leonetti de 2004 insiste sur le fait que la consultation des proches «*présente trois avantages : elle participe de l'élaboration de la relation de confiance entre le malade et le médecin ; elle garantit le maximum de transparence à la procédure ; enfin en permettant l'écoute et le dialogue, elle favorise le travail de deuil ultérieur*».

1. F. Verniolle M., *et al.* «Evaluation des démarches de limitation et d'arrêt des traitements en salle d'accueil des urgences vitales», *Ann Fr Anesth Réanim* (2011), portant sur 52 patients ayant fait l'objet d'une décision de LAT.

2. Etude Le Conte –. *Intensive care Med* 2010.

3. Rapport d'information fait au nom de la mission d'évaluation de la loi n° 2005-370 du 22 avril 2005 relative aux droits des malades et à la fin de vie et présenté par M. Jean Leonetti, 28/11/2008, p. 33. Le rapport Leonetti souligne d'ailleurs que «*l'article L.1111-4, alinéa 4, du Code de la santé publique qui impose que, dans le cas où une personne est hors d'état d'exprimer sa volonté, aucune intervention ou investigation ne soit réalisée sans que la personne de confiance ou la famille ou à défaut un de ses proches ait été consulté, réserve expressément le cas de l'urgence ou de l'impossibilité*».

4. Rapport d'information fait au nom de la mission d'évaluation de la loi n° 2005-370 du 22 avril 2005 relative aux droits des malades et à la fin de vie et présenté par M. Jean Leonetti, 28/11/2008, citant l'audition du Pr Elie Azoulay le 25 juin 2008, p. 33.

5. Rapport d'information fait au nom de la mission d'évaluation de la loi n° 2005-370 du 22 avril 2005 relative aux droits des malades et à la fin de vie et présenté par M. Jean Leonetti, 28/11/2008, p. 34. Pour pallier partiellement à cette situation, le docteur Michel Legmann auditionné par la mission Leonetti le 9 septembre 2008, préconisait une meilleure anticipation médicale : «*Rien n'interdit que la procédure collégiale soit mise en œuvre quelque temps en amont de l'exécution de la décision.*»

La motivation des avis

Les avis doivent nécessairement être motivés : « *les avis recueillis, la nature et le sens des concertations qui ont eu lieu au sein de l'équipe de soins ainsi que les motifs de la décision sont inscrits au dossier du patient* » (1). Le rapport Igas « La mort à l'hôpital » notait en 2009 que « *[il est dommageable] que les informations portées au dossier du patient n'aient pas la précision et l'exhaustivité voulue par les textes. La mention "ntbr" ("not to be reanimated") qui tient parfois lieu de compte rendu de décision ne saurait rendre compte du cheminement qui a pu conduire à une décision de limitation ou d'arrêt de traitement* (2) ». Cette observation est confirmée par l'étude du CHU de Toulouse qui note que l'argumentation de la décision n'est retrouvée que dans moins de 50 % des dossiers. Si dans cette étude, la traçabilité de la décision dans le dossier du patient était pratiquement systématique (98 % des cas), dans une autre étude, la traçabilité de la décision dans le dossier du patient n'était faite que dans 17 % des cas (3).

L'information des proches

Le décret n° 2010-107 du 29 janvier 2010 oblige le médecin à informer la personne de confiance et les proches du malade de la nature et des raisons de la décision de limitation ou d'arrêt de traitement. Dans l'étude du CHU de Toulouse précitée, la famille était informée de la possibilité d'une décision de limitation de traitement 9 fois sur 10.

Les différentes études menées, bien que très partielles, montrent donc la persistance d'écarts importants entre les pratiques observées et la réglementation.

L'arrêt des traitements pour le malade en mesure de s'exprimer

La loi Leonetti a donné au malade la possibilité de refuser « ***tout*** » traitement (4), ce qui rend le droit au refus absolu, et intègre donc notamment la nutrition et l'hydratation artificielle. Le Conseil d'État l'a confirmé en 2009 : « *On doit donc tirer des débats parlementaires l'idée que le législateur a bien entendu inclure l'arrêt des suppléances vitales dans la notion d'arrêt de traitement, et qu'il a plus particulièrement examiné le cas de l'alimentation car c'était celui qui posait le plus question* (5). »

La loi Leonetti a encadré ce droit au refus de tout traitement par une procédure stricte. Le médecin doit d'abord tenter de convaincre la personne d'accepter les soins indispensables. Le médecin traitant peut faire appel à un autre membre du corps médical pour mieux convaincre le malade de ne pas renoncer à

1. Article R.2127-37 II du Code de déontologie médicale.
2. Igas « La mort à l'hôpital », p. 75.
3. Le Conte. *Intensive care Med* 2010.
4. Article L1111-4 du Code de la santé publique.
5. Conseil d'état, précité, p. 89.

ses traitements, en particulier si le dialogue avec le premier médecin a été rompu. Le rapport préparatoire du Sénat note que *« le caractère facultatif de ce recours laisse au médecin traitant le soin d'apprécier si son travail de persuasion est suffisant et s'il peut alors accéder à la demande d'arrêt des soins sans faire appel à un confrère*[1] ». Le malade doit ensuite réitérer sa demande après un délai raisonnable. La durée du délai de réflexion du malade n'est pas précisée car, comme l'a expliqué Jean Leonetti lors de la deuxième séance de débat de la proposition de loi à l'Assemblée nationale, «*fixer un délai pourrait avoir l'effet inverse de celui recherché et conduire les médecins à attendre un mois alors que quelque fois, le délai raisonnable est en réalité de quelques jours*», et car cela permet «*de couvrir la diversité des situations et de permettre une appréciation au cas par cas*» selon le rapport préparatoire du Sénat[2]. Enfin, la décision est inscrite dans le dossier médical du patient, ce qui permet de *« "sanctuariser" la décision du malade [...] et peut se révéler particulièrement important en cas de contentieux* [3] ».

La loi du 22 avril 2005 a précisé que, dans tous les cas d'arrêt de limitation ou d'arrêt de traitement, que ce soit pour une personne en état d'exprimer sa volonté ou hors d'état de le faire, le médecin «*sauvegarde la dignité du mourant et assure la qualité de sa vie en dispensant les soins visés à l'article L.1110-10*», à savoir les soins palliatifs. Le rapport préparatoire à la discussion parlementaire expliquait que cet ajout avait pour objectif d'«*encourager le passage d'une logique curative à une logique palliative et le développement de cette dernière*».

Le Conseil d'État en conclut qu'«on *doit considérer que la loi ne permet, lorsque l'on est dans un cas où l'interruption des traitements est possible [...] d'interrompre l'assistance aux fonctions vitales que lorsque l'on a la certitude que la dispensation simultanée de soins palliatifs permet d'empêcher le surcroît de souffrances qui peut en résulter*[4] ».

* * *

Ce qui précède montre la nécessité de faire encore évoluer les mentalités dans ce domaine, de favoriser une meilleure connaissance de la loi et de ses conséquences pratiques par les citoyens et les professionnels de santé.

Il serait également souhaitable de disposer de données permettant de suivre l'évolution des pratiques dans ce domaine.

1. Rapport n° 281 (2004-2005) de M. Gérard DÉRIOT, fait au nom de la commission des affaires sociales, déposé le 6 avril 2005.

2. *Idem.*

3. *Idem.*

4. Conseil d'État, précité, p. 89.

Fiche n° 6

La personne de confiance

À côté des directives anticipées, l'autre dispositif clé visant à mieux prendre en compte la volonté des patients, ce qui est une préoccupation majeure des citoyens, est « la personne de confiance [1] ». Ce dispositif a été suggéré dès 1998 par le Comité consultatif national d'éthique (CCNE) dans son avis n° 58. La personne de confiance a été introduite dans le Code de la santé publique par la loi du 4 mars 2002 relative aux droits des malades et à la qualité du système de santé. La loi Leonetti a précisé son rôle lorsque la personne malade est en fin de vie.

La personne de confiance n'a aucun rôle décisionnel, mais elle a toutefois un rôle important de consultation et reçoit donc l'information nécessaire à cette fin :

– selon l'article L.1111-12 du CSP, lorsque le malade est en fin de vie et qu'il n'est plus en état d'exprimer sa volonté « l'avis de cette dernière (la personne de confiance), sauf urgence ou impossibilité, prévaut sur tout autre avis non médical, à l'exclusion des directives anticipées, dans les décisions d'investigation, d'intervention ou de traitement prises par le médecin » ;

– de plus, la personne de confiance, lorsqu'elle est désignée, a un rôle à jouer lorsque doit être décidée une limitation ou un arrêt de traitement, selon les articles L.1111-4 et

– L.1111-13 du CSP : « Lorsque la personne est hors d'état d'exprimer sa volonté, la limitation ou l'arrêt de traitement susceptible de mettre sa vie en danger ne peut être réalisé sans avoir respecté la procédure collégiale définie par le Code de déontologie médicale et sans que la personne de confiance prévue à l'article L.1111-6 ou la famille ou, à défaut, un de ses proches et, le cas échéant, les directives anticipées de la personne, aient été consultés. La décision motivée de limitation ou d'arrêt de traitement est inscrite dans le dossier médical » ;

– enfin, la personne de confiance doit être informée, de même que la famille lorsqu'un protocole de soins palliatifs est mis en place et peut avoir pour effet secondaire d'abréger la vie du malade (art. L.1110-5).

Comme expliquée par le rapport de l'Igas « La mort à l'hôpital », la personne de confiance : *« permet de délivrer le médecin du secret médical à l'égard d'un proche du malade et d'autre part oblige le corps médical à consulter ce proche pour toute décision de LATA [2] »* [3].

1. Il faut noter que le Code de l'action sociale et des familles utilise dans le cadre très différent de la protection des majeurs le terme de « tierce personne digne de confiance ».

2. Limitation et arrêt des traitements actifs.

3. Igas, Rapport RM2009-124P « La mort à l'hôpital », 2009, Dr Françoise Lalande et Olivier Veber, p. 71.

Un dispositif qui répond à une demande des citoyens et du corps médical

La personne de confiance constitue un dispositif majeur pour mieux prendre en compte la volonté des patients en fin de vie, ce qui est une préoccupation majeure des citoyens. Comme l'explique le rapport Leonetti de 2004, la personne de confiance présente «*pour chacun un intérêt certain, puisqu'elle lui garantit que, le jour où il sera dans l'incapacité d'exprimer sa volonté, une autre personne témoignera de ses convictions personnelles et en discutera avec le médecin*[1]».

La primauté accordée à la personne de confiance (dont l'avis prévaut sur tout autre avis non médical) s'explique selon le rapport Leonetti précité par le fait «*que si une personne entreprend par une démarche volontaire de désigner un témoin auquel elle déclare accorder sa confiance, sa volonté doit être entendue*[2]».

L'instauration de «la personne de confiance» répond non seulement à une demande des citoyens, mais également à une demande du corps médical. Elle se justifie en effet notamment «*par l'intérêt que représente l'existence d'un interlocuteur unique et fiable pour les équipes médicales. Celles-ci sont en effet de plus en plus confrontées à des familles recomposées dont les membres s'opposent les uns aux autres sur leur aptitude à représenter le plus fidèlement le mourant et à témoigner des vœux que lui-même aurait émis quant au choix de ses traitements*[3]».

Cependant, ce dispositif rencontre des difficultés d'application. Ces difficultés avaient déjà été notées par Jean Leonetti en 2004 : «*On constate [...] que, depuis son introduction dans notre droit, la désignation d'une personne de confiance n'est pas encore entrée dans les mœurs. Le peu d'écho rencontré par cette formule perdure, alors même que "lors de toute hospitalisation dans un établissement de santé, il est proposé au malade" de procéder à sa désignation*[4].»

1. Rapport (n° 1929) fait au nom de la commission spéciale chargée d'examiner la proposition de loi de M. Jean Leonetti et plusieurs de ses collègues relative aux droits des malades et à la fin de vie, par M. Jean Leonetti.

2. *Idem.*

3. Rapport (n° 1929) fait au nom de la commission spéciale chargée d'examiner la proposition de loi de M Jean Leonetti et plusieurs de ses collègues relative aux droits des malades et à la fin de vie, par M. Jean Leonetti.

4. *Idem.*

Un rôle difficile à jouer pour la personne choisie

L'accord de la personne de confiance n'est pas forcément recueilli par le malade avant sa désignation par celui-ci. Elle ne souhaite donc pas nécessairement assumer cette charge qui est souvent lourde psychologiquement.

La mission d'information sur l'accompagnement de la fin de vie de 2004 a relevé qu'il est très difficile de confier à la personne de confiance la tâche de parler avec le patient d'événements aussi désagréables que son éventuel décès ou sa perte de conscience. Le personnel médical est, par conséquent, souvent amené à s'interroger sur la personne qui porterait ce message : « *Certains médecins ont déclaré que c'était leur rôle de l'évoquer avec le patient... Beaucoup ont relevé la lourdeur de la tâche, qu'elle requérait beaucoup de temps et qu'il n'était pas possible de la mener rapidement car elle demandait une consultation approfondie avec le patient. Dans certaines équipes, il n'existe pas d'empathie par rapport à ce dispositif*[1]. »

De plus, comme le note l'Igas dans son rapport « La mort à l'hôpital », « *cette fonction n'étant pas connue des proches du malade, elle ne permet pas à la personne désignée d'apparaître comme l'interface nécessaire avec le personnel médical et soignant. L'impression d'être mal ou trop peu informé peut perdurer alors même qu'une personne de confiance a été désignée [...]. La personne de confiance ne s'avère pas nécessairement la personne la plus présente* ». En conséquence, « *lorsque l'état d'un patient se dégrade, les services s'adressent souvent en premier lieu à la personne à prévenir ou au membre de la famille qui est disponible et non à la "personne de confiance"* [2] ».

Il peut être difficile pour la personne de confiance de s'affirmer face aux médecins et à l'institution hospitalière. Il peut également être difficile pour la personne de confiance de s'affirmer face aux (autres) membres de la famille, en particulier quand la personne de confiance ne fait pas partie de la famille de la personne malade ou lorsque les membres de la famille ne sont pas unanimes.

La personne de confiance est souvent remplacée par le « protecteur naturel »

Dans la pratique, au cours du processus de soins, émerge souvent une personne qui, de par les liens d'attachement évidents qui la relient à la personne malade, devient un interlocuteur privilégié pour le personnel soignant et

1. Rapport n° 1708 (AN) – Mission d'information sur l'accompagnement de la fin de vie, « Respecter la vie, accepter la mort » (juillet 2004) – Jean Leonetti, rapporteur.

2. Igas, supra, p. 71.

les médecins. Elle n'est pas nécessairement la personne de confiance. Ce rôle de « protecteur naturel » est ancré dans les pratiques puisqu'il est reconnu depuis longtemps par la Cour de cassation (Cass. civ. du 08 novembre 1955) qui a déterminé que *« le médecin est tenu, hors des cas de nécessité, d'obtenir le consentement libre et éclairé du malade ou dans le cas où il serait hors d'état de le donner, celui des personnes qui sont investies à son égard d'une autorité légale ou que leurs liens de parenté avec lui désignent comme protecteurs naturels »*. Le Code de la santé publique accorde à ce protecteur naturel (famille, proche, amis ou voisins) le droit d'être informé de la décision de déclencher la procédure collégiale et de la teneur de la décision de limitation et arrêt de thérapeutiques (LAT). L'Igas a remarqué au cours de sa mission sur « La mort à l'hôpital » que *« malgré l'obligation figurant au CSP, personne "émergente", familles ou protecteur naturel sont plus systématiquement associées au processus de décision que la personne de confiance qui bien souvent n'existe pas*[1] ».

Un dispositif méconnu, incompris, appliqué différemment selon les établissements

Le dispositif de la personne de confiance est encore loin d'être généralisé. Le rapport Igas « La mort à l'hôpital » révèle que malgré l'obligation faite aux établissements de proposer au malade de désigner une personne de confiance pour la durée de l'hospitalisation, cette proposition n'est en fait pas systématique pour toute hospitalisation[2]. Le rapport Leonetti rapporte une enquête menée en 2008 par une cadre infirmier au service de gastroentérologie à l'hôpital Saint-Louis, révélant que la personne de confiance est notée dans seulement 58 % des dossiers de soins qui ont fait l'objet de l'étude[3]. Le rapport Leonetti note également qu'en service de réanimation, la désignation d'une personne de confiance demeure particulièrement rare, les hospitalisations des patients étant rarement prévues[4].

Une personne de confiance peut être désignée par écrit, mais la loi ne précise pas qui conserve l'écrit. Ainsi, lors d'une hospitalisation imprévue, il est difficile pour le médecin de savoir si la personne hospitalisée a désigné une telle personne de confiance.

L'application du dispositif de la personne de confiance est disparate selon les établissements. Comme il n'existe pas de formulaire type pour la personne de confiance, il revient à chaque établissement de rédiger et diffuser son

1. Igas, supra, p. 72.

2. Igas, supra, p. 70.

3. Jean Leonetti, « Rapport d'information fait au nom de la mission d'évaluation de la loi n° 2005-370 du 22 avril 2005 relative aux droits des malades et à la fin de vie », 28/11/2008, p. 26.

4. *Idem.*

propre formulaire. L'Igas a noté lors de sa mission en 2009 que certains établissements n'ont pas rédigé de formulaire [1].

Le dispositif de la personne de confiance est également souvent mal compris des patients et de certains personnels soignants, qui confondent fréquemment personne de confiance et personne à prévenir [2]. Les personnels administratifs ou soignants peuvent avoir des difficultés à évoquer avec le patient l'éventualité qu'il pourrait ne plus être en état d'exprimer sa volonté pour prendre des décisions nécessaires, ce qui peut les empêcher de délivrer une bonne information sur le rôle de la personne de confiance. Les malades souhaitent souvent ne pas entendre parler d'une éventuelle inconscience lors de leur admission. Jean Leonetti expliquait ainsi en 2004 l'insuccès du dispositif de la personne de confiance par «*le refus général de nos contemporains d'envisager une éventuelle perte de conscience et de manière plus générale, de prendre les décisions relatives à leur fin de vie* [3] ».

L'Igas en conclut dans le même rapport que «*même après explication, les malades ne connaissent souvent pas bien le rôle de la personne de confiance. Dans la pratique lorsque l'état d'un patient se dégrade, les services s'adressent en premier lieu à la personne à prévenir (ce qui est normal)* [4] ».

* * *

Le dispositif de la personne de confiance, s'il répond à une préoccupation majeure des citoyens, s'avère difficile à mettre en œuvre dans le contexte actuel. Les textes et la jurisprudence reconnaissent de nombreuses personnes gravitant autour du patient, que ce soit la personne à prévenir, la personne de confiance ou le protecteur naturel. La loi semble résoudre les éventuels conflits entre ces personnes en laissant le médecin décider en dernier ressort ce qu'il y a de mieux pour le patient, ce qui est parfois critiqué par les citoyens.

Catherine HESSE **Amélie PUCCINELLI**

1. Igas, supra, p. 71.

2. Irène Théry, dans un article récent «L'agonisant et le triangle de proches» citent parmi les proches la famille mais aussi les amis en soulignant que la personne en fin de vie peut choisir d'adresser ses demandes aux uns ou aux autres, http : //www.laviedesidees.fr/L-agonisant-et-le-triangle-des.html

3. Rapport (n° 1929) fait au nom de la commission spéciale chargée d'examiner la proposition de loi de M. Jean Leonetti et plusieurs de ses collègues relative aux droits des malades et à la fin de vie, par M. Jean Leonetti.

4. Igas, supra, p. 71.

Imprimerie de la Direction de l'information légale et administrative
N° 626130030-000213 – Dépôt légal : février 2013
PEFC 10-31-2190 IMPRIM'VERT®